増補新版

親鸞の生と死

デス・エデュケーションの立場から

田代俊孝

法藏館

はじめに

ガン患者や高齢者などの市民、医療・福祉関係者など生死を直接課題にする人たちとともに「死そして生を考える研究会」（ビハーラ研究会）を作り、ビハーラ活動を始めて十五年余が過ぎた。運動を始めるにあたって、真宗学からビハーラ運動の原理的立場を確立したいとの思いで『親鸞の生と死――デス・エデュケーションの立場から――』を著した。筆者の主張するビハーラは、加持祈禱を廃し、本願に救われていく、普遍的救済としての浄土真宗そのものである。それを、悩める同朋とともに、苦しみを共有して学ぼうという以外の何ものでもない。以来、アメリカやブラジルなどの海外を含め、運動の広がりとともに、多くの方たちがお読みくださり、版を重ねて六刷にいたった。その間、思索の深まりもあり、常々改訂したいとの思いがあった。

また、運動を展開する中では、仏教に関わる身として、大学の研究室だけ、あるいは寺院や教団の中だけの「真宗学」を問い返し、社会に開き、悩める人のための「真宗」を目指してきた。生老病死に苦悩する人が、自宅の枕辺で、あるいは病院のベッドサイドで、仏法に出遇い、苦を超えていくための「浄土真宗」を取り戻したいとの願いを抱いて、志を同じくする多くの人たちと運動を興し、一目散に駆けてきた。ふと気がついたら、いつまでも「若手」といわれていた筆者も五十歳を過ぎていた。

折りしくも、勤務先の大学に大学院博士課程を設置することになり、その責を負うことになった。そのために、学位取得をせまられた。また、恩師や先輩教授の勧めもあったが、とうとう大学院設置申請のタイムリミットまできてしまった。その怠慢はお許しいただきたいが、このような事情もあり、前著を加筆、改訂し、さらに、これまでに書いた他の論文も加えて、本論文『親鸞浄土教における死の受容と超越』、副論文『仏教とビハーラ運動』として整え、学位請求論文として母校の大谷大学へなんとか提出することができた。幸いこのたび、博士（文学）の学位を授与された。かつての恩師たちも五十歳過ぎに学位をとっておられるが、それに比べれば、筆者のものは、稚拙きわまりない。だが、公刊の責務を果たさねばならず、世のあざけりを恥じずに、刊行することとした。なお、副論文については、すでに同名の著書として一九九九年に法藏館より刊行しており、公刊の責を果たしている。

なお、増補版の刊行にあたっては、旧版の序をそのまま載せさせていただいた。十五年前、当時同朋大学の学長であった池田勇諦先生と、カリフォルニア州立大の目幸黙僊先生からいただいた序文は、その後の筆者の研究の励みとなり、また、大きな心の支えとなった。その初心を留めたいがためである。

末筆ながら、今回、学位請求論文の審査と指導にあたってくだった大谷大学の神戸和麿、安冨信哉両教授、小川一乗学長、同朋大学池田勇諦元学長に心から感謝申し上げる。また、本書の出版にあたっては、同朋大学からは特定研究費の支給を受けた。さらに、出版を引き受けてくださった法藏館社長西村七兵衛氏、編集長上別府茂氏、それに担当してくださった田中夕子氏に、併せて深々の謝意を表す。

二〇〇四年三月十九日

田代俊孝

旧版序

人間存在にとっての、もっとも原点的・実存的ことがらは生と死である。生まれて死することは、何びとも避けることのできない厳然とした事実である。

しかし、現代文明はあまりにも死を遠ざけ、封じこめてきた。だが皮肉にも現代文明の自己矛盾は、死の準備教育を提唱させ、また生物学的な延命を至上とする現代医療に対して、真に人間的な末期治療であるホスピス運動や、仏教の立場からのビハーラ運動を起こさせた。

本書の著者・田代俊孝学兄は、東海の地において、いちはやくこのビハーラ運動を現代の仏教教化学の課題として取りあげ、昨年七月「死そして生を考える研究会」をスタートさせ、広く市民の方がたと共学の歩みを開始した。本書はそうした著者が自らの具体的実践の裏うちとして、これも専攻の真宗学の立場から、祖聖親鸞に研鑽された学的報告の書である。何よりもその真摯にして、しかも弛まぬ向学のエネルギーが全篇に溢れているのを感ずる。

内容は本書の題名にあらわすごとく、親鸞の生死観についての論考であるが、その背景として、前には根本仏教と七祖を顧み、後にはその展開としての蓮如と清沢満之をとりあげる。

広範にわたる考察ではあるが、それを一貫する著者の活眼は、死への認識を鋭く迫る仏陀の教えをふまえつつ、死の凝視を通しての生の確立の一点を見すえていることである。したがってそれは、親鸞が臨終の善悪の沙汰を否定して、ひとえに平生における真の宗教的生を獲得した事実の把捉に集中される。

その意味で本書は、現代の「死」の問題を縁として、それを単なるターミナル・ケアの問題にとどまらせず、より根源的な自己自身の生き方を問うことに帰し、死の解決が平生におけるまことの生の確立にあることを聖教のうえに丹念に追求する精力的なものとなっている。しかも、付章として今日の具体的事例をいくつか挙げていることは、本書の論考が単に机上の沙汰でないことを告げると共に、生きた事例であるだけにきびしく読む者の胸をうたずにはいない。

著者のこうした学績は、わが同朋大学仏教学科の総合科目としての「教化学」の一成果でもあることから、まことに随喜に堪えない。著者は新進気鋭の真宗学徒であり、同時にその実践の士でもある。同朋大学の伝統を覚える。いよいよ切磋琢磨を願いつつ、よろこびのことばとしたい。

親鸞暦八一七（国際暦一九八九）年七月

同朋大学学長

池田勇諦

旧版序

仏教は時機相応の教えであるとされてきた。時機相応とは、時代・社会とともに、その時その時の状況に、また一人一人の人間に応じた教え、ということである。

今日、われわれは、科学技術文明によってもたらされた物質的繁栄を亨受している。日本には経済大国として、経済的援助を通じて、平和で豊かな世界が実現するよう努力する道義的責任が与えられている。その経済大国・日本において、人々は、物質的に豊かな生活を送っているにもかかわらず、精神《こころ》の貧困を招き、国際化が大きく叫ばれている反面、いったい日本はどこへ行くのか、といった危惧をもっているのは、私だけであろうか。仏教が時機相応であるがゆえに、今日ほどそれを再考、三考しなければならない時縁《とき》であると、心ある人々によって思われている時代はないのである。

学問とは、読んで字の如く、問うことを学びならうことである。生きている限り、われわれは、いろいろな問いをもつ。家庭生活、あるいは仕事場、学校などにおける問題がそれである。そのような問題は、時がくれば、一応、何とか解決がつく。しかし、人生そのものが問題になったとき、人は生きること以外に、解決の手だてがない。古来、仏教において、四苦八苦という言葉で人生そのものが問題である、ということを表わしてきた。四苦とは生・

老・病・死であり、この四苦に、愛別離苦・怨憎会苦《おんぞうえく》・求不得苦《ぐふとくく》・五陰盛苦《ごおんじょうく》の四苦を加えたのが八苦である。八苦のいずれもが、われわれが生きている限り、自覚するとしないとに関わりなく、人間いかに生きるべきか、という人生のわれわれに対する問いかけなのである。もし、解決があるとすれば、それは、納得がいくよう生きることによってのみ、見出すことができるといえよう。死の問題は、いかに生くべきか、という人生の問いかけであり、与えられた人生を豊かに生きるには、必要不可欠な問いである。好学の人・田代俊孝氏は、この好著において、意味のある豊かな生活を願う人々とともに、問われている自分の人生を、更に仏教に聞くことによって、より深く問い、学びつづけることを試みられているのである。

　これより前に、氏は『歎異抄』に、登校拒否の問題を聞かれて、『広い世界を求めて―登校拒否の心をひらいた歎異抄―』(毎日新聞社)を出版され、たいへん時代感覚に富んだ問題意識の持ち主である。この著書においても、付章において、数々の念仏に聞くことによって人生をより深くより豊かに生きた人々の事例を取り上げ、時機相応の仏教を語らしめておられる。科学文明の経済的発展・物質的繁栄がもたらした積年の矛盾・弊害は、政治の腐敗堕落、道義心の退廃、生態学的危機、核戦争の恐怖、環境破壊となってあらわれ、誰の心にも暗い影をなげかけている今日、本書は、まことに時宜を得た好著であり、読者は必ず、著者の田代氏とともに、与えられた人生に問いかけられている自分を見出されることと思う。そして、また、私はそれを何よりも願うものである。

一九八九年七月

カリフォルニア州立大学　宗教学部教授

目幸默僊

増補新版

親鸞の生と死——デス・エデュケーションの立場から——＊目次

はじめに　i
旧版序　池田勇諦　iii
目幸黙僊　v
問題提起　xiv
序　章　生命のモノ化と死のタブー視……1
第一章　仏教の興起と死苦の認識……7
第一節　四諦と三法印　7
第二節　分段生死と不思議変易生死　9
第二章　無生無滅の浄土教的展開……15
第一節　曇鸞における無生の生　15
第二節　善導における凡夫得忍　25
第三章　臨終来迎思想と死の受容……37
第一節　臨終来迎　37
第二節　『往生要集』と臨終行儀　42
第三節　無常院と糸引き往生　53
第四章　死苦の普遍的解決の萌芽……59
第一節　臨終来迎の課題と法然の立場　59
第二節　来迎から摂取へ　64

第五章　生死出離の浄土教的展開――「選択」と「唯信」――……71
第一節　法然における「選択」の課題　71
第二節　聖覚の念仏理解と『唯信鈔』　86
第三節　親鸞における「諸仏」と「大行」　95
一　第十七願　95
二　諸　仏　102
三　他力回向　110
第六章　如来と念仏……123
第一節　如来と念仏　123
一　如　来　123
二　真如一実功徳宝海　126
三　方便法身　128
四　如来とひとし　132
第二節　「真実」の所在　134
一　至誠真実　134
二　真実心　137
三　法然の「真実」　141
四　利他真実　142

五　如来回向の真実心　146
第七章　現生における死の超越……151
第一節　現生正定聚　151
第二節　摂取不捨　156
第三節　親鸞における「来迎」の理解　160
第八章　生死出離の実存的展開……165
第一節　主体的世界への転入——他力の念仏——　165
第二節　信心の純化による生死の超断——「横超断四流」——　170
第三節　真門の意義——「果遂の誓」——　175
第四節　浄土の内景——「心は浄土に遊ぶ」——　187
第五節　慈悲と満足——「生死即涅槃」の救済——　195
第九章　生死の迷いと方便……207
第一節　外道への迷いと方便——親鸞の神祇観——　207
一　神祇の「不拝」と「不捨」　207
二　神祇「不捨」と方便　211
三　偽の仏弟子　213
第二節　否定と方便——『歎異抄』を発端として——　218
第三節　否定と乗願——社会的立場における二種深信——　224

一　親鸞の〈善導三心釈〉理解　224
二　二種深信　229
三　社会的立場における二種深信　235

第十章　現生における死の受容と超越の種々相……243

第一節　蓮　如　243
一　無常の自覚と死別体験　243
二　無常と常住　258
三　六字の理解　264

第二節　清沢満之　272
一　死生均しくす　272
二　如意と不如意　281
三　生死巌頭に立つ　292

付　節　蓮如の願成就文領解――『御文』の綱格――……296
一　『御文』の綱格　297
二　聞其名号　299
三　至心回向　302
四　即得往生　304
五　唯除五逆　306

結　章　真宗とデス・エデュケーション（〝いのち〟の教育）……311
付　章　事例で見る「真宗」デス・エデュケーション……317
資　料……369
あとがき　423

増補新版 親鸞の生と死
――デス・エデュケーションの立場から――

問題提起

高齢化社会における老いの問題、ガン患者やエイズ患者等に対する病名の告知の問題、さらには死刑囚の問題など、われわれは今、「死」と「生」について、不可避の課題を突きつけられている。

しかし、このことは、今新たに問題になったことではない。人類の原初からの課題であり、むしろ、その課題から、宗教や哲学が興り、展開されてきたと言ってもよい。だが、その本来的な課題は、理論の複雑化と目前の課題のために、あるいは、時流に流されたがために、いつしか見失われて今日に至っている。

なかんずく、仏教もその課題から興ったものである。ゴータマ・シッダールタは、その生・老・病・死の課題から目覚め、仏陀（覚者）・釈尊となっていったのである。従って、本来、仏教とはその問いに答え、さらに、そのことを大衆に伝え、大衆をその苦しみから救っていくものである。仏教の歴史は、その生死に目覚めた歴史である。特に浄土教とは、それを在家の大衆の立場で正面から課題化してきたものである。従って今、特に、親鸞に帰着する浄土教の流れの中で、そのことを問うてみたい。

序章　生命のモノ化と死のタブー視

「いのちを大切に」とか「いのちの尊厳」ということが叫ばれ始めて久しい。そのことは、裏を返せば、それほど現代社会が生命を無視した社会であるということである。今、現代社会における生命に対する考え方の現状――それは現象と言えるかもしれない――を三つの点から考えてみることとする。

第一に、われわれは、生命をモノ化してしまっている。

――ある少年が、デパートでカブトムシを買ってきて遊んでいた。そのうち、それが死んでしまった。すると、母親に、「おかあさん、この虫、電池が切れたよ」と言い、平気でそれを放り投げ、どこかへ行ってしまったという。

ウソのような本当の話である。それほど、われわれの意識の中では、電気仕掛けと生身の〝いのち〟が、同一視されてしまっているのである。人間がモノ化され、システム化され、高度に技術化した中の一つの歯車として組み込まれ、また、モノが機能的になり、一見、人間化した結果である。生命が単なるモノとして見られているのである。現代社会は、まさに経済的価値観の最優先する社会である。モノはすべて貨幣に置き換えられる。お金に対する思い、とらわれは異常である。お金を得ることによって、あらゆる幸福が得られると錯覚し、その結果、過剰な競争社会を作りあげ、〝いのち〟や〝人間性〟が見失われてしまった。経済最優先は、合理化と能率化を極度に推し進め、〝いのち〟までも、モノとして見てしまうようになった。人間の生命とは、そんなものだろうか。釈迦やキリストの時代に比べ、モノは豊かになったが、〝人間〟がなくなってしまった。

――次に引くのは、ダウン症の子を持った小林完吾の『愛、見つけた』の一節である。

　するとＳ助教授は意外な言葉を口にしたのだ。

「お父さん、この子がなんだか知っているんですか……。私は昨日から手術でたいへんだったんです。勘弁してくださいよ」

いったい、どういう意味なのであろう。

『この子は助からないんです。私は助かる患者につきあってきて、もうヘトヘトです。助からない患者を診て消耗するわけにはいきません、お父さん、わかってください』

そうした意味なのか。あるいは、

『お父さん、この子はダウン症ですよ。私には健常者を助ける義務があるんですよ。ダウン症の子供のために呼びつけられたんじゃ、たまりませんよ』

という意味なのか。それ以上はわからない。しかし、その言葉を口にしたＳ助教授の調子は、いかにもウンザリとしたものであった。Ｓ助教授はさらに、

「お父さん、医師にむかってそんなことをいうのは損ですよ。医師のやる気をなくさせます」

と、こんどはいかにも傲然とした態度でいい放つのだった。[1]

医療の現場で、生命がモノ化されている一例である。経済価値のある生命は助けるが、それのないものは、どう

でもよいという考え方である。生産能力のあるものは助けるが、それのないものは、どうでもよい。それは、言い換えれば、働ける若者は助けるが、現役を引退した老人はどうでもよいということにもなる。そこには人間の尊厳、いのちの尊厳など、微塵も感じられない。特に遺伝子や生殖に関する医療現場では、優生主義に陥りやすい。医師だけの問題ではない。われわれ自身が、もうそういう価値観に流されているのである。それゆえ、日常生活においても少しでも経済価値を付けようと、学歴やハク付けに奔走しているのである。

第二に、われわれは、生命（死）から逃避している。つまり、死のタブー視である。

日本には、葬式から帰ると塩をまく習慣がある。――真宗門徒には本来それがなかったが、実際には他の宗派の影響でほとんどが行っている――。「死」あるいは、死者を忌み嫌い、タブー視、もしくは否定しているのである。

肉親の死は、死について考える最高の教育の場である。それゆえ、葬儀は、そういう場として僧侶が司るのである。――しかし、実際には、それが儀礼化してしまったのと、僧自身が経済的な価値観に縛られ、その役割を果たしていないが――、死に逝く人は、自らの身をもって、最後の贈り物として、そのことをわれわれに教えていってくれるのである。つまり、死を拒否し、忘れているわれわれに、生命が「常」でなく、必ず死に逝く身であることを、ことばなくして教えてくれているのである。

にもかかわらず、われわれは、それを遠ざけ、タブー視して目を背けている。死を直視しないからこそ、死を受け容れられないのである。死に対し、弱くなっているのである。生命の有限を知り、死を受け容れることは、逆に生きることの尊さと、残された人生の貴重さを知り、人間本来の姿に帰っていく。その意味で、死を考えることは、裏を返せば、生を問い、生きがいを見出すことである。

われわれが死を忘れた原因として、肉親の死が、家庭から医療機関に移されたことが、多くの人によって指摘されている。それも大きな原因ではあるが、それだけではなく、人間が身近に死にであう場としての自然を失ったことにも原因するのではないだろうか。

死からの逃避は、逆に死の恐怖を増大させる。死の恐怖が増大すると、怪しげな除災招福やオカルト信仰、霊界に対する現世利益の〝祈り〟、あるいは、占いなどの信仰が繁盛する。まさに、第三次宗教ブームといわれる現代社会がそれである。

第三に、生命の私有化、所有化がある。人間は本来、自らの意志で生まれてきたのではない。生命は私の意志以前に存在する。しかし、その生命を自我の目覚めとともに自分の生命と思い、私有化する。生命をわがものにすることによって、生命を自我の思いの中に入れ、その結果、生命の長短すら自在になり、自分の意志で決まるものと思いこんでしまう。結局は、その長短の思いに縛られ、不安の中に、人間として生まれてきたことを問わぬままに、あるいは、人間らしさを回復せぬままに、不本意な生を終えていくことになる。

以上のように、現代社会の生命に対する状況、あるいは、現象を考えてみた。このような中で、最近、心ある人々の間では、生命に対する種々の学問や運動が起きてきた。

一つは、死にまつわる諸問題を対象とした学際的研究領域であるサナトロジー（Thanatology）である。死学あるいは死生学と呼ばれる学的研究である。医学、宗教学、哲学、教育学、社会福祉学、生物学などのワクを越え、死についての、あるいは死を超えるための体系的な理論の確立を目指すものである。

第二に、死についての教育、つまり、デス・エデュケーション（Death Education）である。一般に、死への準備教育と訳される。特に、社会教育、宗教教育の中で、死やいのちについて考える場を作っていくものである。死を拒否したり、タブー視するのではなく、必ずやってくる死を身近な問題として考え、生死の意義を考える教育である。死の不安を超えるためにも、死を直視することや、死についての準備教育は必要である。人が、死に臨んで、不安のままで、この世に未練を残して死に逝くか、人生を尽くし完全燃焼するかは、生きている時に、死の問題を解決したか否かにかかっている。その意味でも、〝いのち〟の教育（死の準備教育）は、よりよく生きるための教育であるともいえる。

第三に、ホスピス（Hospice）や、ターミナル・ケア（Terminal Care）である。ホスピスとは、十九世紀ごろから、カトリックにおいて始められた運動で、一般に「病院で見放された治癒不可能な人々を、さまざまな悩み、死の不安などから解放するために、患者としてのみならず、一人の病める人間として温かく看護し、最後の一瞬まで精一杯生きることを援助する、一つの全人的な看取りの運動もしくは施設」といわれている。いわゆる、死の看取りである。ターミナル・ケアもほとんど同義で、終末看護と訳され、死を前にした人々への看護である。生命の尊厳を第一にし、身体的な看護はもちろん、宗教的、社会的、精神的な立場でもなされるものである。延命第一主義で治癒のみを目指し、さらに、人間や人間の臓器を、モノ化し、使い捨てにしてきた日本の医療が見落としてきた点である。

しかし、日本において、このような看取りの運動は、死刑囚についてては早くからなされていた。すでに江戸時代の寛政年間から始められ、明治五（一八七二）年に東本願寺の僧、鵜飼啓潭らが請願して認められた、監獄教誨という制度がそれである。明治政府は、やがて東西本願寺などに派遣を求め、それとの共同負担によって、教誨師を教育職員として任用し、それにあたった。それが、今日では一応、ボランティアの形を取るが、宗教々団派遣の教誨師、篤志面接員という形で続けられている。死の決まった人に、それなりのケアがなされている。

また一方、医療におけるホスピス運動においても多少、それに類することが、かつて仏教の立場でなされていた。

たとえば、それは、病床の枕辺における対機説法とか、臨終法話という名で呼ばれていた。最近、その精神に基づく仏教ホスピス、あるいは、ビハーラ（Vihāra）運動として、各地で展開され始めてきた。

註

（1）小林完吾『愛、見つけた』（一九八三、二見書房）二〇七頁。

第一章　仏教の興起と死苦の認識

第一節　四諦と三法印

さて、このような状況下で、問題解決の方向を仏教に求めるにあたり、仏教の立場を見てみたい。ゴータマ・シッダールタの出家の動機は、生死海に生まれる苦しみ、そして人生における老・病・死の三苦からの解放である。いわゆる、四門出遊である。つまり、そこから出離せんとして、道を求め、解脱したのである。

仏教で四苦とか八苦（生・老・病・死に加えて、愛別離苦、怨憎会苦、求不得苦、五陰盛苦）と苦を分析するが、それも結局は、生死の苦しみに尽きる。生死の苦しみといっても、生と死が別々にあるのではない。死の不安、死苦がそのまま、生きる苦しみである。また、老苦、病苦といっても、それは、結局は死苦に至るものとしての苦である。

生死について、仏教では、生死無常とか、生死輪廻という立場で示す。生死は、サンスクリット語では、一般にSaṃsāra の語で示されるが、すでにそこに生死無常・生死輪廻の意味がある。無常とは、同じくサンスクリット語で Anitya で、非常とも言う。生滅変化して移り変わり（変易）、片時も同じ状態にとどまらないことで、あらゆるもの（有為法）が、時の流れに流される時間的存在であることを、特に諸行無常と言う。

ところで、釈尊は、最初の説法（初転法輪）において、まず、四つの真理を説いた。それは、この世はすべてが苦であるという苦聖諦、苦の因は求めて飽くなき愛執であるという苦集聖諦、その愛執の完全な絶滅が苦の滅した究極の理想境であるという苦滅聖諦、このような苦滅の境地に趣くためには、八正道の正しい修行道によらねばならないという苦滅道諦である。

そして、その救済の道としての仏教に三つの旗印（三法印）を掲げた。それが、諸行無常、諸法無我、涅槃寂静である。

つまり、世の中のすべての現象、事物は、瞬時もとどまらず、移り変わっていく。しかし、われわれは、いつも変わらないと思う。変わらないと思うものが、実際には変わるゆえ、それが苦になるのである。〝常〟でないものを、〝常〟と思い執着するがゆえに苦が生ずるのである。無常の現実は、人間存在の根本的条件である。これを釈尊は、人生は苦であると説き、四苦・八苦と表現したのである。

人間は、縁起的存在であるがゆえに無常であり、その中にあって、絶えず移り変わり、新しい場面を生きていく、その新しい場面が〝苦〟としてとらえられるのである。その執着を呼ぶものが〝我〟である。われわれは、流れ行く〝もの〟、あるいは〝こころ〟を、〝わがもの〟〝われ〟として執着する。それゆえ、苦の世界を作り出してくるのである。一切が無我であるとは、〝われ〟と〝わがもの〟と思えるものは何もない。すべてが〝われ〟を離れて、因縁によって移り変わるものであるという自覚である。いわば、その現実、あるいは事実をありのままを、明らかに認識、体認することによって、人間存在の根源的あり方（本来的自己）に目覚めさせようとするのが、諸法無我の教えである。逆に、それの見えない状態を無明と呼んだのである。そして、その目覚めた世界が涅槃寂静の世界である。つまり、それは小さく、自分を閉じこめた自閉的世界から解放（解脱）され、本来的自己に目覚めた世界のことである。それが、仏教の基本的立場である。

結局、〝常〟との思いに立つわれわれが、〝無常〟と自覚することによって、本来的〝常〟の世界に到達し、〝楽〟との思いが、〝苦〟（不楽）の自覚において、真に〝楽〟なる世界を知り、また、〝我〟は〝無我〟の自覚において、主体的な〝我〟に立ち、〝浄〟であるとの思いが、〝不浄〟（穢）を自覚することによって、真に〝浄〟なる世界に住する。本来的な〝常楽我浄〟（四波羅蜜多）に立つものからすれば、日常的・非本来的な〝常楽我浄〟は何ら執着の対象とはならない。まったく、ゆめまぼろしのごとくなるものである。なぜなら、その非本来性、つまり、無常、苦、無我、不浄が自覚されているからである。

かくして、釈尊は、主体的な立場において苦からの解放、涅槃寂静、本来的自己の実現を説いたのである。それは、ほかならぬ死の問題を超える道であったのである。そして、この原理的立場は、時代社会の現実的課題を背負いつつ、開顕されていったのである。

第二節　分段生死と不思議変易生死

ところで、仏教においては、その展開の歴史の中で、〝死〟をどのように分析し、理解してきたのであろうか。今、その基本的立場を見てみたい。

さて、その最も代表的な見方は、二種生死と呼ばれる見方である。つまり、分段生死（有為生死）と不思議変易生死（無為生死）である。

それは、『勝鬘経』一乗章第五に、

二種の死あり。何等をか二と為すや。謂く分段死と、不思議変易死なり。分段死とは、謂く虚偽の衆生なり。不思議変易死とは、謂く阿羅漢と辟支佛および大力菩薩との意生身乃至無上菩薩の究竟なり。(1)〈原漢文〉

と説かれる。その他『入楞伽経』などにも説かれる。そして、それはさらに唯識、地論、三論、天台、華厳などの立場から種々に展開され、論、疏、末釈などに異説多端である。

それゆえ、今は、一般的な立場を述べるにとどめたい。

『成唯識論』八には、

生死に二有り。一つに分段生死とは、謂く諸の有漏の善、不善の業が煩悩障の縁の助くる勢力に由って、感ずる所の三界の麁熟果なり。身命の短長、因縁力に随って定まりたる齊《ママ》限有るが故に分段と名づく。二に不思議変易生死とは、謂く諸の無漏の有分別の業が、所知障の縁の助くる勢力に由って、感ずる所の殊勝なる細の異熟果なり。悲願力に由って身命を改転し、定まった斉《ママ》限無きが故に変易と名づく。無漏の定願正しく資感せられて妙用測り難きを不思議と名づく。或いは意成身と名づく。意願に随って生ずるが故なり。(中略)また変化身と名づく。無漏の定力をもって、転じて本に異ならしむること変化の如くなるが故なり。(2)〈原漢文〉

とある。ここでは、まず、分段生死とは、凡夫の迷いの世界(三界)の生死で、実際に長短で測られる身命、因縁力に随った限りある生死と示される。つまり、われわれの日常的なものの考え方による生死観である。すでに池田勇諦師が指摘するように、分段とは分断であり、生と死を分断し、生と死を実体化している立場である。従って、死は生を断ち切るものであり、生はいつも死に脅えていく、死の不安に立った生である。ある意味では、モノ化し、私有化した生命観に立つものである。この場合、どこまでも、我見、我執にとらわれた生死観であり、死はタブーで忌むべきもの、嫌うべきもの、生は浄らかで好ましいものという見方に立つものである。

それに対し、仏の悲願力によって身命を改転したもの、定まった斉（際）限のない生死を、不思議変易生死と言うのである。

変易とは、吉蔵の『勝鬘寶窟』巻中末に、

変易と言うは、復た色形の区別、寿期の短長なく、但だ心神念念相伝えて前変後易なり。(3)〈原漢文〉

と記される。つまり、変易とは色形の区別や寿命の長短なく、心神、念念相伝して前に変わり、後に易《か》わるものであるとの意であり、見思の迷いを超えたものの生死観である。それゆえ、菩薩の生死ともいわれる（『金剛仙論』）。また、それが、仏の悲願力によるものであり、その妙用が測り難いがゆえに、それは不思議生死と名づけられ、そして、その身は、仏の意願のままに成就するゆえに、意生身と名づけられる。さらにまた、無漏仏智の力によって、転じて本と異なるゆえに、変化、変易と言い、その身を変化身、変易身とも名づけるのである。

すなわち、ここでは、人間の生死に対する見方が、悲願力（本願力）によって、本来的なものから「転」あるいは「改転」された立場として、受けとめられている。生身の体を保ちつつも、仏の本願を信知して、生命に対する価値観が転ぜられた立場である。言い換えれば、長短のとらわれ、はからいを超えた立場である。

つまり、生も死も普遍の中にあり、絶対無限の「妙用」の中にあるとの目覚めである。それは、自身の意識、分別を超えた宇宙の活動としてのものであると自覚したあり方である。いわゆる「与えられたいのち」と見、命に対する執着を離れ、その尊厳を知った立場である。

しかも、それは、上述のごとく、仏の悲願力と妙用によるがゆえに「不思議変易生死」と名づけられている。このことは、すでに、長尾雅人氏が指摘するように、変易と回向（転換）の原語が同じPariṇāma(4)であるとするならば、それは不可思議回向の生死、如来回向の生死とも理解できる。現に『荘厳経論』では「不可思議回向の生を具す」ということばが使われている。(5) この場合、如来不思議のはたらきによって、如来回向（変易）の生死が回向される（いわゆる往相）とも、自らが利他教化のはたらきをもって、応化に変易し、衆生に回向する（還相）とも理解される。あえて「不可思議」といわれるところに、如来回向、「与えられたいのち」と見られる立場がある。この立場こそ、前の『勝鬘寶窟』の引文に、続いて、

虚妄重き者は、説いて分段と為す。虚妄軽き者は、称して変易と為す。蓋し是れ聖人の善巧方便、虚妄の顚倒に随う。故に二死の名を立つ。(6)〈原漢文〉

と述べられるように、生命に対する虚妄を離れた立場である。生命をわがものとする虚妄が、不思議のはたらきによって破られてくるのである。

さらに、この変易生死は、『大乗義章』八においては、別の立場で三種に理解される。

変易と言うは、汎く釈するに三あり。一には、微細の生滅なり。無常にして、念念遷異し、前変後易するを名づけて、変易と為し、変易是れ死なるを変易死と名づく。故に地持の中に、生滅壊苦を変易死と名づく。此れ凡聖に通ず。二には、無漏を縁照して得する所の法身なり。神化無礙にして、能く変じ、能く易《か》はる故に変易と名づく。変易是れ死なるを変易死と名づく。三には、真証法身なり。隠顕自在にして、能く変じ、能く易はるが故に変易と言う。変易なるも死に非ず。但だ此の法身は、未だ生滅を出でざれば、猶ほ無常の死法の為に随われ、変易身の上に、其の生死あるを変易と名づく。此れ唯だ天に在り。三義有りと雖も、勝鬘の所説、第二を宗と為す。(7)〈原漢文〉

複雑であるが、ここでは、変易とは、単に移り変わるとの意に理解され、不可思議とか回向とかの意は、見当たらない。その第一の立場は、微細の生滅が、念々に移り変わるとの義である。輪廻無常を繰り返し、次々に変易し

ていく死である。つまり、流転の生死を、単に変易生死と言っているのである。

第二の立場は、仏智を得た法身が、神通をもって衆生をよく化益し、その無礙なるあり方に至る死である。それは「変易是死」と示される。「是」とは、そのままそれを心に認ずることである。従って、死をそのまま心に認ずることである。ここでは、この立場を『勝鬘経』の不思議変易生死とする。

第三は、真証法身が、隠顕自在に応化身として変易することであり、変易非死である。これは法身であり、変易身の上にその生死がある。「此唯在天」と言われるように、仁智の及ばぬ法身のあり方を示したものである。

このような立場から、生死の解釈は、さらに四種生死、七種生死（『梁摂経』十・十四）、あるいは十二品生死（『十二品生死経』）と展開され、それぞれ菩薩の階位に配当され、異説まちまちに論ぜられていく。

しかし基本的には、二種生死の見方を出るものではない。

されば、次に、浄土教の中で生死がどのように受けとめられ、超えられていったかを見ることとする。

註

（1）『大正新脩大蔵経』一二―二一九下（以下『大正蔵』と略す）。

（2）『同』三一―四五上。

（3）『同』三七―四八下。

（4）長尾雅人『中観と唯識』（一九七八、岩波書店）二六二頁。

（5）長尾雅人『同』二六三頁。このことを幡谷明氏が「親鸞の生死観」（『真宗教学研究』第一一号）で指摘している。

（6）『大正蔵』三七―四九上。

（7）『同』四四―六一五下。

第二章　無生無滅の浄土教的展開

第一節　曇鸞における無生の生

人間にとって不可避の生死の苦しみからの解放を、仏教では、無生無滅の理を悟るということにおいて成就していった。そして、そのあり方を不思議変易生死と見ているのである。それは、生死そのものを対象化して見るのではなく、主体的・実存的に受けとめることにおいてである。そのことによって、分段生死を離れ、それを超えていこうとしたのである。

唐の湛然（七一一～七八二）が、『止観大意』に、

衆教の諸門、大いに各四有り。乃至、八万四千不同なり。並べて無生をもって首となさざること莫れ。今、且に初従り、無生門において偏えに諸悪を破す。(1)〈原漢文〉

と言うように、いかなる仏教も、生死出離を究極の課題とし、無生という立場において、それを超えていった。

たとえば、『圓覚経』には、

一切衆生。無生の中において、妄じて生滅を見、是故に説いて輪転生死と名づく。(2)〈原漢文〉

と説かれ、また、『最勝王経』一、『仁王経』中に、それぞれ、

無生は是れ実なり。生は是れ虚妄なり。愚痴の人、生死に漂溺す。如来は體実にして虚妄あることなし。名づけて涅槃とす。(3)〈原漢文〉

一切の法性は、真実空なり。不来不去なり。無生無滅なり。真際に同じく法性に等し。(4)〈原漢文〉

と説かれる。ここでは、不来不去、不生不滅と示される。つまり、本来的には無生であり、生と思うのは、虚妄によるものであるとする。また、愚痴の人は、その虚妄によって生死を漂溺しているのであるとする。無生と見ることによって、その所有化、対象化を超えるのである。そして、如来のみが虚妄でなく、実であり、その虚妄の破られた世界を涅槃と名づけている。

それゆえ、不生不滅の悟りを無生滅法忍、あるいは無生法忍、無生忍とも言うのである。

『宝積経』二十六に、

無生法忍とは、一切諸法の無生無滅を忍ずるが故なり。(5)〈原漢文〉

と説かれる。

また、『智度論』五十に、

無生法忍とは、無生滅諸法実相中に於て、信受通達無礙不退なり。是れを無生忍と名づく。(6)〈原漢文〉

といい、『同』七十三に、

此の無生の法を得て諸の業行を作さず起こさず、是れを得無生法忍と名づく。得無生法忍の菩薩は是れ阿鞞跋致と名づく。(7)〈原漢文〉

と示されるように、それは、諸法の不生不滅の理を観じて、これを諦忍し、不退転地に住するものである。

しかるに、それは『大乗義章』十二に、

龍樹の説くが如く、初地已上、また無生を得。若し『仁王』および『地経』に依らば無生は七八九地に在り。(8)〈原漢文〉

と示されるごとく、初地已上の菩薩、あるいは、七・八・九地の得べき悟りとされるのである。

それは正しく、無生あるいは、不生なる真理を悟って得るところの、安らぎの境地である。生死の苦を超えることは、「無生の生」を得ることであり、「無生の宝国」（『往生礼讃』）とは、極楽浄土をさすことばとして、理解されるのである。

ところで、このような生死出離の追求と展開は、もちろん前にも述べたように、仏教の共通の課題であった。しかし、それが最も主体的に、根本課題として受けとめられてきたのは、その名が示すごとく、浄土教である。浄土とは正しく、生死出離の世界に名づけられたことばである。

それゆえ、浄土の根本経典である『大経』にも、

生死を過度して解脱せざることなけん。(9)〈原漢文〉

とか、

会《かなら》ず当に仏道を成りて広く生死の流れを済うべし。(10)〈原漢文〉

と説き、さらに、第三十四願には、

設《たと》ひ我仏を得んに、十方無量不可思議の諸仏世界の衆生の類、我が名字を聞きて菩薩の無生法忍、諸の深総持を得ずんば、正覚を取らじ。(11)〈原漢文〉

と無生忍が願われ、そして、

若し彼の国の人天、此の樹を見る者は、三法忍を得ん。一つには音響忍、二つには柔順忍、三つには無生法忍

なり。此れ皆、無量寿仏の威神力の故に、本願力の故に、満足願の故に、明了願の故に、堅固願の故に、究竟願の故なり。(12)〈原漢文〉

と成就する。

後述するが、『観経』の韋提希の悟りも、無生忍である。

浄土教とは、基本的には、無生忍を悟ることによって一切の迷惑を超え、その世界(浄土)に往生することが説かれているのである。それゆえ、龍樹をはじめ浄土の論疏には、そのことが正面から取り上げられている。特に、曇鸞(四七六〜五四二)の『浄土論註』には、その際立った理解がある。今、そのことをたずねてみたい。

さて、その「上巻」「願生安楽国」の釈下(作願門)に、

問うて曰く。大乗経論の中に、処処に衆生は畢竟无生にして虚空の如しと説けり。云何ぞ天親菩薩、願生と言たまふやと。答えて曰く。衆生无生にして虚空の如しと説くに二種有り。一つには凡夫の実の衆生と謂うところの如く、凡夫の見る所の実の生死の如きは、これ所見の事、畢竟じて有らゆること无きこと亀毛の如し、虚空の如し。二つには謂く諸法は因縁生の故に即ち是れ不生なり。有らゆること无きこと虚空の如し。天親菩薩の願ずるところの生は是れ因縁の義なり。因縁の義の故に仮に生と名づく。凡夫の実の衆生、実の生死有りと謂ふが如きには非ざるなり。(13)〈原漢文〉

と述べられる。

つまり、ここでは、大乗の経論の中のいたる所で、衆生の現存在は、究極的に無生(無滅)で、虚空さながらであると説かれている。それにもかかわらず、天親菩薩はなぜ願生と言うのであろうかと問い、まずその衆生無生、虚空の如しを二つの立場で確認する。

第一は、凡夫、いわゆる日常のわれわれは生と死を対象化し、実体として存在するかのように思うが、それは観念にすぎず、実際には存在しない。ちょうど、あるはずもない亀の甲の毛のように空想的なもので、虚空にすぎない。第二は、あらゆる現実の存在は、因縁によって存在するのであるから、この場合、不生である。有るとか無いとかといっても、もともと実体が存在するのではないから虚空のごとくであるといわれる。

そこで、今、天親菩薩が願生と呼ばれるのは、現存在の因縁のことがらである。因縁によって、仮に生まれるというだけのことである。日常的なわれわれの立場のごとく、実体化、対象化された生死がどこかに存在するのではないという。

つまり、ここでは天親の願生論にことよせて二つの無生が述べられる。第一の立場は凡夫有情の実体視としての虚妄の無生であり、第二の立場は、因縁無生の立場である。

そのことは、さらに「下巻」「入第一義諦」の釈下でも次のように記される。

> 建《はじめ》の章に「帰命无㝵光如来願生安楽国」と言たまへり。此の中に疑有り、言ふこころは生は有の本、衆累の元たり。生を棄てて生を願ず。生何ぞ尽くべきや。此の疑を釈せんために、是の故に、彼の浄土の荘厳功徳成就を観ず。明らけし、彼の浄土は是れ阿弥陀如来の清浄本願の无生の生なり。三有虚妄の生の如きには非ざるなり。何を以て之を言ふとならば、夫れ法性清浄にして畢竟无生なり、生と言ふは是れ得生の者《ひと》の情ならくのみと。生苟《まこと》に无生なり、生何ぞ尽くる所あらむ。夫れ生を尽くさば、上は无為能為の身を失し、下は三空・不空の痼廃也病也工路反に酖《ゑ》醉亡善反(14)いなむ。根敗永く亡じて三千を𨂊《さけ》び振るう、无反无復斯にして恥を招く。躰夫れ理より生ず、之を浄土と謂ふ。〈原漢文〉

意を取れば、建《はじめ》の章で、「无㝵光如来に帰命し、安楽国に生ぜんと願ず」と言われるのであるが、この中に疑問が起こると。つまり、その疑いとは、そもそも生ということは、虚妄の有の本源であり、あらゆるわずらいの根元である。ところが、その生を捨てて、また生を願うというのでは、生はいつまでたっても尽きることがないのではないかと。

このような、疑を釈するために、彼の浄土の荘厳された功徳を観察するのである。明らかなように、彼の浄土は、阿弥陀如来の清浄な本願によるところの無生の生であって、三界の虚妄の生のごときではない。なぜ、このように言うのかといえば、およそ、法性は清浄そのものであって、とこしえに生（滅）なきものである。従って、生というのは、ひとえに浄土に生を得んとする者の情《こころ》をあらわすものにほかならない。このように生が、まことに無生である限り、生はどうして尽きることがあろうか。

もし、そのような生を尽くすのであるならば、上は、無為能為の身（衆生済度の、無為にして能く為す身）を失い、三空不空（空・無相無願の三空門に沈んで空のはたらきとしての仏の大悲行に眼を向けないという過失）という痼《やまい》に酗《よ》ってしまう。悟りを得るための根を永久に絶やし、三千世界を泣きさけんで、ふるわしても及ばず、無反無復（仏法にたち返り、また、たち返る道心がないこと）にして、恥をかくだけである。そもそも、願生の躰は法性の理より生ずるものであり、これを浄土というのであると、説かれる。

すなわち、ここでは、生の意義を三界虚妄の実体的、対象的なものではなく、如来の清浄本願によるところの無生の生とする。法性の生であり、究極的に生なきものであり、ひとえに、浄土に生を得んとするものの情を表わすものにほかならないとする。また、それゆえ、生は断じ尽きないとする。情とは、主体であり、実存である。そして、その生まれる世界を浄土と名づけているのである。

さらに、同じ段で、

譬ば浄摩尼珠、これを濁水に置けば水即ち清浄なるが如し。若し人无量生死の罪濁に有ると雖も、彼の阿弥陀如来の至極无生清浄の宝珠の名号を聞きて之を濁心に投ずれば、念念の中に罪滅し心浄じて即ち往生を得。(15)〈原漢文〉

と示される。つまり、摩尼珠と濁水のたとえで、人は、たとえ計り知れない生死罪濁の中にあっても、彼の阿弥陀如来のこの上もない無生清浄の宝珠のような名号を聞いて、これを濁った心に投じれば、念々のうちに罪を滅し、清らかになって、往生することができるというのである。しかも、ここでは、名号のことを「无生清浄の宝珠の名号」と呼び、それを、無生法と領解しているのである。

また続いて、そこでは、

彼の清浄仏土に阿弥陀如来无上の宝珠有します。无量荘厳功徳成就の帛《ぬの》を以て、裹《つつ》んで之を往生する所の者《ひと》の心水に投ずれば、豈に生見を転じて无生の智と為ること能はざらむや。(16)〈原漢文〉

と釈される。ここでも、阿弥陀の名号を称する用きをもってして、どうして生見を転じて、無生の智とならないことがあろうかとことさら強く述べる。つまり仏名を称することによって、実の生ありとする見方が転ぜられて、無生の智慧となると述べるのである。

このような転換のあり方を、曇鸞は、「上巻」総説で、

是心作仏といふは、心能く作仏すと言ふなり。是心是仏といふは、心の外に仏ましまさざるなり。譬へば火は木より出で、火、木を離ることを得ざるなり、木を離れざるを以ての故に則ち能く木を焼く。木、火と為る。木を焼きて即ち火と為るが如しとなり。(17)〈原漢文〉

とたとえる。

つまり、木の外に火があるのではなく、木そのものが火となるのであると。生見、実の生の立場を捨て、その外に無生の世界があるのではなく、実の生を生きる中に、そのまま、無生の智が得られるというのである。生死界を捨てその外に涅槃界を求めるのではなく、生死界を生きる中に、自らが名号を称えれば、阿弥陀の本願によって、そのまま、生死の超越的世界が開かれるという立場である。もちろん、そこには、仏との出遇いによる自らの価値観の転換があるのである。それは、上に述べたように、真実に照らされ、生死が虚妄であり、妄想であったことを自覚した時になされる転換である。つまり、そのことによって、生死界の外へ出るのではなく、その中にあって、あるいは、その状況のままに、むしろ、それを素材として、自らの主体的世界へ転換するのである。そして、そのことによって、本来的「生」に立ち、現実の虚妄の生死を超えるのである。正しく、三有虚妄の生が晴れるのである。

親鸞はそれを、「証知生死即涅槃」(『正信偈』曇鸞章)と理解している。いわゆる、この「即」は、「転」を内実としたものである。また、そのことを曇鸞は、次のことでも示す。

則ち是れ煩悩を断ぜずして涅槃分を得。(18)〈原漢文〉

「即」とは、「不断」をも内実とした表現である。生死の苦海にあって、已に本願のはたらきにより、生死罪濁のままに、涅槃分を得ていると。すなわち、生死の苦を超えているとするのである。

さらに、その「即」における不二にして體、一なる転換を曇鸞は、海にたとえ、

海とは佛の一切種智深廣にして崖なく、二乗雑善の中下の死尸《がい》を宿さず。これを海の如しと喩ふ。(19)〈原漢文〉

と述べる。「衆水の海に入りて一味なるがごとし」(『正信偈』)と理解される。無上宝珠の名号によって、生死に苦

しむ煩悩具足の凡夫が、そのまま「即」生死出離の涅槃界に帰せられていくことを海にたとえたのである。

このような生死の超越は後に、親鸞の特に注目するところとなる。

このように、『論註』においては、無生無滅の立場から、如来清浄本願によるところの「無生の生」という生滅を超越した絶対永遠の生が説かれている。つまり、自身よりも先に存在する仏に願われた生であることを示す。そして、その生を獲ることを願生浄土極楽往生と言い、そのあり方を生死即涅槃と示す。もちろん、それが無量の法たる名号によって成就すると説かれているのである。しかも、その生は、決して実体的な立場の生ではなく、主体的立場でのものであり、浄土に生を得んとするものの情として表われてくるものである。生死そのものが、阿弥陀の本願力による無生の生であり、有無という概念を離れた如来回向の生と見られたのである。そして、そのものが、念仏によって獲られると受け止められたのである。

ところで、曇鸞のこのような立場をよく示す彼自身の行実がある。

すでに、それは、親鸞が、

三蔵流支浄教を授けしかば、仙経を焚焼して楽邦に帰したまひき。[20]〈原漢文〉

と、『正信偈』で偈っているが、道宣（五九六～六六七）の『続高僧伝』巻六には、次のように誌されている。

鸞曰く。仏法を学ばんと欲するも、年命の促減するを恨む。故に来りて遠く陶隠居に造り、諸の仙術を求む。（中略）山所に届るに及びて接対欣然たり。便ち仙経十巻を以て、用て遠意に酬ゆ。（中略）行きて洛下に至り、中国三蔵菩提留支に逢ふ。鸞往きて啓して曰く。仏法の中、頗《も》し長生不死の法にして此の土の仙経に勝る者有りやと。留支、地に唾して曰く。是れ何たる言ぞや。相比するに非ざるなり。此の方、何処にか長生の方有る。縦ひ長年を得て、少時死せざるも、終には更に三有を輪廻せんのみと。即ち観経を以て之を授けて曰く、此れ大仙の方なり。之に依りて修行せば、当に生死を解脱するを得べしと。鸞尋ぎて頂受し、齎らす所の仙方は並びに火もて之を焚く。自行化他流靡弘廣なり。(21)〈原漢文〉

つまり、曇鸞は、仏法を学ぶのに寿命の尽きるのを恨むと、江南の仙人、陶隠居なる者の所で仙術を学び、仙経十巻を得て帰り、洛陽にて菩提流支に出会った。曇鸞は言った。

「仏法の中に長生不死の法として此の土に仙経に勝るものがあるか」

と。菩提流支は地に唾して言った。

「これ何たる言葉か。相比するべきものではない。此の方のいずこにか長生の法やある。たとい長年を得るとも、しばし長らえるだけであり、結局は、三有を輪廻するだけである」

と。

そして、『観経』を授けて、さらに言う。

「これこそ大仙の方である。これによって修行すれば、まさに生死を解脱するであろう」

と。

曇鸞は、ハッと気づき、思わずこれを頂き、江南からもたらした仙経は、すべて焼き尽くしたというのである。ここに、人間の迷いの長生と、仏教の求める長生の違いが、よく記されている。

曇鸞は、長生不死の法が仏道にあることを知らず、外道にそれを求めた。仏道に身をおきつつ、仙経にそれを求めるとは、文字どおり、内実は外道である。その迷いとは、生命を実体視し、自分のものと執着する迷いである。方法さえみつかれば、生命を自分の力で長くもでき短くもできると思っている、長くすればしたで、あるいは、得れば得たで、またそこにエゴの執着があることに彼は気づかなかった。それをさますものが、他なる用き《はたら》、つまり、如来の智慧であり、智慧の念仏であったと知ったのである。曇鸞は、今、菩提流支に自分の迷いをさまされ、『観経』に説かれる念仏によって、真の長生不死の神方、つまり、無生の生に目覚めたのである。

上の『論註』で見た立場が、そのまま曇鸞自身の歩みの上に見られるのである。

第二節　善導における凡夫得忍

さて、無生法忍が、初地已上あるいは、七・八・九地の菩薩の悟りとされたものが、そのまま十信位に属する凡夫の得る忍《さとり》と理解されたのは、正しく善導（六一三～六八一）の発揮である。

善導は『観経』の韋提希の得忍（悟りを得ること）をめぐって、「古今楷定」の妙釈をなした。

元来、『観経』は、善導以前の諸師（吉蔵・浄影・智顗等）によれば、定散二善を主題として説く経典であった。つまり、あの王舎城の悲劇も、釈尊が、定散二善を説く発端としての単なる序説であるとの見方に立ち、その登場人物をすべて菩薩の化身であると見た。

しかし善導は、経文の主体的な理解により、つまり、釈尊の「汝は是れ凡夫なり」（「序分」）の言に従い、韋提を「心想羸劣」（「同」）の実業の凡夫として見、経典そのものが、親子の生死の悲劇をどう超え、ともにどう救われていくかを説いた経典であると見た。すなわち、その韋提希に代表される一切の凡夫が、いかにして救われていくかを説いた凡夫救済の経典と見たのである。従って、上来、説かれる定散二善は、その行じ難さと、及び難きわが身という自覚によって「ただ念仏」を知らせんがための方便と見た。それゆえ、流通分に説かれる「汝好くこの語を持て。この語を持てというは、すなわち、これ無量寿仏の名を持てとなり」（「流通分」）を結論と見、『観経』そのものを一転して、念仏の経典と見たのである。

もとより韋提の救いは、「廓然として、大きに悟りて、無生忍を得」（「得益分」）と言われるように、無生忍の自覚による救いである。されば善導は、いかなる手法を用いて凡夫の得忍を領解したのであろうか。

善導は、韋提希が釈尊の正しき説法を聞いて、無生忍を悟ったという利益を得たのは、『観経』説法中のいずれの時であったかをはっきりさせ、それに対する諸師の誤りを簡び分けるという方法を用いた。

すなわち、諸師は、韋提希の得忍を定散両門の説法を聞き終わった聞経の利益と見たのに対し、善導は、第七華座観での見仏の利益と見たのである。

諸師は、道安以来の伝統的な経典区分の例に従い、『観経』を序分・正宗分・流通分と三分したが、善導は、序分・正宗分・得益分・流通分・耆闍分と五分した。

そして、善導が得益分として分科したところの第十六下輩観に続く、

是《こ》の語を説きたまふ時、韋提希、五百の侍女とともに仏の所説を聞き、時に応じて即ち極楽世界の広長の相を見たてまつる。仏身及び二菩薩を見たてまつることを得て、心に歓喜を生じ、未曽有なりと歎ず。廓然として大きに悟りて、無生忍を得たり。五百の侍女、阿耨多羅三藐三菩提心を発し、彼の国に生ぜんと願ず。世尊悉く皆当に往生すべしと記したまはく。彼の国に生じ已りて、諸仏現前三昧を得ん。無量の諸天、無上道心を発せり。[22]〈原漢文〉

の文を、諸師は正宗分に含めている[23]。

また、この文の「是の語を説きたまふ時」を諸師は、釈尊が定善十六観を説き終えた後と解釈し、韋提希は、これらの経説を聞き終え、その利益にて得忍したとするのである。つまり、古来、経末の聞経得忍説と名づけられる

立場である。

もともと、浄影や吉蔵、智顗にしても、先に述べたように、韋提希を菩薩の権化と見ている。それゆえ、無生忍が、初地あるいは、七・八・九地の菩薩の証するところであっても、韋提希が無生忍を得ることに、何ら問題はない。もともと、菩薩、聖者が、定善や散善という厳しい修行を終えた後、その得益として、無生忍を得ると理解されているのである。

しかし善導においては、すべて「諸仏如来の異の方便」（「玄義分」）と理解される。従って、それは、成就し難きものとしてのものであり、むしろ、そのことを知らせんためのものである。これを成就しなければ無生忍が得られないとするならば、凡夫は、永遠に救済から見放されることとなる。

それゆえ善導は、韋提のさとり（得忍）を第七華座観と見たのである。いわゆる、第七華座観見仏得忍説を立てたのである。

第七に韋提、仏の正説を聞きて得益する分斉を料簡すと。問うて曰く。韋提、既に忍を得たりと言へり。未審《いぶかし》、何れの時にか忍を得る。出でて何れの文にか在るや。答へて曰く。韋提の得忍は出でて、第七観の初めに在り。『経』に云く、「仏韋提に告げたまはく。仏当に汝が為に苦悩を除く法を分別し、解説すべし。是の語を説きたまふ時、無量寿仏空の中に住立したまへり。観音・勢至左右に侍立せり。時に韋提、時に応じて見ることを得て、接足作礼し、歓喜讃嘆して、即ち無生法忍を得といへり」。何を以てか知ることを得る。下の利益分の中に説きて言ふが如し。「仏身及び二菩薩を見ることを得て、心に歓喜を生じて、未曽有なりと嘆じて、廓然として、大に悟りて無生忍を得る」。是れ光台の中に国を見し時に得るにあらず。問うて曰く。上の文の中に説きて言はく、「彼の国土の極妙の楽事を見て、心歓喜するが故に、時に応じて即ち無生法忍を得」と。此の一義、云何が通釈せん。答えて曰く。此の義の如きの者は、但だ是れ世尊前の別請を酬えて挙げて利益を勧むる方便の由序なり。(24)〈原漢文〉

意を取れば、いったい、いつ韋提希が得忍したのかとの問いに対し、答えて言う。韋提の得忍は、第七華座観の初めに出ている。つまり、『経』には、次のように説かれている。〈仏が韋提希に告げたまうようは、いま仏が汝のために苦悩を除く教法を分別し、解説すると。そうして、是の語を説きたもうた時、たちまち、無量寿仏が空中に立ちあらわれて、住したまい、観音・勢至の二菩薩がその左右にそれぞれ侍って立ちたもうた。この時、韋提希は、時に応じて、直ちに、三尊仏を見たてまつることができて、額を阿弥陀の御足に接《つ》けて、うやうやしく礼をなし、歓喜、讃嘆した。そして、即時に無生忍を得たのである〉。――もっとも、華座観の文には、韋提希が、〈我、今、仏力によるがゆえに無量寿仏および二菩薩を見たてまつることを得〉と言うのみで、無生忍を得たとは言っていない。――しかし、どういうわけをもって、この時、得忍したかを知ることができるかと言えば、下の利益分、つまり、得益分の中に次のように説いてあるからだと言う。つまり、〈仏身および二菩薩を見て、心に歓喜を生じて、未だかつて有ったことのないことだと感嘆して、廓然として大いに悟って、無生忍を得た〉とあるが、この文が、前の華座観のときの見仏得忍を的示しているからである。また、これは、序分、定善示観縁の光台の中に国を見た時に無生忍を得たというのでもない。つまり、序分の定善示観縁のときにも、〈彼の国土の極妙の楽事を見て、心歓喜するがゆえに、時に応じて即ち無生法忍を得〉とあるが、それは、釈尊が、韋提希の要請（別請）に応えて、やがて得忍するという利益を予めあげて、韋提に説法を聞くことを勧めたからであって、その時に得忍したのではないと、つまり、方便の由序であると。概ね以上のように善導は釈する。

つまり、善導の基本的な見方は、正しく韋提は、序分の欣浄縁の光台現国によって極楽世界を拝み（見土）、さらに、第七華座観において仏身を拝んで（見仏）、信眼が開けて得忍したという見方である。

すでに、多くの先学が指摘するところであるが、それゆえ、「定善義」で、華座観の見仏について、

　序には浄国に臨みて、喜歎して、以て自ら勝たることなし。今乃ち正しく弥陀を観《み》たてまつりて、更に増《ますます》心開けて忍を悟る。[25]〈原漢文〉

と説く。また、「散善義」得益分の釈に、

　三に、「時に応じて、即ち極楽を見る」已下、正しく、夫人等の上の光台中において、極楽の相を見ることを明かす。四に、「仏身および二菩薩を見ることを得」より已下、正しく夫人第七観の初めにおいて、無量寿仏を見たてまつりし時、即ち無生の益を得ることを明かす。[26]〈原漢文〉

と述べる。

つまり、「序には浄国に臨んで」、そして「今乃ち正しく弥陀を観《み》」、得忍したと言う。また、得益分に「時に応じて、極楽世界広長の相を見る」とあるのは、韋提が序分の光台現国のときに見土したことを示した文であり、「仏身および二菩薩を見ることを得る」とあるのは、第七観に見仏して得忍したと伝えた文証であると言うのである。

結局、「定善義」に、

　弥陀空に在しまして立ちたまへるは、但使《ただし》心を廻らして我が国に生まれむと願ずれば、立ちどころに即ち生ることを得るなり。[27]〈原漢文〉

と説かれるように、住立空中の仏身を、仏心、すなわち願心として受けとり、韋提希がこの無生法忍の悟りを得たことが、この経にとって特に重要であるがゆえに、経の最後に再説したのが、得益分であると主張するのである。

第七華座観での韋提希の得忍とは、定散二善聞経得忍説の漸教の立場に対して頓教の立場である。つまり、定散二善を修し、功徳を積んで、無生忍を得るのは、次第に悟る漸教の立場である。それに対し、凡夫が即時に悟るのを頓教という。『観経』そのものが定散二善を主題とする、いわゆる釈迦教要門から、弘願念仏を主題とする弥陀教弘願の教えと読み取られている。華座観得忍説とは正しく、凡夫が頓に、本願力によって、無生法忍を得るという立場が領解されたことにほかならない。

その点について善導は、さらに、「序分義」において、

此れ阿弥陀仏の国清浄にして、光明忽ち眼の前に現ず、何ぞ踊躍に勝《た》へむ。この喜びに因るが故に、即ち無生の忍を得ることを明かす。または喜忍と名づく、または悟忍と名づく、または信忍と名づく。[28]〈原漢文〉

と、無生忍に、喜・悟・信の三名を出してその内容を示し、そして、

此れは多く是十信の中の忍なり、解行已上の忍にはあらず。[29]〈原漢文〉

と釈した。つまり、無生忍を、解（十住）行（十行）已上で得るものではなく、仏道の初門である十信位の軽毛の凡夫が仏願力によって獲る真実の信心と見たのである。

もとより、これは、香月院等の指示[30]によれば、『安楽集』の所説によっている。すなわち、そこには、

当今の凡夫は、現に、信想軽毛と名づく。亦、仮名と曰《い》へり。亦不定聚と名づく。また、外の凡夫と名づく。未だ火宅を出でず。何をもって、知ることを得ん。『菩薩瓔珞経』によって、具さに入道行位を弁ずるなり。[31]

と示される。ここでは、『菩薩瓔珞本業経』下（『大正蔵』二四、一〇一七上）に、愚縛の凡夫が大乗の法によって一念信を起こせば、それを信想の菩薩、仮名の菩薩、名字の菩薩と名づけているので、それによって、同様に述べる。つまり末法では、たとえ凡夫であっても、大乗を学ぶ限り十信位に属す。しかしそれは、真実の菩薩ではないから、

仮名の菩薩と名づけるという。この立場に基づいて、善導が今の所説を出したと言われている。

結局、無生法忍とは本来、初地、もしくは、七・八・九地の菩薩の悟りであったが、ここでは初門の菩薩の悟りと見られた。それは仏教の理解の歴史の中でもすでに認められているところであった。[32] 従って、そうであるとするならば、今、『安楽集』等によれば、凡夫が頓に名号の信心を獲れば、十信位の菩薩に至り、仮名の菩薩となるという。だから、凡夫の得忍が、可能であるとするのである。ただし、願力によってである。凡夫である韋提希が弘願の信を得て、菩薩になることによって、無生法忍を得たと見、凡夫の得忍を論理的に解明したのである。

それは、後に、親鸞が、他力の信心を獲れば、弥勒に同じ、とか、諸仏に等しいという論理を展開させるが、それを彷彿とさせるものである。

すでに曇鸞によって、無生の生は、報土往生をいい、この往生が、まったく名号よりほかにないゆえ、名号そのものが無生法であるとされた。それゆえ、その名号によって、不生不滅の真理を悟ること、つまり、往生して安んずることができると明かされた。

それを今、善導は、凡夫の立場でも得忍が可能であることを示し、しかも、喜忍・悟忍・信忍の三名で内容を示し、凡夫の得やすい名号の信心と解釈されたのである。

しかし、一方ではその凡夫入報を明かした善導自身が、その証果をめぐっては、五種増上縁の立場から、臨終見仏を論じ、その行儀を定めている。

いわゆる『観念法門』がそれであり、その中で、「入道場及《ヒ》看病人《ノ》法用」を述べる。

『観念法門』とは、一般には、全巻を三段に分け、㈠、『観経』『般舟三昧経』等による、観仏三昧（観想の念仏）、念仏三昧（称名念仏）の実践法。㈡、両三昧によって得られる五種増上縁（滅罪、護念、見仏、摂生、証生の五増

上縁）の功徳利益。㈢、これらを結び、観仏三昧から念仏三昧に志向すべき方向をそれぞれ説くもの、と理解されている。(33)

このように、称名念仏によって無生忍を得、救われていくことを説くのであるが、今その第一段末に、この「入道場及《ヒ》看病人法用」を説く。以下その本文をあげる。

又行者等、若しは病み、病まざらんにも命終せんと欲はん時、一《もっぱ》ら上の念仏三昧の法に依りて、正しく身心に当てて、面を廻して西に向けて、心もまた阿弥陀仏を専注観想して心口相応し、声声絶すこと莫れ。決定して往生想、華台の聖衆来りて迎接する想を作《な》せよ。病人若し前の境を見ば、即ち看病の人に向かいて説け。既に説を聞き已りて、即ち説に依りて録記せよ。又病人若し語ること能《あた》はざる者は、看病の人と必ず須く数々《しばしば》病人に問うべし。何なる境界をか見ると。若し罪相を説かば、傍の人即ち為に念仏して、助けて同じく懺悔して罪滅せしめよ。若し罪滅を得ば、華台聖衆、念に応じて現前して前に準じて抄記せよ。又行者等、眷属六親若し来りて看病せば、酒・肉・五辛を食する人を有《い》らしむることなかれ。若し有らば必ず病人の辺に向かふことを得ざれ。即ち正念を失す。鬼神交乱し、病人狂死して三悪道に堕す。願わくは行者等、好く自ら謹慎《つつ》しんで仏教を奉持して、同じく見仏の因縁を作せ。已前は是れ入道場及び看病人の法用なり。(34)〈原漢文〉

つまり、意を取れば、行者においては、病む者も病まぬ者も、命、終わらんとする時、上に述べた念仏三昧の法によって、まさに、身心を正して、顔を西に向け、心を専ら阿弥陀仏に注《そそ》いで観想し、心と口を相応させ、念仏の声を絶やすことなかれと。そして、決定して、往生の想あるいは、華台の聖衆（仏・菩薩）が来迎して、迎えとっていく想をなせ。死に逝く人が、もし、前の境地を見たならば、それを看病の人に向かって説きなさい。その説を聞き已ったら、それを記録せよ。また、死に逝く人がもし、よく語れなかったら、看病の人は、必ず、しばしば死に逝く人に、どのような境地を見ているのか、問うべきである。もし、死に逝く人が罪のありさまを説いたら、傍《そば》の人は、そのために念仏をしてあげ、助けて同じように懺悔して、必ず罪滅させなさい。もし、罪滅を得たならば、華台の聖衆は、念に応じて眼の前に現われるので、前に準じてそれを抄記せよ。また、行者等において、もし、六親眷属来てその病を看るならば、酒、肉、五辛を食する人があってはならない。もし、眷属がどうしても、死に逝く人の周辺に向かうことができないならば、たちまち、臨終の正念を失うであろう。鬼神が交乱し、病人は狂い死んで三悪道に堕すであろう。願わくば、行者等においては、好く自ら慎んで、仏教を奉持して、見仏の因縁を作りなさい。ここまでは、これ入道場及び死に逝く人を看る法式である、と理解される。

善導は、上来、縷々述べてきたように、功徳を積み上げるのではなく、凡夫韋提希が、頓に、日常の場で救われたことから、平生の救いの立場を示すのであるが、一方では、このように死に逝く病の人に対し、具体的な行儀を示す。

この立場は、いわゆる、「漸」の立場の念仏である。つまり、臨終に来迎にあずかるための、いわば、功徳を積むための念仏であり、それは阿弥陀との縁を深める（増上する）ための念仏である。

それゆえ、第二段の初めには、

謹んで釈迦仏の教、六部の往生経等によって、阿弥陀仏を称念して浄土に生まれんと願ずる者、現生に即ち延年転寿を得て、九横の難に遭はざることを顕明す。一一具には下の五縁義の中に説くが如し。(35)〈原漢文〉

と言い、さらに、

十五・二十・三十・五十・乃至一百して、十万遍を満てん者、現生に何なる功徳をか得る。百年捨報の已後《のち》、何なる利益か有る。浄土に生を得るや否や。答えて曰く。現生及び捨報に決定して大功徳利益有り。仏教に准依して五種の増上利益の因縁を顕明せん。一には滅罪増上縁。二つには護念得長命増上縁。三つには見仏増上縁。四つには摂生増上縁。五つには証生増上縁なり。(36)〈原漢文〉

と述べる。

つまり、念仏を多く称えることによって、現生に九種の横死の難に遭わず、延年転寿を得るといい、さらに、五種の増上利益の因縁を得るという。しかし、本質的には、そこに、死、臨終が意識されている。

安楽な死に方をしたい、死後も安らかでありたいという、人間的欲望にとらわれたままのあり方である。ただ、それを現生に、生きている時に、手にしたいという立場である。ポックリ死ねることをひたすら祈るのと同じであり、そのあり方は、長生きしたいと生に固執するあり方と、心根は少しも変わっていない。

その虚妄を離れた時に、生死を超えた世界が向こうから開かれてくるという立場とは、まったく異なっている。これらの矛盾は、次に述べる源信の立場においても、まったく同様である。それが、本質的に超えられるのは、やはり、法然や親鸞まで、またねばならない。

註

(1)『大正蔵』四六―四六〇。
(2)『同』一七―九一三。
(3)『同』一六―四〇七。
(4)『同』八―八二五。
(5)『同』一一―一四六。
(6)『同』二五―四一七。
(7)『同』二五―五七四。
(8)『同』四四―七〇二。
(9)『真宗聖教全書』一―六(以下『真聖全』と略す)。
(10)『同』一―二七。
(11)『同』一―一一。
(12)『同』一―一九。
(13)『同』一―二八三。

(14)『同』一―三二七。
(15)(16)『同』一―三二八。
(17)『同』一―三〇一。
(18)『同』一―三一九。
(19)『同』一―三〇二。
(20)『定本親鸞聖人全集』一―八九（以下『親鸞全』と略す)。
(21)『大正蔵』五〇―四七〇。
(22)『真聖全』一―六五。
(23)浄影の『観経義疏』末（『浄土宗全集』五―一九八)、嘉祥の『観経義疏』(『同』五―三五二)、智顗の『観経疏』(『同』五―二二七）参照。
(24)『親鸞全』九―三八。
(25)『同』九―一三七。
(26)『同』九―二二三。
(27)『同』九―一三六。
(28)『同』九―一〇〇。
(29)『同』九―一〇一。
(30)香月院深励『観経四帖疏講義』（一九七五、法蔵館）三二七頁。
(31)『真聖全』一―四二一。
(32)懐感の『群疑論』によれば、「『菩薩瓔珞経』には、無生法忍は十住の位に在りと説き、『占察経』には、無生法忍は十信の前の凡夫に在りと説く」と示す。また、迦才の『浄土論』上には、「一に教に縁《よ》るが故に無生法忍を得、謂く一切凡夫十信位の人なり。大乗経論を読んで無生忍を作す。(以下略)」と記す。
(33)藤原幸章『親鸞全』九、加点篇、解説一九頁参照。
(34)『親鸞全』九、加点篇（二）一一一三。
(35)『同』同―一一五。
(36)『同』同―一一六。
付　「韋提得忍」についての理解は、柏原祐義『観経疏玄義分講要』（一九五五、東本願寺）を参照した。

第三章　臨終来迎思想と死の受容

第一節　臨終来迎

日本において、生死の問題を庶民レベル（凡夫の立場）で正面から課題にしたのは、やはり、浄土教であった。社会的状況にもよるが、そのピークは平安、鎌倉期である。しかし、その両期におけるそれに対する対応は、質的に異なっている。それは、平安仏教と鎌倉仏教の質的な違いを見れば、容易にうなずくことができる。

『往生要集』に、

寿もまた無量なれば、終に生・老・病・死の苦なし……。[(1)]〈原漢文〉

と言われるように、浄土往生によって、生死を超えていくことに変わりはないが、平安期における浄土教信仰の救済の証は、いわゆる来迎引接ということであった。

ここでは、死の瞬間が何よりも問題とされ、その時、仏を見るか否か、それによって、死後に極楽浄土へ行けるか否かを最大の問題として、阿弥陀を信仰していたのである。ある意味では、この時代ほど、日本において〝死〟が問題にされた時代はないといってもよいほどである。

今日、そのモニュメントとして残される来迎芸術は、それを如実に物語っており、それを眼前にした時、今なおその希求する願いが伝わってくるかのごとくである。美しく、しかし、一面どこか悲哀を秘めた貴族的かつ厭世的な浄土信仰が、何故に当時の貴族たちの心を引きつけたかは、当時の時代背景によるとも考えられる。

浄土教の立場は、基本的には、臨終の後（死後）に浄土に往生し、正定聚に住し、しかる後に成仏するという立場である。

その往生とは、「此岸を捨て、彼岸に往き蓮華化生する」、つまり、言うまでもないが、此岸を捨て、彼岸の浄土に往生して仏になるという、他土得証といわれる救いである。従って、来迎往生というのも、この考えに立ってのものである。

さて、来迎往生とは、いかなることを指して言うのであろうか。それは、『大無量寿経』「三輩段」に、

仏阿難に告げたまはく。十方世界の諸天人民、其れ心を至して彼の国に生まれんと願ずること有らん。凡そ三輩有り。其れ上輩というは、家を捨て欲を棄て、沙門を作り、菩提心を発し、一向に専ら無量寿仏を念じ、諸の功徳を修して、彼の国に生まれんと願ぜん。此等の衆生、寿の終らん時に臨みて、無量寿仏、諸の大衆と、其の人の前に現ぜん。即ち彼の仏に随ひて、其の国に往生せん。便ち七宝華の中より、自然に化生し、不退転に住せん。智慧勇猛にして神通自在ならん。是の故に阿難、其れ衆生有りて、今世に於て、無量寿仏を見上たてまつらんと欲はば、応に無上菩提の心を発して、功徳を修行し、彼の国に生まれんと願ずべし。

仏阿難に語りたまはく。其れ中輩といふは、十方世界の諸天人民、其れ心を至して彼の国に生まれんと願ずること有らん。行じて沙門と作り、大いに功徳を修すること能はずと雖も、当に無上菩提の心を発して、一向に専ら無量寿仏を念ずべし。多少善を修し、斎戒を奉持し、塔像を起立し、沙門に飯食せしめ、絵を懸け燈を然《ママ》し、華を散らし香を焼きて、此を以て廻向して、彼の国に生まれんと願ぜん。其の人終に臨みて、無量寿仏、

其の身を化現して、光明相好、具に真仏の如くならん。もろもろの大衆と、其の人の前に現ぜん。即ち化仏に随ひて、其の国に往生し、不退転に住せん。功徳智慧、次で上輩の者の如くならん。仏阿難に告げたまはく。其れ下輩といふは、十方世界の諸天人民、それ心を至して彼の国に生まれんと欲せんこと有らん。たとひもろもろの功徳を作すことあたはざれども、当に無上菩提の心を発して、一向に意を専にして、乃至十念、無量寿仏を念じて、其の国に生まれんと願ずべし。もし深法を聞きて、歓喜を信楽して、疑惑を生ぜず、乃至一念、彼の仏を念じて、至誠心を以て、其の国に生まれんと願ぜん。この人終りに臨みて、夢のごとくに彼の仏を見たてまつりて、また往生を得ん。功徳智慧、次いで中輩の如くならん。[2]〈原漢文〉

と説かれる。つまり、家を棄てて沙門となり、菩提心を発し、一向に専ら無量寿仏を念ずるなど、能く、三輩の行業を行じ得る者の寿終わらんとする時に臨んで、無量寿仏ともろもろの大衆とが、その人の前に現われるということである。

さらに、このことを具さに知るには、『観経』の所説によらねばならない。『観経』には、第九真身観において、

無量寿仏に、八万四千の相有します。一一の相に、各々八万四千の随形好有します。一一の好に、復た八万四千の光明有します。一一の光明、遍く十方世界を照らしたまふ、念仏の衆生をば摂取して捨てたまはず。其の光明相好、および化仏、具に説くべからず。但だ当に憶想して心眼をして見せむべし。此の事を見る者は、即ち十方一切の諸仏を見たてまつる。諸仏を見たてまつるをもって故に、念仏三昧と名づく。[3]〈原漢文〉

と、念仏の白毫観仏による見仏の行業を勧める（しかし、ここでは、鋭い集中力でもって仏を見て摂取されることは説かれているが、それが臨終時ではなく、平生においてである）。

一方、『大経』の三輩段を開いたところの『観経』九品段には、明確かつ具体的に、臨命終時の無量寿仏と諸の化仏の来迎を説く。

仏阿難及び韋提希に告げたまはく。上品上生というは、もし衆生有りて、彼の国に生まれんと願ぜん者は、三種の心を発して、すなわち往生す。何等をか三と為す。一つには至誠心、二つには深心、三つには廻向発願心なり。三心を具する者は、必ず彼の国に生ず。また三種の衆生有り、当に往生を得べし。何等をか三と為す。一つには慈心にして殺さず、諸の戒行を具す。二つには大乗方等経典を読誦す。三つには六念を修行し、廻向発願して彼の国に生まれんと願ず。此の功徳を具することの、一日乃至七日にして、即ち往生を得。彼の国に生ずる時、此の人精進勇猛なるが故に、阿弥陀如来、観世音・大勢至、無数の化仏、百千の比丘、声聞大衆、無数の諸天、七宝の宮殿と、観世音菩薩、金剛台を執りて、大勢至菩薩とともに、行者の前に至る。阿弥陀仏、大光明を放ちて、行者の身を照らし、もろもろの菩薩とともに、手を授けて迎接したまふ。観世音・大勢至、無数の菩薩とともに、行者を讃歎し、其の心を勧進す。行者見終わりて、歓喜踊躍す。自ら其の身を見れば、金剛台に乗じて、仏の後に随従して、弾指の頃《あいだ》の如くに、彼の国に往生す。彼の国に生じ終わりて、仏の色身の衆相具足せるを見たてまつり、諸の菩薩の色相具足せるを見る。光明の宝林、妙法を演説す。聞き終わりて即ち無生法忍を悟る。須臾の間を経て、諸仏に歴事し、十方界に遍して、諸仏の前に於て、次第に授記せられ、本国に還り到りて、無量百千の陀羅尼門を得。これを上品上生の者と名づく。(4)〈原漢文〉

つまり、上品上生においては三心を具足し、さらに慈心にして殺せず、もろもろの戒行を具し、大乗方等経典を読誦し、六念を修行する。そして、回向発願して彼の国に生ぜんと願ず。これだけの功徳を一日乃至七日して往生を得る時に、阿弥陀仏と観世音、大勢至、無数の化仏等が、行者の前に現われるというのである。

次下、上品中生から下品上生においても同様である。下品下生でさえも、菩提心が説かれるのである。

つまり、ここでは、無量寿仏すなわち阿弥陀仏が西方極楽浄土の遠い彼方にいる救済者として見られ、それがある決定的な時点、つまり、三心を発し、三福などの行業を積んで極楽国に生まれんことを願求して命終わらんとする時、念仏行者の方に現われ、無限に近づいてきて、救済する仏と見られている。従って、来迎とは、本来、念仏者と断絶していた阿弥陀が、念仏者の善根功徳によって、臨終に、聖衆を伴って、極楽国より、迎えに来て救済するというものである。

その救いの論理は、そのまま浄土教信仰として、中国においては、隋末唐初の時代に、天台大師智顗、浄影寺慧遠、さらには善導らによって、広められた。

一方、日本においては、平安時代、源信の『往生要集』によって広められ、厭欣思想として、後世の浄土教者たちに強大な影響を与えた。

すなわち、『往生要集』には、往生極楽の十楽をあげ、第一に、聖衆来迎楽について次のように記す。

第一に聖衆来迎の楽とは、およそ、悪業の人、命尽くる時は、風火先ず去るがゆえに、動熱して苦多し。善行の人の命尽くる時は、地水先ず去るがゆえに、緩縵にして苦無し。何に況や念仏の功積もり、運心年深き者は、命終の時に臨みて、大なる喜自ら生ず。然るゆえんは、弥陀如来、本願を以ての故に、諸の菩薩、百千の比丘衆とともに、大光明を放ちて、皓然として目の前に在り。時に大悲の観世音は、百福荘厳の手を申べ、宝蓮台を擎《かか》げて、行者の前に至りたまひ、大勢至菩薩は、無量の聖衆とともに、同時に讃嘆し、手を授けて、引接したまふ。是の時に行者、目のあたり自らこれを見て、心中に歓喜し、身心安楽なること禅定に入るがごとし、当に知るべし。草菴に目を瞑づるの間、便ちこれ蓮台に跏を結ぶの程《とき》、即ち弥陀仏の後に従ひ、菩薩衆の中に

ありて、一念の頃《あいだ》に、西方の極楽世界に生ずることを得ん。(5)〈原漢文〉（欣求浄土門）

ここに説かれる美しき世界は、乱世に疲弊する人々の希求するところとなり、たちまち広まった。すなわち、ここでは、臨終の際に阿弥陀仏が、観音・勢至を始めとし、二十五菩薩あるいは無数の聖衆とともに、現われ来って、西方極楽世界に迎えとられて行くということを念仏の功徳として説く。そして、それが唯一、阿弥陀の救いの証であるとさえ説かれるのである。

しかも、その臨終来迎にあずかるために、死の瞬間が尊ばれ、来迎を願うための臨終行儀という儀式まで生み出された。次にそのことを述べてみたい。

第二節　『往生要集』と臨終行儀

もとより『往生要集』に説かれる臨終行儀とは、基本的には、上述した善導の『観念法門』の臨終行儀に基づくものであった。

今、そのことを詳しく述べてみたい。

すなわち、源信の『往生要集』の中末には、臨終行儀として次のように説かれる。少し長いが、その全文を引用する。

第二に臨終の行儀とは、先づ行事を明し、次に勧念を明かす。初めに行事とは、『四分律抄』（巻下四）瞻病送終の篇に『中国本伝』を引きて云く、「祇洹の西北の角、日光の没する処に无常院を為《つく》れり。もし病者有らば、安置して中に在《お》く。凡そ貪染を生ずるものは、本房の内の衣盋衆具を見て、多く恋著を生じ、心厭背无きを以ての故に、制して別処に至らしむるなり。堂を无常と号《なづ》く。来る者は極めて多く、還るものは一二なり。事に即きてしかも求め、専心に法を念ず。其の堂の中に一つの立像を置けり。金薄もて之に塗り、面を西方に向けたり。その像の右の手は挙げ、左の手の中には一の五綵の幡の脚を垂れて地に曳けるを繋ぐ。当に病者を安んぜんとして、像の後に在《お》き、左の手に幡の脚を執り、仏に従ひて仏の浄刹に往くの意を作さしむ。瞻病の者は香を焼き、花を散らして病者を荘厳す。乃至もし屎尿・吐唾有らば、有るに随ひて之を除く」と。

或いは説く（『法苑珠林』巻九五意）。「仏像を東に向け、病者を前に在く」と。（私に云く。若しは別処なし。但だ病者の面を西に向かしめ、香を焼き、花を散らし種種に勧進す。或いは端厳なる仏像を見せしむべし）。導和尚（観念法門）云く。「行者等、若しは病み、病まざらんも、命終わらんと欲する時は、一《もっぱ》ら上の念仏三昧の法に依りて、正しく身心に当てて、面を廻らして西に向け、心もまた専注して阿弥陀仏を観想し、心口相応して声声絶ゆることなく、決定して往生の想、花台の聖衆来りて迎接するの想を作せ。病人、もし前境を見ば、則ち看病の人に向ひて説け。既に説くを聞き已らば即ち説に依て録記せよ。また病人、もし語ること能はざれば、看病のもの必ず須く数数病人に問ふべし。何なる境界をか見たると。もし罪相を説かば、傍の人即ち為に念仏して、助けて同じく懺悔して、必ず罪をして滅せしめよ。もし罪を滅することを得、華台の聖衆念に応じて現前すれば、前に准じて抄記せよ。また行者等の眷属・六親、もし来りて看病せば、酒・肉・五辛を食せる人を有らしむなかれ。もし有らば必ず病人の辺に向かふことを得ざれ。即ち正念を失ひ、鬼神交乱し、病人狂死して三悪道に堕せん。願はくは行者等、好く自ら謹慎して仏教を奉持し、同じく見仏の因縁を作せ」と。已上　往生の想・迎接の想を作すこと、その理然るべし。

『大論』（巻四〇）に神変の作意を説きて云ふが如し。「地の相を取ること多きが故に、水を履むこと地の如し。

水の相を取ること多きが故に、地に入ること水の如し。火の相を取ること多きが故に、身より烟火等を出だす」と。云云　明らかに知んぬ、所求の事に於て彼の相を取る時、能くその事を助けて、而して成就することを得ということを。ただ臨終のみに非ず、尋常もこれに准ず。

綽和尚（『安楽集』巻上）云く。「十念相続することは難からざるに似若たり。然れども、もろもの凡夫は、心は野馬の如く、識は猿猴よりも劇し、六塵に馳騁して、何ぞ曽て停息せん。各須く宜しく信心を致し、予め自ら剋念し、積習をして性を成じ善根をして堅固ならしむべし。仏、大王に告げたまふが如し。人、善行を積まば、死するとき悪念なし。樹の先より傾けるが、倒るるとき、必ず曲れるに随ふが如しと也。もし刀風一たび至らば百苦身に湊まる、もし習先より在らば懐念何ぞ弁ずべけん。各宜しく同志三五と預め言要を結び、命終の時に臨みて、送相に開暁して為に弥陀の名号を称し、極楽に生ぜんと願じ、声声相次で十念を成ぜしむべし」。已上　言ふ所の十念には多釈有りといへども、然れども一心にして十遍南无阿弥陀仏と称念する。これを十念と謂ふ。

この義経の文に順ぜり。余は下の料簡の如し。(6)〈原漢文〉

ここには、『四分律鈔』『観念法門』『智度論』『安楽集』などを引いて、死に逝く人に対する細かな作法次第が述べられている。特に、無常院という施設を作り、そこでの西方願生を祈るための荘厳などが説かれている。

無常院とは、文字どおり、死に逝く人に対する終末看護の施設であり、行儀とは、その行為である。『関中創設戒壇図経』(7)によれば、もともと、それは釈尊在世時から祇園精舎の中にあったと記され、日本でも、大寺院の中には、その施設があったことが確認されている。

ところで、この一段は、当時、特に尊ばれ、『臨終行儀』という所題で別出され、しかも、原本が漢文であるのに対し、和語になおされている。このことは、この部分が弘く流布し、臨終行儀が盛んになされたことを物語る。

内容的には、まず、生者必滅の無常の理を説き、病になってから、臨終の際に至る用心を述べる。

それは、

まず家の中のことをしらふるに、悪縁をは退けよ。次に往生の心をすすめて、念仏をとなへしむべし。(8)

と述べ、次に五箇条を述べる。

第一に、病人を別所に施し、阿弥陀像をかかげ、病床を清浄にする。第二に、五辛肉食を近づけない。第三に、病の者に起きる善悪のことは善知識に語りて心を清くする。第四に、助からんことをみだりに願うことを禁じ、第五に、病室には三人以上あるを禁じている。その一人は念仏を勧め、一人は病人の心に随い、一人は雑事を処理するのである。かなり具体的である。

さらにその中で、

金色の阿弥陀の像に向て、仏を東に向て、光の手《(ママ)》に五色のはたをかくべし。病者をして、其はたをとらへしめて、北枕に西向にふして、仏の来迎したまふ思なるべし。常より、香をたき、花をちらして、病の床をかざるべし。(9)

と述べる。

また、最後に、往生を勧めるにまた五箇条をあげ、臨終の念仏、如来の慈悲の広大、来迎引接したまうことなどを述べる。

これらは、ほとんど『往生要集』の臨終行儀を、やさしく解説したものと見ることができる。

『往生要集』では続いて、

次に臨終の勧念とは、善友同行にして其の志有らん者は、仏教に順ぜんがために、衆生を利せんがために、善根のために、結縁のために、患に染む初めより病の床に来問して、幸に勧進を垂れよ。但し勧誘の趣は、応に人の意に在るべし。今且く、自身のために其の詞を結びて云く。仏子年来の間、此の界の悕望を止めて、唯だ西方の業を修せり。就中、もとの期する所は、是れ臨終の十念なり。今既に病の床に臥す、恐れざるべからず。須く目を閉《と》じ合掌し、一心に誓期すべし。仏の相好に非ざるよりんば、余の色を見ることなかれ。仏の法音に非ざるよりんば、余の声を聞くことなかれ。仏の正教に非ざるよりんば、余の事を説くことなかれ。往生の事に非ざるよりんば、余の事を思ふことなかれ。かくの如くして乃至命終の後に、宝蓮台の上に坐し、弥陀仏の後に従ひ、聖衆に囲遶せられて、十万億の国土を過ぎんの間も、またかくの如くにして、余の境界を縁ずることなかれ。唯《た》だ極楽世界の七宝の池の中に至りて、始(ママ)めて応《まさ》に目を挙げて合掌して弥陀の尊容を見たてまつり、甚深の法音を聞き、諸仏の功徳の香を聞き、法喜禅悦の味を嘗め、海会の聖衆を頂礼して、普賢の行願に悟入すべし。[10]〈原漢文〉

と述べる。すなわち、その死に逝く人に対して、善友同行は、仏教の教えに信従するため、衆生を救うため、善根を積むため、仏への結縁のため、病床に来って、念仏を勧進せよと説くのである。さらに、その勧誘の趣は、まさに心を共有し病人の心にあらねばならない。そして、その時の詞は、この世の希望をやめて、西方願生の業を修しなさい。なかんずく、期するところは臨終の十声の念仏である。今、すでに病床に臥すが恐れるべきでない、目を閉じ合掌して、一心に誓って臨終を期すべきであると。このように説けというのである。そして、余の色、余の声、余の事を説くなと言い、一心に命終の後に極楽へ行くことを思い、余の境界を縁ずるなと言う。また、極楽の七宝の池の中に行って初めて、目をあけ、合掌し、弥陀の尊容を見たてまつり、利他教化の普賢の行願に悟り入るべきであると説かれている。つまり、善友同行は、死に逝く人と、その死を共有し、臨終の十念の念仏を勧めよと言うのである。

そして、続いて、それに「十事」ありとし、そこでなすべき十箇条をあげる。長文になるがその十とは、次のごとくである。

一つには先ず応に大乗の実智を発して生死の由来を知るべし。『大圓覚経』の偈に云ふが如し。「一切の諸の衆生の、无始の幻无明は、皆もろもろの如来の圓覚の心より建立す」と。当に知るべし、生死即涅槃にして、煩悩即菩提なり。円融無碍にして无二无別なることを。しかれども一念の妄心に由りて、生死界に入りしより、無明の病に盲ひられて、久しく本覚の道を忘れたり。但だ諸法は本来より、常に自ら寂滅の相なれども、幻の如く定性はなく、心に随ひてしかも転変す。この故に仏子応に三宝を念じ、邪を翻して正に帰すべし。然も仏は是れ医王、法は是れ良薬、僧は是れ瞻病人なり。无明の病を除きて正見の眼を開き、本覚の道を示して浄土に引接せんこと、仏法僧に如くはなし。（中略）

二つには法性は平等となりといへども、また仮有を離れず。弥陀仏の言ふが如し（『大経』巻下）。「諸法の性は一切空無我なりと通達するも、専ら浄き仏土を求め、必ずかくの如きの刹を成ぜん」と。故に浄土に往生せんがために、先ず応に此の界を厭離すべし。今此の娑婆世界は是れ悪業の感ずる所、衆苦の本源なり。生・老・病・死は、輪転して際なく、三界の獄縛は一つとして楽ふべきものなし。もし此の時において之を厭離せずんば、当にいずれの生においてか輪廻を離るべきや。然も阿弥陀仏には、不思議の威力有《ま》します。若し一心に名を称すれば、念念の中に八十億劫の生死の重罪を滅す。この故に今、当に一心に彼の仏を念じて此の苦界を離るべし。応にこの念を作すべし。願はくは阿弥陀仏、決定して我を救済したまへ。南無阿弥陀仏（其の十念以上信心の勢尽を見て、応に次事を勧むべし。あるいは二菩薩を加称することを下に去り之れに准ず）

三つには応に浄土を欣求すべし。西方極楽は是れ大乗善根の界、无苦无悩ノ処なり。一たび蓮胎に託しぬれば永く生死を離れ、眼には弥陀の聖容を瞻たてまつり、耳には深妙の尊教を聞く。一切の快楽具足せずといふことなし。もし人臨終の時に、十たび弥陀仏を念ずれば、決定して彼の安楽国に往生す。仏子今たまたま人身を得、また仏教に値へり。猶し一眼の亀の浮木の孔に値へるが如し。もし此の時において往生することを得ざれば、還りて三途八難の中に堕して、法を聞くことすら尚ほ難し、何《いか》に況んや往生をや。故に応に一心に彼の仏を称念すべし。応に是の念を作すべし。願はくは仏今日決定して我を引接して、極楽に往生せしめたまへ。南無阿弥陀仏

四には凡そ彼の国に往生せんと欲はば、須く其の業を求むべし。彼の仏の本願に云ふがごとし（『大経』巻上）。「設ひ我仏を得んに、十方の衆生、我が名号を聞きて、念を我が国に係けて、諸の徳本を殖えて、心を至し回向して我が国に生まれんと欲はん、果遂せずんば、正覚を取らじ」と。仏子一生の間、偏に西方の業を修せり。修する所の業多しといへども、期する所は唯だ極楽なり。今須く重ねて三際の一切の善根を聚集して、ことごとく極楽に廻向すべし。応に是の念を作すべし。願はくは我が所有一切の善根力に由りて、今日決定して極楽に往生せん。南無阿弥陀仏

五には又本願に（『大経』巻上）云はく、「たとひ我仏を得んに、十方の衆生、菩提心を発し、もろもろの功徳を修し、心を至し発願して、我が国に生まれんと欲はん。寿終の時に臨みて、たとひ大衆と囲遶して其の人の前に現ぜずんば、正覚を取らじ」と。仏子久しく已に菩提心を発し、及びもろもろの善根もて極楽に回向せり。今須く重ねて菩提心を発し彼の仏を念ずべし。応に此の念を作すべし。願はくは我一切衆生を利益せんが為に、今日決定して極楽に往生せん。南無阿弥陀仏

六には既に知んぬ、仏子本来、往生の業を具せりと。今須く専ら弥陀如来を念じて、業をして増盛ならしむべし。然も彼の仏の功徳は无量无辺にして具に説くべからず。今現在十方に各々恒河沙等の諸仏、恒常に彼の仏の功徳を称讃したまふ。かくの如く称讃したまふこと、たとひ恒沙劫を経れども、終に窮尽すべからず。仏子惣じて応に一心に彼の仏の功徳を帰命したてまつるべし。応に念ずべし。我今一念の中に、ことごとく以て弥陀如来の一切万徳を帰命したてまつらん。南無阿弥陀仏

七には仏子応に阿弥陀仏の一の色相を念じて、心をして一境に住せしむ。謂く彼の仏の色身は閻浮檀金の如し。威徳巍巍たること金山王の如く、无量の相好をもてその身を荘厳せり。その中に眉間の白毫は、右に旋りて婉転せること須弥の如し。七百五倶胝、六百の光明熾然赫奕たること、億千の日月の如し。これ即ち无漏の万徳の成就するところ、大定智悲の流出する所なり。須臾の間も此の相を憶へば、能く九十六億那由他恒河沙微塵数劫の生死の重罪を滅す。是の故に今当に彼の相を憶念して、決定して罪業を滅除すべし。応にこの念をすべし。願はくは白毫の相光、我が諸の罪を滅したまへ。南無阿弥陀仏

八には彼の白毫の相の、若干の光明は、常に十方世界の念仏の衆生を照して、摂取して捨てたまはず。当に知るべし、大悲の光明は、決定して来り照らしたまふことを。『華厳』（晋訳巻七）の偈に云ふが如し。「又光明を放つを見仏と名づく。彼の光は命終の者を覚悟せしめたまひ、念仏三昧は必ず仏を見たてまつり、命終の後仏前に生ず」と。故に今応にこの念を作すべし。願はくは弥陀仏、清浄の光を放ちて遙かに我が心を照らし、我が心を覚悟して、境界・自躰・当生の三種の愛を転じて、念仏三昧成就して極楽に往生することを得しめたまへ。南無阿弥陀仏

九には弥陀如来は唯だ光を以て遙かに照らしたまふのみにあらず、自から観音・勢至ともに常に来りて行者を

擁護したまふ。いかに況んや父母は病子に於ては、その心偏に重し。法性の山を動かして生死の海に入りたまふ。当に知るべし、この時に仏は大光明を放ちて、もろもろの聖衆と倶に来りて引接し擁護したまふなり。惑障相隔てて、見たてまつることあたはずといへども、大悲の願、疑ふべからず、決定して此の室に来入したまふなり。故に仏子応にこの念を作すべし。願はくは仏大光明を放ちて、決定して来迎して極楽に往生せしめたまへ。南無阿弥陀仏　もし病者の気力漸漸《ようや》く羸劣ならん時には、応に云ふべし、仏、観音・勢至、无量の聖衆と倶に来りて、宝蓮台を擎《かか》げて仏子を引摂したまふと。以上第七八九条の事、常に応に勧誘すべし。その余の条の事、時々に之を用ふ。

十には正しく終に臨まん時に、応に云ふべし、仏子知るや否や、唯今は即ち是れ最後の心なり。臨終の一念は百年の業に勝るといふ。もしこの刹那を過ぎなば、生処応に一定すべし。今ただしくこれその時なり。当に一心に仏を念じて決定して西方極楽微妙浄土の八功徳の池の中の、七宝の蓮台の上に往生すべし。応に是の念を作すべし、如来の本誓は一毫も謬りなし。願はくは仏、決定して我を引接したまへ。南無阿弥陀仏　或は漸漸に略を取て応に念ずべし、願はくは仏、必ず引摂したまへ。南無阿弥陀仏　是も如く病者の気色を瞻て、其の所応に随順して、但だ一事を以て最後の一念となし、衆多なることを得ざれ。其の詞の進止は殊に用意すべし。

病者をして攀縁を生ぜしむることなかれ。（中略）看病之人は、能くこの相を了まへ、数々の病者の所有、諸の事を問ひ、前の行儀に依て種々に教化せよ。(11)〈原漢文〉

死に臨み、来迎を祈るにあたり、第一には、生死即涅槃、煩悩即菩提と、仏教本来の無生無滅が説かれる。生と死が融通無碍にして、無二無別、生死不二、生死一如の立場が述べられる。一念の妄心によって、生死界に入りしより無明の病に盲られて、本覚の道を忘れ、虚妄の生に生きる自己のあり方が問われている。また、諸法は本来、常に自ら寂滅の相なれども幻の如く定性なく、ゆれ動く心に随って転変する現実をありのままに見よと説かれる。そして、仏を医王、法を良薬、僧を瞻病人にたとえる。その意味では、実体化している生死を離れ、主体的な立場での生死観に立つことが勧められている。今、死に逝く場に臨んで、無生忍を得、分段生死を超えよとの立場である。

第二には、仮有を離れ、空無我を自覚せよと説く。現実世界は苦の本源であり、生老病死は輪転して際限なく、三界の獄縛は一つとして楽《ねが》うものがない。今、この時にこれを厭離せずば、いずれの生においてか輪廻を離れられようかという。つまり、われわれの人生そのものが仮有であり、空無我に立って、そのものに対する執着を離れよというのであり、そのことによって、生老病死の苦から離れられることを自覚せよというのである。そして、またそれによって、苦を離れ、輪廻を超えて浄土往生せよ。阿弥陀には不思議な力があって、八十億劫の生死の重罪すら滅して往生できると説く。

しかし、このように、阿弥陀の信仰を滅罪の利益の信仰とみるのは、阿弥陀仏の対象化、実体化である。その意味で課題が残る。従って、後の『歎異抄』などにおいては、このことが特に問題とされている。

第三には、浄土・西方極楽は、大乗善根の世界で無苦無悩の処である。一たび救われれば永く生死の苦を離れ、十念して阿弥陀を念ずれば、安楽国に往生すと説く。すなわち、ここでは、念仏を極楽往生を求める手段としてみている。

そして、第四には、第二十願文を引用し、念仏行に励めば、それによるわが所有の善根力によって、今日、決定して極楽に往生せんと説かれるのである。

第五には、第十九願文を引き、菩提心と善根功徳を積むこととで、極楽往生を願えと説く。

第六には、本来、往生業を具しているが、いっそう専ら阿弥陀を念じて、業を増盛ならしめよと説く。そして、諸仏の称讃したまう阿弥陀に帰命せよ、あるいは、阿弥陀の一切万徳に帰命せよと述べる。

第七に、阿弥陀の仏身を観ぜよと、つまり、見仏を説き、それをなせば、たちまちのうちに、長い過去の生死の重罪を滅すと述べられる。

第八に、阿弥陀仏の白毫の相から出る光は、十方世界の念仏の衆生を摂めとって、捨てない。そして、わが心を照らし、わが心を覚悟させる。それゆえ、念仏三昧せよと。

第九に、阿弥陀は、光をもって照らすとともに、観音・勢至とともに、常に来て行者を擁護す。ちょうど、父母が病の子に心を特に重くかけるのと同じように、仏は諸の聖衆と倶に来て、衆生を引接擁護すと。

また、病い重く気力のない時は、ただ、阿弥陀と、観音・勢至、无量の聖衆とともに来て、宝蓮台をかかげて引接せよと云うだけでよいと説く。

第十には、臨終の一念は百年の業に勝るゆえ、今、まさに、一心に仏を念じて、決定して、往生すべしという。

以上、十の事を死に逝く人の気色を看ながら、応ずるままに行い、一事、一事を最後の一念と思い、数多くやらなくてもよいと、説く。

第一事及び第二事の立場は、無生無滅あるいは、無我を自覚し、執着を離れ、主体的立場において、生死即涅槃を自覚するのであるから、正しく仏教本来の立場である。

しかし、第二事の念仏による八十億劫の滅罪、さらには、第三事以降の浄土往生や臨終来迎の利益を求めて念仏三昧をせよとするのは、無生無滅を自覚していく立場と矛盾する。

つまり、滅罪や浄土往生を祈り、あるいは臨終に来迎にあずかりたいという自我的欲望を持ったまま、あるいは生死を実体視し、所有化したまま、そこから苦の解放を願っているのである。

本来、その執着を離れ、生死のとらわれを超えたところに無生無滅の生、生死即涅槃という世界があるのである。死に逝く人を特別な場所に移し、荘厳し、その尊厳を守ることは、大切なことであるが、死の瞬間にこだわり続ける限り、それは、生と死が分断し、生死を対象化した分段生死の立場である。

それゆえ、それが結局は厭世的、アキラメ的な消極的な死の受容としての救済にしかならないのである。勢いそれは、死後の世界をいたずらに連想させ、呪術的信仰を形づくっていくこととなるのである。

苦しみのこの世を諦め、ただ来世を祈り、いわば念仏信仰自体を呪術化し、また、念仏信仰そのものを手段化していくこととなるのである。念仏信仰といえども、それを滅罪や福徳を祈る手段とする限り、永遠に生死は超えられないことは、すでに曇鸞のところで学んだとおりである。

また、そのために行を積むことができるのは、一部の出家者だけであり、しかも、そのように死を迎えた人を特定の施設に隔離するというのも自然なあり方ではない。このように、来迎を祈るという立場自体、消極的な死の受容にすぎず、まだまだ問題を孕んでいたのである。

第三節　無常院と糸引き往生

ところで、このような臨終行儀は、当時、実際にどのように行われていたのであろうか。前節でも述べたように、もともと無常院は、すでに釈尊在世時に、祇園精舎の僧院の中にあったことが指摘されている。しかし、それがどういう施設であったかは、よくわからない。

また、中国においても、福田思想を背景に福田院、悲田院、養病坊（院）などがあったことが知られている。その意味で、死に逝く人（病人）に対し、何らかの対応があったと思われる。

このような中で、日本においては、平安時代より、延暦寺や高野山などをはじめ大寺院には、必ず、無常院、涅槃堂、往生院、看病堂などの堂院が存在していた。そして、宇治の平等院やその昔、善峰寺北尾往生院と呼ばれた三鈷寺などがその代表的なものであったことは、よく知られている。

このような僧坊で、臨終の勧念や行儀がなされていたのである。

その実際について、『日本往生極楽記』には、「延暦寺座主僧正昌延」のところで、次のように記されている。

天徳三年十二月廿四日。門の弟子に命じて三七日間。不断念仏を修めしめる。明年正月十五日入滅。此日、僧正沐浴し、衣を浄む。本尊の像に向いて願じて曰く。西山日暮れ、南浮の露消える。三夕を過ぎず。必ず相迎すべし。言訖、右脇にして臥す。枕前に阿弥陀尊勝両像を安じ奉る。糸を以って仏手に繋ぎ、我手に結著す。其の遷化之期、果前に言うが如し。(12)

本尊とは、もちろん来迎仏である。前節で述べた行儀に従い、固くその作法が守られている。いわゆる糸引き往生である。このような往生は、種々の往生伝の中に数多く記され、枚挙にいとまがない。往生伝に出てくる何百という往生者は、すべてそうであったと言ってもよい。

なぜならもともと往生伝とは正念・来迎を祈り、往生の証を得たもののみが記されているものであるからである。

源信の立場では、阿弥陀如来に心を専注し、観察し、その阿弥陀如来に引接されて浄土に往生していく心的体験を有するまで、その観察を徹底する。その体験がちょうど、生死の境である臨終の一念に成り立つようにするのが臨終正念であり、その環境作りが、行儀である。そして、それを容易にするため、平生から繰り返し行う。それが不断念仏である。そして、臨終の時にその横に居て場を整え、その心的体験を聞き取る役が、導師であり善知識である。文字どおり「引導」役である。往生伝とは、まさにその浄土からの来迎を臨終に心理的に体験したものが、記されているのである。源信自身の往生についても、『続本朝往生伝』に、

十日晨旦、飲食例の如し。身垢澡浴す。仏手の縷を執る。面善円浄之文を誦す。然後、北首右脇。眠る如く気絶す。綵縷を執り、念珠を持す。猶し平生の如し。春秋七十有六矣。横川安楽谷に浄行上人有り。今夜眠らず例の如く観行す。暁更に至りて、天外遙かに、聖衆之伎楽を聞く。云々。(13)

と、やはり、同様の往生を記す。

だが、誰もが、このように往生していったわけではない。徳を積んだ者、その観察の能力のあった者のみがなしとげられたのである。

このような来迎思想の普及の中で、源信は、常行三昧堂にて三七日間行うところの不断念仏を勧めたり、二十五菩薩に因み、二十五三昧会、いわゆる迎講、無常講、念仏講と呼ばれるものを組織したりする。後者は、死に逝く人のために、二十五人の単位で講を作り、前者の念仏三昧を行うものである。そして、その中で、死に逝く病の人を無常院へ移し、前節で述べた行儀を行うのである。

しかも、このようなことは、僧のみならず、来迎思想の広がりとともに、広く貴族などにおいてもなされた。たとえば、『栄華物語』には、道長の法成寺建立や、彼自身の往生の所に同様のことが記されている。

すなわち、巻第十八には、

又蓮の糸を村濃の組にして、九体の御手より通して、中台の御手に綴めて、この念誦の処に、東ざまに、引かせ給へり。常にこの糸に御心をかけさせ給て、御念仏の心ざし絶へさせ給べきにあらず。御臨終の時この糸を

ひかへさせ給て、極楽に往生せさせ給べきと見えたり。九体はこれ九品往生にあてゝ造らせ給へるなるべし。(14)

と述べられ、また、道長の往生を記す巻第三十には、

この御堂は、三時の念仏常の事なり。この頃はさるべき僧綱・凡僧どもかはりてやがて不断の御念仏なり。(中略)すべて臨終念仏おぼし続けさせ給。仏の相好にあらずより外の色を見むとおぼしめさず、仏法の声にあらずより外の余の声を聞かんとおぼしめさず。後生の事より外の事をおぼしめさず。御目には弥陀如来の相好を見奉らせ給、御耳にはかう尊き念仏をきこしめし、御心には極楽をおぼしめしやりて、御手には弥陀如来の御手の糸をひかへさせ給て、北枕に西向に臥させ給へり。よろづにこの僧ども見奉るに、猶権者におはしましけりと見えさせ給。(15)

と記す。はやり病で、次々に身内の者が死んで逝き、死に直面していた当時の人々は、ただひたすら死後の極楽浄土を願い、何よりも安楽な死に方を望んでいたのである。

臨終の一念が、正念の中で終わるか、正念を失して狂乱するか、それで、極楽へ生まれるか、地獄へ行くのかが決定されるのである。まさしく、臨終の一念が「百年の業に勝る」(前出)と考えられたのである。

日本の念仏信仰は、以後、このことに強く方向づけられ、極楽行きの祈りの念仏とされてしまったのである。それをぬぐい去ることは、決して容易ではなかった。

このように、死の瞬間の正念や、死後の極楽を願うという立場は、どこまでも「死」にとらわれた立場である。死にとらわれる限り、死の真の解決にはなりえない。それは、結局は、アキラメ的な中での死の消極的な受容である。死後の世界を幻想として描き、そのことによって現実の死苦を紛らわしているだけである。そこには、満足した生の終焉感情は、決して湧いてこない。臨終来迎は、生死の苦を超える完全な道とは、未だなりえなかったので

ある。そのことは、その立場がその後、最底辺の民衆の救いとならず、厭世的救済にとどまったということが、何よりも物語っている。

註

(1)『真聖全』一―七六五。
(2)『同』一―二四。
(3)『同』一―五七。
(4)『同』一―六〇。
(5)『同』一―七五七。
(6)『同』一―八五四。
(7)『大正蔵』四五―八一二。
(8)(9)『恵心僧都全集』一―五九〇。
(10)『真聖全』一―八五五。
(11)『同』一―八五六。
(12)『大日本仏教全書』一〇七―九。
(13)『同』一〇七―二四。
(14)『日本古典文学大系』七六―八七。
(15)『同』七六―三二六。

第四章　死苦の普遍的解決の萌芽

第一節　臨終来迎の課題と法然の立場

来迎が、当時の人々にいかに尊ばれたかは、数多くの粉飾によって綴られた種々の往生伝を見れば瞭然である。そして、それがさまざまな芸術を生み、あるいは民間信仰とあいまって、独自の信仰形態となっていったのである。しかし、果たして念仏の救いが苦悩の人間に対し、かくのごとき消極的、不安定な証しかもちえないのであろうか。

(一)　念仏往生の証とは常に臨命終時に限り、死後の世界に極楽浄土を現出し、救われるというが、それが果たして真の救いになるのかどうか。

(二)　臨終来迎が、往生のための必要十分な条件なのかどうか。

(三)　臨命終時に来迎を見るほどの善根を積む力があるのは、一部の勝れた人々に限られるのではないか。その力のない凡夫は永遠に苦界に沈淪し、救済されないのか。

このような課題が次々と生じてくる。衆苦にあえぐ無力な凡夫の往生を課題として掲げる時、臨終の正念を祈り、来迎をたのむという救済の論理は、ここに崩れざるをえない。もし、あえてそれを成立せしめんとするならば、智慧ある聖の道として、つまり聖道門的範疇においてのみであろう。

日本における来迎思想の原点ともいうべき源信の浄土教は、法然に伝承されていく。もちろん、臨終来迎の立場もそうである。しかしそこには、決定的な違いと、普遍的解決のいくつかの萌芽があった。

まず、浄土往生による生死の問題が、庶民のところまで広げられ、大衆化された点である。源信の場合は、どこまでも、山の仏教であり、出家仏教であった。山に登れる者、寺院を建立できる者のみが、求める立場である。

しかし、法然は何よりも仏教を大衆化した。彼のいくつかの伝記に見られるように、宮中の女官、貴族から遊女や盗賊まで、まさしく大衆に生死出離の道を、つまり、死の問題を問うていった。このことは、何よりも、彼の大きな業績であった。

ところで、その前に、法然における〝念仏〟とは、何であったのかをまず、確認しておきたい。今、その要領をあげるならば、

第一に、法然自身、「煩悩具足の凡夫」「悪業煩悩の衆生」とか、さらには、

一文不知の愚鈍の身になして、尼入道の無知のともがらに同じうして、智者のふるまひをせずして(1)

（『一枚起請文』）

との、厳しい自己凝視の人間観に立ち、その上で、

凡夫の報土にむまるゝことをしめさんがため(2)

（『法然上人行状画図』六）

の念仏を立てたのである。

つまり、それは法然を含めた愚痴・無知の者の往生の行としての念仏であったのである。従って、賢き聖者、あるいは実践的修道の能力を持った者に対する念仏ではないということである。しかもまた、それは、人間の功利的、

打算的な心からくるところの、厳しい実践的修道に代わる安易な便宜的な手段としての念仏でも決してないということである。

第二に、

或いは菩提心を以て往生の行と為るの土有り。（中略）即ち今、前の布施・持戒乃至孝養父母等の諸行を選び捨てて、専称仏号を選び取る。故に選択と云ふなり。(3)〈原漢文〉（本願章）

上輩の中に、菩提心等の余行を説くと雖も、上の本願の意に望むるに、唯だ衆生をして専ら弥陀の名を称せしむるに在り。(4)〈原漢文〉（三輩章）

此の大利といふは、是れ小利に対するの言なり。然れば則ち菩提心等の諸行を以て、而も小利と為し、乃至一念を以て而も大利と為すなり。(5)〈原漢文〉（利益章）

此の『経』に菩提心の言有りと雖も、未だ菩提心の行相を説かず。（中略）而るに菩提心の行相を説くことは、広く『菩提心経』等に在り。彼の経先づ滅せなば、菩提心の行、何に因りてか之を修せん。(6)〈原漢文〉（特留章）

縦令《たとひ》別に回向を用ひざれども、自然に往生の業と成る。(7)〈原漢文〉（二行章）

と、菩提心を否定し、さらに「回向不回向対」をあげ、

といわれるように、不回向の念仏である。人間の単なる功利的、打算的要求から自身の空過な力を信じ、日夜急走急作して、涅槃に向かわんとする雑毒虚仮の念仏、つまり、回向行としての自修的善行ではないということである。法然が「往生之業念仏為本」と言うとき、その念仏は、回向行の自修的善行としてのそれであっただろうか。それは常に、「彼の仏願に順ずる」行、つまり、仏の本願の選択であり、本願によって決定されるものである。従って、それは決して道徳的三業の善、つまり、不善の三業としての念仏ではない。

以上のように、法然は念仏を領解し、逆にそうであったがゆえに、新たに浄土宗を立宗せねばならなかったのである。

さて、今、法然の念仏が如来選択によって、愚痴・無知の凡夫往生を果たすもので衆生不回向の行であるとするならば、きびしい観仏の能力を必要とし、また、三福・九品などの行修を必要とする聖衆来迎を説くことは、そのことに矛盾しないであろうか。

法然自身、凡夫の自覚のもとに、「愚痴の法然房」「十悪の法然房」といい、無力なるがゆえに不回向の行としての念仏を立てざるをえなかったわけである。ところが、聖衆の来迎を見仏するには、観仏のすぐれた能力、もしくはそれができないまでも、堅固な菩提心と一者慈心不殺、具諸戒行、二者読誦大乗、方等経典、三者修行六念云々という九品、あるいは三福、三心の行業実践が必須要件とされるのである。

従って、かかる意味で、法然の所説を再見するとき、先にも問題としたごとく、臨終来迎を説く引用文は種々あれども、彼自身の私釈がないということに注意せざるをえないのである。

それは、すでに藤原幸章博士が、

もしも臨終来迎ということが、念仏往生のための決定的な条件であるとせられていたとしたならば、いかに引用の経釈文の権威にゆだねたからといっても、各章の私釈において法然自身の何等かの発言がなければならない筈である。特に三輩章や化讃章のごときは引用文の内容から推しても、念仏来迎に関して法然みずからの発言がなされるならば、より一層効果的であるとさえ考えられる。にもかかわらずそれがまったくなされていないということは、選択本願の念仏にはあえて来迎を要せずとの法然自身の確信を有力に物語るものといっていいであろう。(8)

と言うごとく、法然における選択本願念仏には、あえて来迎を必要とせず、それが念仏往生の不可欠の条件とはされなかったと考えるのが妥当と思われる。

そのことは、『百四十五箇条問答』の、

善知識にあはすとも、臨終おもふ様ならすとも念仏申さば往生すべし。(9)

の文からしても、当然と思われる。

同時に、それを裏付けるもう一つの理由をあげるならば、

もろこしわか朝にも、もろもろの智者たちの沙汰し申さるる観念の念にもあらす、又学問をして念の心をさとりて申す念仏にもあらす、たた往生極楽のためには、南無阿弥陀仏と申して、うたかひなく、往生するそとおもひとりて、申すほかには別の子細候はず。(10)

との文である。そこには「来迎」のことばこそなけれども、「観念の念仏」「智者の念仏」ということにおいて、来迎の必須要件たる観仏・九品の行業が退けられているのである。

されば、『選択集』において明らかに、念仏の来迎往生を説く経釈が引用されていることは、いかに領解すればよいであろうか。

われわれは、今、その引用箇所のうち、明らかに証果を論ずる第七章が、「来迎章」ではなく、「摂取章」と名づけられていることに注目したい。

第二節　来迎から摂取へ

法然の主著『選択集』第七章は、

弥陀の光明は余行の者を照らさず、唯念仏の行者を摂取したまふの文[11]〈原漢文〉

と標題され、まず、『観経』第九真身観のいわゆる「摂取不捨」の経文が引用される。

『観無量寿経』に云く。「無量寿仏に八万四千の相有ます。一一の相に各八万四千の随形好有ます。一一の好に復八万四千の光明有ます。一一の光明、遍く十方世界を照らしたまふ。念仏の衆生をば、摂取して捨てたまはず」と。[12]〈原漢文〉

いったいこの経文は何を意図して引用されているのであろうか。

『観経』の当面の主題である定散自力の人、いわゆる真身観仏の行者に対しては、その光明はその人を摂取せずと言い、逆に下根であるところの遍く十方世界の念仏の衆生のみを摂取して、捨てたまわぬことを説くのである。つまり、「如大経説」（「玄義分」）といわれるごとく、その背後にある弘願の立場に立って、念仏衆生の摂取不捨を説くのである。

流転の生死罪濁のわれわれに対し、向こうから来り現われ、あえて仏縁をもち、おさめて捨てないという平等の大悲を説くものである。この摂取の大悲によってこそ、観仏にたえぬ愚痴・無知の心想羸劣の韋提も、われらもよく摂めとられるのである。

従って、そこには「回向を用いざれども」、「平等の慈悲」が一切の念仏衆生にかけられ、縁を与え続けていることが知らされるのである。そのことは、そのまま「念仏為本」の有力な証文ともなるのである。

また、そのことは次に引用される善導の「定善義」の疏文、いわゆる三縁釈によってより具体的に示される。

同じき経の『疏』（定善義）に云く。「無量寿より下摂取不捨に至る已来は、正しく身の別相を観ずるに、光、有縁を益することを明かす。即ち其の五有り。一つには相の多少を明かす、二つには好の多少を明かす、三つには光の多少を明かす、四つには光照の遠近を明かす、五には光の及ぶ所処偏に摂益を蒙ることを明かす。問うて曰く。備に衆行を修して但だ能く廻向すれば、皆往生を得。何を以てか仏光普ねく照らすに、唯だ念仏の者のみを摂するは、何の意か有るや。答えて曰く。此に三つの義有り。一つには親縁を明かす。衆生起行して口に常に仏を称すれば、仏即ちこれを聞きたまふ。身に常に仏を礼敬すれば、仏即ちこれを見たまふ。心に常に仏を念ずれば、仏即ちこれを知りたまふ。衆生仏を憶念すれば、仏また衆生を憶念したまふ。彼此の三業相捨離せず、故に親縁と名づくるなり。二つには近縁を明かす。衆生仏を見たてまつらんと願ずれば、仏即ち念に応じ、現じて目の前に在します。故に近縁と名づくるなり。三つには増上縁を明かす。衆生称念すれば、即ち多劫の罪を除く。命終わらんと欲する時、仏、聖衆と自ら来りて迎接したまふ。諸邪業繫、能く礙ふる者なし。故に増上縁と名づくるなり。自余の衆行、是れ善と名づくといへども、もし念仏に比ぶれば全く比校にあらざるなり。この故に諸経の中に、処処に広く念仏の功徳を讃へたり。無量寿経の四十八願の中の如き、唯だ弥陀の名号を専念して生を得と明かす。また弥陀経の中の如し、一日七日、弥陀の名号を専念して生を得と。また十方恒沙の諸仏の証誠虚しからざるなり。また此の経の定散の文中に、唯だ名号を専念して生を得と標す。此の例一にあらざるなり。広く念仏三昧を顕し竟んぬ」と。(13)〈原漢文〉

つまり、それは、親・近・増の三義を具体的な内容とし、遍く十方世界を照らす仏光が、特に念仏の者を摂取して捨てずといわれるゆえんは、念仏者こそ、阿弥陀仏に「親」であり、「近」であり、その大願業力の増上縁を保持しているからであるというのである。諸行との対比でそれを論ずる「二行章」五番の相対の所説で言うならば、諸行が「疎」であり、「遠」であるのに対し、念仏は阿弥陀仏において「親昵」であり、「隣近」であるというのである。親・近という相対的関係を示す表現から、結局は願力増上縁という絶対的なつながりを如来と衆生との間に見ることは、念仏の救済そのものが、相対的なものから、普遍的、絶対的なものへという方向で説かれていることを意味していることはいうまでもない。同時にそれは、自力能修を意味するのではなく、いっそう明確に他力摂生、不回向の立場に立っての念仏救済を明かさんとするものである。[14]

ところで、この増上縁にはその具体相を見るについて、「来迎」が説示されている。すなわち、ここでは、「命終わらんと欲する時、仏、聖衆と自ら来りて迎接したまふ」と言う。

されば、それは何を意味するのであろうか。それは、釈迦教要門に対して、この経に説かれる弥陀教弘願そのものを説き示さんとするためと思われる。つまり、玄義分に言うごとく、一切善悪の凡夫が等しく救われていく原理としての阿弥陀仏の大願業力を表わし、釈迦（要門）発遣に対し、いわゆる弥陀（弘願）招喚を一致させていこうとする善導の『観経』理解の一連のパターンによるものである。従って、ここでは、如来の方から積極的に救済仏として現われ来ることを強調するために、来迎が特に説かれていると考えられる。それは、『観経』においてこれらの直前に説かれる住立空中の来現が、韋提の要請によるものでなく、仏、自ら突如として来現したのと同じである。

つまり、それは念仏の救いというものが、あくまで他力摂生によるものであり、このことは不回向、他力ということをいよいよ積極的に説示してきたことにほかならないのである。

従って、摂取不捨の世界は、自力回向の心によって、人間業として三業を修するのではなく、あくまで大願業力を増上縁とする世界であり、それは如来の三業が逆に回向されて、施されてくる世界である。

結局、第二に引かれた定善義の文は来迎を説くといえども、その意図は他力摂生を積極的に顕わさんがためであったのである。

次に、この「摂取章」では、『観念法門』により、

『観念法門』に云く。「また前の如きの身相等の光、一一に偏く十方世界を照らすに、但だ阿弥陀仏を専念する衆生有りて、彼の仏心の光常にこの人を照らして、摂護して捨てたまはず。総て余の雑業の行者を照摂することを論ぜず」と。[15]〈原漢文〉（傍点筆者）

と、引用する。

特にここで注目すべきは、すでに、近世の宗学者たちによって注意されているが、十方世界の念仏衆生、摂取不捨の大悲は、臨命終時に限られておらず、「常に照らして」[16]いるとの文を引用していることである。そして、続く私釈の中では、念仏者を照らし、余行の者を照らさざる理由に、第一に上の三縁の義をあげ、第二に「念仏はこれ本願なるが故にこれを照摂す」[17]という。もとより、第十八の本願には「臨終」は誓われておらず、「即得往生」と成就されるものである。従って、本願の義とは、念仏衆生の摂取不捨が「常に」、現生つまり、生きている現実生活の上において働くものであることを、背後に意図しているかと考えられる。後述する親鸞ほど、積極的に現生正定聚つまり、現生における生死の超越を言うものではないが、確実にその方向をたどっているのである。

「三心料簡および御法語」には、

平生念仏に於て往生不定と思へば、臨終の念仏も又以て不定也。平生の念仏を以て決定と思へば、臨終また以

見えたり。[19]

といい、また、「常に仰せられける御詞」には、

又云。往生の業成就は、臨終平生にわたるべし。本願の文簡別せざるゆへなり。恵心の心も、平生にわたると

て決定也。[18]

ともいう。そこには、臨終業成ばかりでなく、平生業成の意もまた領解できるのである。

このように、第七章に来迎についての証文を引くといえども、いずれも、それは来迎を積極的に説くものではなく、韋提のごとき念仏衆生の摂取不捨・他力摂生を説くものであった。

従って、法然においては、光明摂取ということこそ念仏者の真の得益であり、念仏往生の証でなければならないということが第一義であり、臨終来迎は第二義的に述べられたものと領解することができる。[20]

それでこそ、観仏もかなわぬ心想羸劣の凡夫往生のために建てられた浄土宗の面目があるのである。

そして、何より現実生活の上における解決の方向が意図され、さらに、

生死之家には、疑いを以って所止と為し、涅槃之城には信を以って能入と為す。[21]〈原漢文〉（三心章）

と示されるごとく、信心が直ちに、涅槃の真証に関係づけられていることである。それは、以下に述べるごとく、信心の得否が、現生において生死を超えた立場に立つことの本質的条件となる親鸞の立場を生み出す素地になったことは、いうまでもない。

註

（1）『昭和新修法然上人全集』—四一五。

（2）『法然上人伝全集』—一一七。

（3）『真聖全』一—九四三。

（4）『同』一―九四九。
（5）（6）『同』一―九五三。
（7）『同』一―九三七。
（8）藤原幸章「浄土宗をひらく」（『親鸞教学』二五）一〇九頁。
（9）『昭和新修法然上人全集』―六五七。
（10）『同』一―四一五。
（11）『真聖全』一―九五五。
（12）（13）『同』一―九五六。
（14）『同』一―九三七。
（15）『同』一―九五七。
（16）このことより近世の宗学者は、親鸞の「不来迎」の立場を常に摂取にあずかるという意味で、「常来迎」と名づけた。
（17）『真聖全』一―九五七。
（18）『昭和新修法然上人全集』―四五三。
（19）『同』―四九四。
（20）法然作と伝える『臨終行儀』一巻があるが、今日、学界では、偽撰との見方が一般的である。
（21）『真聖全』一―九六七。

第五章　生死出離の浄土教的展開――「選択」と「唯信」――

第一節　法然における「選択」の課題

「生死の苦を離れること」。人はこのことに無窮の願いを持ち、それを追い求めて歴史を綴ってきた。だが、それは人間の本性（さが）との間で常に対立し葛藤を繰り返してきた。つまり、自我を通して自らの力で苦を抜こうとすればするほど、あるいは自らの力で楽を得ようとすればするほど、他との対立、他からの繫縛《けばく》を深め、この世の住みにくさと、生きることの苦しみを感ぜざるにはおれないのである。そして、ついには人はその不成就を歎くとともに、自力の無効を覚えずにはおれないのである。

われわれは、所詮、「我」が苦を導くものであることを知りつつも、それを離れることができず、そればかりか、その「我」でもって苦を除こうとするのである。すなわち、自ら向上心を起こして一歩一歩階段を登って行こうとする。つまり、菩提の心を起こして身を刻み、苦励する。それは、道としてはすばらしい道であるかもしれない。しかし、そのことを自らの道として歩み出した時、足の踏み出せない自己に気づかずにはおれない。なぜなら踏み出そうとすればするほどさまざまな惑いが生じ来る。たとえば、功利や打算を捨てるべく歩み出した自己が、功利と打算の上にそれを求めようとしてはいないだろうか。また、自ら誓ったはずの善行を瞬時たりとも保守することができるであろうか。それをまっとうできない自己に気づかずにはおれないのである。

実は、その根源的矛盾を指摘するのが法然の「不回向」の言である。しかし、それに対しては、明恵（一一七三～一二三二）の『於一向専修宗選択集中摧邪輪』『興福寺奏状』等、数多の批判や論難が加えられた。だが、本来この「不回向」の言は、その矛盾を突破するものであった。従ってその身証的、かつ具体的な開顕こそ、その批判に答える道であった。いわばこの批判や論難は、この課題をより明確にするものと言える。

さて、親鸞自身この課題にいかに答えたであろうか。正しく、他力回向論でもって答えたのである。具体的には、第十八願のほかに第十七願、諸仏称揚の願を建て、いわゆる二願分相をもって如来選択の願心を領受したのである。しかし、この二願分相による願心領受の道は、すでに聖覚（一一六七～一二三五）の『唯信鈔』に記すところであった。従って、特に聖覚の行業論に注意しつつ、親鸞の他力回向論を学び、上述の生死出離の根源的課題に応えてみたい。

さて、法然の『選択集』はその冒頭に、

南無阿弥陀仏往生之業念仏為本(1)

と掲げられ、〈阿弥陀の本願は何故に諸善万行を廃して、ただ念仏のみを選択せられたのであるか〉がその主題とされている。それは善導の称名正定業論を徹底し、体系的に開顕されたものである。

すなわち、善導は行について、正雑の整理批判を行い、その結果、五正行を立てた。さらにその内、「彼の仏願に順ずるが故に」称名行をもって正定業とした。然るに法然は遍依善導の立場を以て、この称名行を選択本願の念仏と領受したのである。

法然の「選択」とは、

選択というは即ち是取捨の義也。……選択と摂取と其の言異ると雖も其の意是同じ。然れば不清浄の行を捨て清浄之行を取る也。[2]〈原漢文〉　（本願章）

と示されるごとく、如来の本願における諸行と念仏の取捨選択と把握される。つまり、そのことによって念仏そのものに如来選択の意義が裏付けられたのである。かくてその選びの根本因由を「勝劣難易の試解」をもって次のごとく示されるのである。

聖意測り難し、輒く解するに能はず。然りと雖も今試みに二義を以て之を解せば、一には勝劣の義、二には難易の義なり。初に勝劣とは念仏は是れ勝、余行は是れ劣なり。所以は何ん。名号は是万徳之帰する所也。……故に名号の功徳最も勝れたりと為す也。余行は然らず、各々一隅を守る。是を以て劣れりと為す也。……次に難易の義とは念仏は修し易く、諸行は修し難し。[3]〈原漢文〉　（本願章）

ところで、念仏が「万徳の所帰」「易行易修」であることは、法然自身が選択の願心に帰入して初めて聞き得た普遍の答えである。それゆえに歴史的には、聖道門仏教中心の中にあって、逆に念仏によって仏道が大衆のために解放されたのである。従って、それは単に諸行が時機不相応であり、念仏が時機相応であるという理由だけではなく、何よりも「易行易修」という点において、愚鈍のわれらに仏の大悲心を領受しやすくしたところに大きな意義がある。

しかし、反面われわれはそれが平易であるがゆえに、選択の願心を領受せず、ただそれに万徳を具備するということだけを一面からとらえるがゆえに、さまざまな誤りを犯すこととなるのである。

第一に、自ら菩提心を発起して念仏を行じようとする誤りである。正しくそれは自力聖道の立場の面目とするところである。事実、明恵房高弁は、自力聖道の立場より『選択集』を領解し、このことを本集駁論《ばくろん》の第一にあげている。むろん、彼の立場よりすればそれは当然の指摘である。

『選択集』では、法然自ら煩悩具足の末代の凡夫という立場に立ち、自ら菩提心を発起し、自力聖道を歩むことの難しさを自覚的に語り、それゆえ、従来の「行」つまり行修を如来の名において選捨し、非本願の行としたのである。逆に念仏は選択の願心という一点において、本願の行として選取せられたのである。従ってそれは、

縦令《たとひ》別に回向を用ひざれども、自然に往生の業と成る。(4)〈原漢文〉

と教示されるごとく、自ら菩提心を発起して回向するものでないがゆえに「不回向の行」と名づけられたのである。(二行章)

このことは、極めて大きな意義を持つ。なぜなら、仏教の根本を成す「行」の概念を、まったく逆方向に変えてしまったからである。つまり、衆生から仏に向かうという従来の概念を、逆に仏から衆生に向かう（たまわる）という概念に変えてしまったのである。それゆえ、「凡聖自力の行」を否定したのである。このことについてもっと平明なことばを求めるならば、『和語灯録』に、

本願の念仏には、ひとりだちをせさせて助をさゝぬなり。助さすほどの人は極楽の辺地にむまる。助と申すは智慧をも助にさし、持戒をも助にさし、道心をも助にさし、慈悲をも助にさすなり。それに善人は善人ながら念仏し、悪人は悪人ながら念仏してたゞ生まれつきのまゝにて念仏する人を念仏に助さゝぬとは申すなり。(5)

と述べられる。ここでは、明らかに道心すら助とさせぬことを述べている。前章の不回向を論じたところで述べたごとく、『選択集』に道心すなわち菩提心無用を述べたところは、随所にある。

これに対し、当然のことながら、自力聖道の立場に立つ明恵は、『於一向専修宗選択集中摧邪輪』及び『同荘厳記』でもってこれを批判した。

もとより、聖道門においては、

　大乗に約して菩提心の体を説かば法無我の理と相応する心なり、此れを指して菩提心と言ふ。(6)〈原漢文〉

と言い、法無我の理を所依とし、仏縁あるいは善知識に遇うことによって、菩提心が発起されると説く。従って、明恵はその立場に立って「一菩提心を撥去する過失」と指摘し、続いてそれを五種に開く。

　一は菩提心を以て往生極楽の行とせざる過。二は弥陀の本願中に菩提心無しと言ふ過。三は菩提心を以て有上小利と為すの過。四は双観経は菩提心を説かずと言ひ并に弥陀教止住のとき、菩提心なしと言ふの過。五は菩提心、念仏を抑ふと言ふ過なり。(7)〈原漢文〉

そしてその一々に証文を引き、極めて論理的に批判するのである。特に、第五においては、

　何ぞ菩提心を以て念仏を抑うと云ふべきや。抑の字を検さば、玉篇に云く損や。即ち是れ菩提心、念を損すると云ふや。若ししからば、菩提心に損せらるる名号は天魔波旬の名号となるべし。たるべし。豈に阿弥陀如来を以て天魔波旬となすためにあらずや、諸仏之怨敵と謂ふにあらずや。(8)〈原漢文〉

という。それは学解高才の明恵にして初めてできることであり、それなくして、逆に浄土教側の領解もまた、それほど具体的に開顕されなかったかもしれない。

　しかし、そこには決定的な立場の相違があった。それは、自らをもって真実に近づきうる賢者とみるか、あるいはとうてい真実になり難い不真実の者と見るかということであった。換言すれば、如来選択の願心を聞きうる立場にあったか否かということである。

　だがそれは、明恵ばかりか、実は私たち自身が、同じような立場で念仏を領解していたのである。

　思うに、念仏が万徳の所帰、易行易修であるということのみを強調するならば、勢いわれわれはその願心を見失い、自力修業の道を歩み、菩提心を起こして一念より二念、二念より十念と自力策励に陥るものである。むしろそ

れが自然であるといえよう。しかし、そこに如来選択の願心があると聞かしめるのが、この「不回向の行」、あるいは「一念を以て一無上と為す」[9]〈原漢文〉（利益章）の言である。

遠く釈尊以来、道心をもって仏道の面目としてきた。しかし、それが今、自己を凝視し自力の無効を信知することにおいて、いかなるすぐれた行も自修の行である限り、それは非行非善とされたのである。これに対し、念仏は大行大善であったのである。道心すら保つことのできないという自覚に立った法然は、自らの救済を選択本願の念仏に求めるよりほかになかったのである。すなわち、選択の願心を聞くことにおいて、専修念仏のみが「不回向の行」として、つまり、新たに〈如来よりたまわった行〉としての価値を持ったのである。法然の著述の中に「本願力回向」のことばは見当たらないが、明らかにそれが意図されていたのである。なぜならば、衆生より見て不回向の行であるということは、すなわち、如来よりたまわった選択本願の回向にほかならないからである。

だが、もっとも『選択集』においては、念仏が他力回向の行であるという底意を含みつつも、あくまで正雑二行の得失を明かす五番の相対の一つとして結論的に論じただけで、そのことを主題として、詳細に述べたわけではない。しかも、そのこと自体、通常の概念を超えており、自身で主体的に体験する以外うなずきうる道ではない。事実、それゆえ、旧仏教の批判を受け、あるいは門下に異流を生む結果となったのである。従って、それを深く自身の上に体験身証し、その上で広く、具さにその詮要を開顕する必要があったのである。

同時に、法然自身、第八・三心章に、

当に知るべし、生死之家には、疑を以って所止と為し、涅槃之城には信を以って能入と為す。[10]〈原漢文〉

と示されるごとく、念仏に内在する信仰経験として行に具する信心が、もっと具体的に問題となってこなければならない。なぜなら、選択本願の念仏は不回向の行なるがゆえに、これを受持するには必ず純一な信心をもってしなければならないからである。従って不回向の行の内面には自ずと信が問題となってくるのである。ここに、法然教学の課題の一つがあるのである。

第二に、『選択集』の中心課題の一つである「廃立」について考えてみたい。先にも述べたごとく、法然における選択とは如来の取捨選択の意であり、その骨格となるものが善導相承の廃立釈である。そのことは法然のあらゆる教義表現を通じて、極めて明瞭な事実である。従って、この廃立もまた取捨選択と同義に用いられ、一般には二者択一の意味に受けとられる。従って、そのことは、一方を立て他方を廃するという点で、極めて鋭い一面を持っていた。しかし、このような廃立の立場で本書が貫かれ、ひたすら如来選択の願心を開顕していくところに、それが領解しやすく、また明快さを伴うのである。同時にわれわれは、この「廃立為正」のことばによってこそ、「たゞ念仏のみぞまこと」を聞きうるのである。また、ひいては浄土宗独立の根源を知りうるのである。そこに、廃立釈そのものの持つ歴史的意義があるのである。

それゆえに、廃立は重要な意義を持つものであり、同時に現在もわれわれの信心純化の原理として、常に働き続けているのである。しかし、反面、明快さの中になお「廃する」ということにおいて、まだ、幾多の問題を孕んでいたと思われる。

さて、そのことを明らかにするにあたり、まず廃立釈の説かれる三輩章を見、廃立そのものを明らかにしてみたい。

法然は三輩章に至って『観経疏』の文を駆使しつつも、この廃立の批判でもって行の批判をしている。すなわち『大経』三輩段より、直接、諸行と念仏の関係を問題とするのである。そこでは諸文の引用に次いで、まず、「何ぞ余行を棄てて、唯念仏と云ふや」(11)〈原漢文〉と問いを発こし、答えて曰く。斬に三の意有り、一つには諸行を廃して念仏に帰せんがために、而も諸行を説くなり。二つには念仏を助成せんがために、而も諸行を説くなり。三つには念仏と諸行との二門に約して、各〻三品を立てんがために、而も諸行を説くなり。(12)〈原漢文〉（三輩章）

と答える。つまり「諸行を廃して念仏に帰す」「念仏を助成する」「各々三品を立てる」という三点において、諸行に対して念仏を立てるのである。そして、その根拠を『観経疏』の、

上来定散両門之益を説くと雖も、仏の本願の意を望まんには衆生をして一向に専ら弥陀仏の名《みな》を称するに在り。(13)〈原漢文〉（『選択集』所引「散善義」）

に求め、続いてそれを釈して、

上輩の中に、菩提心等の余行を説くといえども、上の本願の意に望むるに、唯だ衆生をして弥陀の名を称せしむるに在り。しかるに本願の中には更に余行無し、三輩共に上の本願に依るが故に、「一向専念無量寿仏」と云ふなり。(14)〈原漢文〉

と述べる。すなわち、これは『観経』流通分の、

汝好く是の語を持て、是の語を持てといふは、即ち是無量寿仏の名《みな》を持てとなり。(15)〈原漢文〉

を根拠に、『観経』一経に縷々《るる》説かれてきた定散両門は廃され、弘願念仏のみが「望仏本願」ということにおいて絶対真実の行として立つものであるという善導の主張を相承し、自身の体験の上に立って、本願の中に余行なしと見、そして上にあげた「ただ念仏と云ふ」三意を述べるのである。かくて、三輩段の「一向専念無量寿仏」を結論として掲げ、その釈を上の三意に照らすのである。一応これで疏文の意を尽くすごとくであるが、改めて、

およそかくの如き三義、不同有りと雖も共に是れ一向念仏の為の所以なり。(16)〈原漢文〉

と上をうけ、

初の義は即ち是れ廃立の為に而も説く。謂く諸行は廃の為に而も説く、念仏は立の為に而も説く。次の義は即ち是れ助正の為に而も説く、謂く念仏の正業を助けんが為に而も諸行之助業を説く。後の義は即ち是れ傍正の為に而も説く、謂く、念仏と諸行との二門を説くと雖も、念仏を以て而も正と為し諸行を以て而も傍と為す。(17)〈原漢文〉

と、いわゆる「廃立」「助正」「傍正」を立て、上の三意を再説する。ここでは一応、念仏、諸行両者の立場を相対的に認めるが、

今もし善導に依らば、初を以て正と為すのみ。(18)〈原漢文〉

と、善導に従って廃立為正が法然自身の立場として、主張するのである。しかも、その明確な根拠は、第十二・付属章の、

其の中に、観仏三昧は、殊勝の行なりといへども、仏の本願にあらず、故に付属せず。念仏三昧は、是れ仏の本願なり、故に以てこれを付属す。(19)〈原漢文〉

に譲られるが、ここに本願か非本願かということで、廃立為正という鋭い念仏の選びが明言されたのである。つまり、両者をまず、「助正」「傍正」という相対的な関係におき、そして、それを超え、念仏を正定業としての絶対的立場へと導いたのである。「一向専念無量寿仏」までで一応善導の意を尽くしておきながら、再び「廃立」「助正」「傍正」をあげ、上の三意を重説したのは、まさにこの絶対的な選びのためのものと思われる。そこに、廃立釈に対する法然の絶対の確信があったと思われる。

このようにして、法然の選択は廃立を基調とし、本質的には、鋭い選びを意図するものであった。まさに、これ

を基調として、『選択集』全体が貫かれているのである。特に本集の結論ともいうべき総結三選の文では、

夫れ速やかに生死を離れんと欲はば、二種の勝法の中に且く聖道門を閣きて、選びて浄土門に入れ。浄土門に入らんと欲はば、正雑二行の中に、且く諸の雑行を抛ちて、選びて正行に帰すべし。正行を修せんと欲はば、正助二業の中に猶ほ助業を傍にして、選びて正定を専らにすべし。正定の業とは、即ち是れ仏の名を称するなり。称名は必ず生を得、仏の本願に依るが故に。[20]〈原漢文〉

と、その頂点に達している。それはすでに『選択本願念仏集』との題号、ならびに「南無阿弥陀仏、往生之業念仏為本」と掲げられた標宗の文とともに、以下の全十六章を貫く根本精神を集約するものといえる。

このように、選択廃立という厳しい行の批判を経て開かれた法然の選択本願念仏論は、正しく善導の称名正定業論から起こされたものであるが、その純粋性、一向性という面では善導を超えている。選択とは如来による取捨を意味し、余行余善を退け、ただひたすら念仏の一行を勧めるものであった。従って念仏為本とは、直接的には念仏だけの選びであり、阿弥陀一仏に帰し、ただ念仏するというところにその所詮があるのであって、ここでは阿弥陀一仏以外は、すべて所廃されるほかはない。正しく、文字どおり一向専念といわれるものであった。だがこの勝れた領解も、反面、表現上で重大な危険を孕んでいた。すなわち、この純粋な表現を直線的不用意に受けとられる可能性があった。事実、法然教団における内外での問題は、すべてその不用意な領解に起因すると考えられる。

たとえば、『興福寺奏状』に見られる「第三釈尊を軽んずる失、第四万善を妨ぐる失[21]」、あるいは、上にも触れた『摧邪輪』の「一菩提心を撥去する過失、二聖道門を以て群賊に譬える過失[22]」という二大論点も、正しくここに起因する。これらは、すべて選択廃立が如来によるものではなく、衆生の選びであると領解されたり、その結果、選択廃立における諸行の廃捨が不用意に領解されたために生じたものである。

また、このことは法然在世中の『七箇条起請文』によっても確かめることができる。

未だ一句の文を窺はず、真言止観を破し、余仏菩薩を謗し奉ることを停止す可き事。[23]

（『西方指南抄』）

つまり、右のようなことを禁じなければならないほど、教団内部においても、選択廃立が不用意に領解されていたのである。選択廃立の教義表現はそれが不用意に受容される限り、一念・多念、臨終・平生等さまざまな問題を生じ、その鋭さを伴った性格上、対立と抗争を生むことは必然的であった。事実、それは法然の消息の端々に見られるところである。[24]

思うに、「諸行は廃の為に而も説く、念仏は立の為に而も説く」とは、立てられる念仏については問題はなくとも、廃される諸行諸善については、曖昧であり、明確な位置づけがなされていない。事実、法然門下の分流も多くはそれに起因し、選択廃立による念仏の選びが問題となり、ここからさまざまな諸行諸仏・諸菩薩の位置付けがなされてきた。そして、それが分派各流における一つの教義上の特色となっている。

同時にまた、それは諸行を宗とする聖道門仏教についても充分な位置づけがなされていない。従って、廃立は結局、浄土一門の内に留まり、一大仏教における普遍性を伴わないことになってくる。本来、廃立とは諸行諸善を単に廃するのではない。諸行は「非本願の行」であるといえども、「殊勝の行」である。ただ難行、難修、難証であり、小善、小功徳であるのみである。

そこで廃される諸行が仏願にかなわないといえども、そこにも殊勝の行としての意義はあるはずである。されば廃立とは浄土一門に留まることなく、諸行諸宗に対しても、真の意義を持たせる普遍の論理でなければならない。そのことは同時に、われわれに対して排他的な宗派我を誡めることとなるのである。もし仮に廃立為正が『興福寺奏状』や『七箇条起請文』にみられるごとく、諸仏諸菩薩に対する敬虔な心情までも、あるいは信心の包容性、柔軟性までも否定し、まったく排他的なものであるとするならば、それは正しく仏教破壊の論理と言わざるをえない。廃立とは、かくのごとき危険性を充分に孕んでいたのである。

もとより、法然においてそのようなことが肯定されようはずもない。誰よりもそれを恐れたのが法然自身であり、それゆえ、本集巻末に、

庶幾《ねが》はくは一たび高覧を経ての後、壁の底に埋みて、窓の前に遺すことなかれ。恐らくは破法の人をして悪道に堕せしめざらんが為なり。(25)〈原漢文〉

と記されたのである。

そこでは、念仏一行を選択回向したまう如来の願心そのものが見落とされていたがゆえに破法の人となり、悪道に堕すのである。従って逆に言えば、見る者すべてに選択の願心が領受され、選択廃立の意図する願心が開顕されねばならなかったのである。

第三に、如来選択の願心に基づく、勝劣難易の試解により、往生之業となりえた念仏は、選択本願に立ちながらも、主として『観経』に基づき、未だそれ自体、観念か称名かという根拠が明確に『大経』を主題として確かめられていなかった。

独り仏の正意を明らかにしたとされる善導は、上にも触れたごとく、精緻な称名正定業論を展開し、諸行を廃して念仏を立てた。けれどもそれは、『観経疏』の題号のもとに撰述されているごとく『観経』を主題とするもので、『観経』一経の上に展開されたものであった。

ところで、善導は『観経』の理解をめぐって華やかに論義の重ねられた隋末唐初の時代にあって、自ら『観経』に説かれる真意を開顕し、中国・日本の浄土教徒に大きな共感を与え続けてきた。善導なくして浄土教そのものは

語りえないのである。

それまでこの経に対する領解は定善及び散善においてとらえられていたのであり、定善観仏の行こそ最勝の実践行とされ、二次的に九品散善の行法が説かれた。そして、称名念仏は最下の行法として付説されたにすぎず、苦悩の人間の現実からはるかに遊離した殊勝な観念論に終わるものであった。これに対し善導はあくまで浄土教的立場に立ち、浄土教の根本基盤たる『大経』の第十八願を根底として『観経』を解釈している。つまり、善導によれば、『観経』は阿弥陀仏の弘願を以てその宗とする経典とされ、定散二善をもってその本質とするものではなかった。それゆえ『観経』は、弘願そのものが苦悩の人間の現実の上に救済の原理として、具体的に説かれたものとされたのである。従って、『観経疏』においては、序題門から一貫して要門の他に弘願を『観経』の内容として釈されていることは言うまでもない。

特に『観経疏』の中心課題ともいえる称名正定業論においても、「順彼仏願故」と示されるごとく、『大経』弘願を唯一の依り所としてそれが決釈されている。同様に深心釈においても、

> 決定して深く阿弥陀仏の四十八願をもて衆生を摂受したまふこと、疑ひなし。慮なし、彼の願力に乗じて定めて往生を得と信ず。[26]〈原漢文〉

と四十八願を摂受し、彼の願力に乗じて定んで往生を得るとされている。

また、上の廃立の問題でも述べたごとく、流通分の「汝好く是の語を持て、是の語を持てといふは、即ち是無量寿仏の名《みな》を持てとなり」は、「上来定散両門之益を説くと雖も仏の本願の意を望まむには衆生をして一向に専ら阿弥陀の名《みな》を称せしむるにあり」と釈され、ここに廃立釈が立てられる。つまり、ここでも「望仏本願」ということにおいて、

十念を具足して南無阿弥陀仏と称せん。[27]〈原漢文〉

も、弘願の念仏と領解されるのである。

このように善導の『観経』理解は弘願そのものを本質とし、ここでは悉く定散は否定され念仏のみが選取されて、『大経』弘願に基づく阿弥陀の大悲のみが顕示されている。よって「念仏三昧為宗」の立場が鮮明にされ、『観経』そのものが二尊二教から二尊一致に帰結して、真に浄土の経典となりえたのである。この弘願なくして、称名正定業論も、廃立釈も成立しえなかったのである。それは「古今楷定」の師と呼ばれる善導にして、初めてなしえられたことである。弘願とは言うまでもなく、

弘願と言ふは、『大経』に説くが如し。[28]〈原漢文〉〈玄義分〉

と説かれるごとくである。

しかしながら、善導においては『大経』所説の弘願の称名念仏を『観経』の本質としながらも、『大経』そのものを主題として念仏が語られていない。つまり、弘願の称名念仏といえども、直接、弘願の上に、何ら具体的にそれが語られていなかったのである。従ってそれは「如大経説」というにもかかわらず、『観経』を主題とする『観経』の解釈に留まるものであったと言わざるをえない。されば、その課題はそのまま法然に伝承されたのである。

法然はもちろん広く三経の上にその根拠を求め、具体的かつ体系的に弘願の念仏を開顕しようとした。すなわち、第一・教相章では、

初めに正しく往生浄土を明すの教というは、三経一論これなり。三経というは、一には『無量寿経』、二には『観無量寿経』、三には『阿弥陀経』なり。一論というは、天親の『往生論』これなり。[29]〈原漢文〉

と所依の経典を『浄土三部経』として掲げた。そして、三経すべての上に念仏往生の確かめをしたのである。つま

り、善導が『観経』そのものを直接の場として述べてきたことすべてが、紛れもなく『大経』あるいは『小経』に基づくものであることを説示したのである。たとえば三輩章における廃立釈も、前に述べたごとく、直接『大経』三輩段から起こされているし、選択の言も直接『大経』の異訳の中に根拠を求めている。また第十二・付属章で述べられるように、『観経』の定散を説くことはむしろ、『大経』選択本願念仏の超過特秀を顕わすためのものであるとまで領解されている。

また、第十三・多善根章、第十五・護念章、第十六・慇懃章においては、『阿弥陀経』をも選択本願の証権とされているのである。

こうして、慇懃章の私釈では、

凡そ三経の意を案ずるに、諸行の中に念仏を選択して、以て旨帰と為す。(30)〈原漢文〉

と述べ、三経の上に八選択を確かめている。その上で、

然れば則ち釈迦弥陀及び十方各々恒沙等の諸仏、同心に念仏の一行を選択したまへり。余業は爾らず。故に知んぬ、三経共に念仏を選びて以て宗致と為すのみ。(31)〈原漢文〉

と結ぶ。

このように、法然においては広く三経の宗致たるをもって、選択本願を開顕し、より普遍的な根拠を提示しようとし、確実にその方向を深めてきた。

しかし、上述の課題は根本的には未だ解明されなかった。たとえば、十念の念仏はすなわち十声の称名であるとの念仏称名の根拠は、なおかつ直接的には『観経』に求められていた。今それを本集にうかがうならば、本願章において、

問て曰く。『経』に「十念」と云ひ、『釈』に「十声」と云ふ。念・声の義如何。答えて曰く。念・声は是れ一なり。何を以てか知ることを得とならば、『観経』の下品下生に云く。「声をして絶えざらしめて十念を具足して、南無阿弥陀仏と称せん。仏の名を称するが故に、念念の中に於て八十億劫の生死の罪を除く」と。今此の文に依るに、声は即ち是れ念、念は則ち是れ声なりといふこと其の意明らけし。(32)〈原漢文〉

と示されるごとく、『大経』の願文の「十念」をあえて善導のいう「十声」に同ぜしめ、念声是一の義をもって、『観経』下々品の「十念を具足して南無阿弥陀仏と称せん」に称名念仏の根拠を求めているのである。従って、一応ここを以て観念の念仏は否定せられるのである。しかし、それが経文であるといえども、『大経』に誓われた称名念仏の根拠が『大経』によらず、『観経』によるというところに仏意が尽くされていないごとくである。称名の根拠が『観経』にしか求められないということは、唯一、称名念仏を以て往生之業とする浄土教においては、決定的な課題といえよう。つまり、阿弥陀の選択本願に立ちながら、しかも本願そのものに称名念仏の根拠を持ちえないこととなるからである。かくては「往生之業念仏為本」ということも、成就しえないことという他はなかろう。

以上、『選択集』を中心に、勝劣難易の試解により生じた三つの課題を考えてみた。もとより、法然自身は選択の願心を領受し、他力真宗を領解されていた。従って、それは法然自身の瑕疵ではなく、聞く側に、願心を領受せぬがゆえに生ずる必然の課題であった。従って、それは求道上におけるわれわれの問題でもある。以下において、親鸞に導かれつつ、考察してみたい。

第二節　聖覚の念仏理解と『唯信鈔』

さて、上述の課題を考察する前に、これに対し、一つの有効な方向を示唆する聖覚の『唯信鈔』に注目してみたい。なぜなら、親鸞自身、聖覚の本願論に導かれて他力回向論を確立したごとくであるからである。

ところで、法然と聖覚、聖覚と親鸞は、次のごとき諸文によっても「おぼえめでたき」法友として信頼の深さがうかがい知れる。

すなわち、法然のことばとして、

吾が後に念仏往生の義すぐにいはむとする人は聖覚と隆寛となり。[33]（『明義進行集』）

聖覚法印わが心をしれりとの給へり。[34]（『法然上人行状画図』一七）

と伝えられ、またその交際については『玉葉』『明月記』等にしばしば見られるところである。[35] さらに親鸞のことばとしては、両者について、

法然聖人の御をしへをよく〳〵御こゝろえたるひと〴〵にておはします。[36]（『末灯鈔』一九）

唯信鈔、自力他力などのふみにて御覧さふらふべし。それこそこの世にとりてはよきひと〴〵にておはします。[37]（『末灯鈔』一九）

と記されている。そこでは、法然なき後、師恩を偲びつつも、誤りなく他力の信心を語り伝える書として『唯信鈔』等を仰いでいるのである。それゆえ、いくたびもそれを書写し、自力・他力、一念・多念、臨終・平生等の念仏信仰の論拠として東国の門弟に送っているし、[38] また、それらに註解を加えて『唯信鈔文意』を著している。

さらに、その敬慕の姿勢をうかがうに、『尊号真像銘文』（広本）においては、直接、法印自身の表白文を銘文としてあげる。そしてそれに綿密な註解を加えるのである。されば「聖人の御弟子にてさふらへどもやう〳〵に義をもいひかへなど[39]」（『末灯鈔』）する中で、かくのごとく、特に信頼を寄せる聖覚に対し、教義的にどのような点で共

鳴したのであろうか。

さて、聖覚の『唯信鈔』はその名が示すごとく、終始ただ念仏往生の信心を説き、平易に念仏の要義を略述したものであるが、その構成は『選択集』そのものを伝承する。すなわち、教相、二行、本願、三心の各章に準じて念仏の要義を述べ、後段ではそれに関連する信仰上の五つの問題について答えている。しかし、いずれも『選択集』を略述するとはいえ、そこには、いくつかの領解上の特色がみられる。先に一言したごとく、特にその本願の領解に独自のものがあり、それを基調としてすべてが説かれている。従って、前章にあげた『選択集』の諸問題についても、ここに新たな展開の糸口がある。事実、親鸞自身も、

この本願のやうは唯信鈔によく〳〵みえたり。(40)　　　　（『尊号真像銘文』）

と、本鈔の本願論にその視点を当てている。

本鈔は『選択集』と同じく、冒頭に聖浄二門を明かし、その浄土門に諸行往生と念仏往生を立てる。そして、念仏往生の根拠を「順彼仏願故」に求め、いわゆる称名正定業論を掲げる。そこで〈彼の仏の本願〉を問題とし、直接、本願論を展開する。

念仏往生といふは、阿弥陀の名号をとなえて往生をねがふなり。これはかの仏の本願に順ずるがゆへに正定の業となづく。ひとへに弥陀の願力にひかるゝがゆへに、他力の往生となづく。そもそも名号をとなふるは、なにのゆへにかの仏の本願にかなふとはいふぞといふに、そのことのおこりは阿弥陀如来いまだ仏になりたまはざりしむかし、法蔵比丘とまふしき、そのときに仏ましましき。世自在王仏とまふしき。法蔵比丘すでに菩提心をおこして清浄の国土をしめて、衆生を利益せむとおぼして仏のみもとへまいりてまふしたまはく、われすでに菩提心をおこして清浄の仏国をまふけむとおもふ。ねがわくは仏わがためにひろく仏国を荘厳する无量の

妙行をおしえたまへと。そのときに世自在王仏、二百一十億の諸仏の浄土の人天の善悪、国土の麤妙をことごとくこれをとき、ことごとくこれを現じたまひき。法蔵比丘これをきゝ、これをみて、悪をゑらびて善をとり、麤をすてゝ妙をねがふ。たとへば、三悪道ある国土おばこれをゑらびてとらず。三悪道なき世界おば、これをねがひてすなわちとる。自余の願も、これになずらえてこゝろうべし。このゆへに二百一十億の諸仏の浄土の中より、すぐれたることをえらびとりて、極楽世界を建立したまへり。(41)

これは、まったく『大経』正因段の経説に基づき、しかも『選択集』本願章の叙述を平明に言い表わしたものというよりほかはない。今、特に注目すべきは、以下に続いて述べられる聖覚の領解である。

これによりて一切の善悪の凡夫、ひとしくむまれ、ともにねがはしめむがために、たゞ阿弥陀の三字の名号をとなえむを、往生極楽の別因とせむと、五劫のあひだふかくこのことを思惟しおはりて、まず第十七に諸仏にわが名字を称揚せられむといふ願をおこしたまへり。この願ふかくこれをこゝろうべし。名号をもてあまねく衆生をみちびかむとおぼしめすゆへに、かつ〴〵名号をほめられむとちかひたまへるなり。しからずば、仏の御こゝろに名誉をねがふべからず。諸仏にほめられて、なにの要かあらむ。

如来尊号甚分明　十方世界普流行
但有称名皆得往　観音勢至自来迎

といへる、このこゝろか。さてつぎに、第十八に念仏往生の願をおこして、十念のものおもみちびかむとのたまへり。まことにつらつらこれをおもふに、この願はなはだ弘深なり。名号はわずかに三字なれば盤特がともがらなりともたもちやすく、これをとなふるに、行住坐臥をえらばず、時処諸縁をきらはず、在家出家、若男若女、老少、善悪の人おもわかず、なに人かこれにもれむ。

彼仏因中立弘誓　聞名念我惣迎来
不簡貧窮将富貴　不簡下智与高才
不簡多聞持浄戒　不簡破戒罪根深
但使廻心多念仏　能令瓦礫変成金

このこゝろか。これを念仏往生とす。(42)

善導によって立てられ、法然に伝承された称名正定業論は「彼の仏願」を絶対の根拠として念仏の一行を選択されたものである。従って今、本鈔でもそれが伝承され、「彼の仏願」を明らかにすることが中心課題として起こされたことは、当然といわねばならない。上に述べたごとく、法然においては専ら第十八願の上にすべてを摂めとり、王本願とした。そして、この願の「乃至十念」を中心に「念声是一」の義をもって専修念仏が語られていた。従って彼の「往生之業念仏為本」も、選択本願念仏もすべて、第十八願のみを絶対根拠として語られていた。

ところが、本鈔にあってはいささか趣を異にし、往生極楽の別因を定め明かすに、まず、第十七願に注目し、特にこの願の「名号讃嘆」「諸仏称揚」の願言に乗じて、第十八念仏往生の願を領解するのである。

第十七願はもともと摂法身の願とされ、(43)仏徳を称揚讃嘆するものであり、諸仏が阿弥陀の「我名」、すなわち「無量寿仏の威神功徳」を称讃する願であった。これに対し、聖覚は第十七願に、

名号をもてあまねく衆生をみちびかむとおぼしめすゆへに、かつ〴〵名号をほめられむとちかひたまへるなり。(44)

と明らかに名号讃嘆の意を領解しているのである。念仏往生の願に先だって、それを十方世界に普く流行させるものとして、第十七願の名号讃嘆の願意を領解しているのである。もとより、本鈔においては第十七願と第十八願が個々に独立して説かれているのではない。第十八願によって十方衆生が救われる根拠として、名号讃嘆の第十七願

が注目されているのである。しかも、第十七願を第十八願に対照して、「乃至十念」が称名行であることを明示しているのである。すなわち、第十七願への着目から、その「諸仏称揚」の願意に基づいて、念仏往生の大悲が開顕され、第十八願の「乃至十念」に普遍的根拠が裏付けられているのである。第十七願はそのまま第十八願の「乃至十念若不生者」の願意をより明確にし、その本質を助顕するものである。すなわち、ここでは「たゞ阿弥陀の三字の名号をとなえむを、往生極楽の別因とせむ」こと、つまり「如来尊号甚分明」を「十方世界に普く流行せしむる」ための本願、すなわち「名号をもてあまねく衆生をみちびかむとおぼしめすゆへに、かつぐ〳〵名号をほめられむ」という〈ちかひ〉として、領解されたのである。ゆえに法照の『五会法事讃』の文が証文として引用され、そこに第十七願によって明らかにされる、第十八願の本質的内容が示されているのである。

従って、ここでは「乃至十念」と「諸仏称揚」はほとんど同視されている。「乃至十念」は第十八願においては、十方衆生に誓われたものであるが、その十方衆生の称名は「十方世界普流行」をその心とする諸仏の称名によって初めて、十方衆生の上に成就することが解明されたのである。第十八願は第十七願によって初めて十方衆生に具現され、「十方世界普流行」という普遍的世界を開くものとして、選択本願の本質がいよいよ明確になったのである。ゆえに、他力そのものが明確となり、必然的に信においてのみ本願の正しき受行があることが知らされるのである。同時にそのことは、「行巻」に述べられる本願力回向の大行論を彷彿とさせるものであり、親鸞の共感、共鳴もまたうなずかれるものである。

一方、このような「行」の問題のみならず「証」の問題についても、第十七、十八の二願が同視されている。すなわち、それまで第十八願の内容を顕すとされてきたところの上掲『唯信鈔』に引用された『五会法事讃』の下二句、つまり「但有称名皆得往、観音勢至自来迎」が明らかに第十七願意とみられ、第十七願の証文として引かれている。すなわち、第十八願の「若不生者」の意を第十七願意にみて、往生の証誠を積極的に述べようとしているのである。

このように『唯信鈔』では、選択本願を受行するにあたり、それを第十七、第十八の二願に開示し、その第十七諸仏称揚の願意を『五会法事讃』の「如来尊号甚分明、十方世界普流行、但有称名皆得往、観音勢至自来迎」に見たのである。つまり、その前二句を第十八願の「乃至十念」に、後二句を「若不生者」に、それぞれ同視したのである。

従って、この両願は直接対象が十方諸仏か十方衆生かというだけで、ほとんど同視されていた。換言すれば、第十八願の十方衆生の救済根拠が十方諸仏の名号讃嘆という形で示されたのである。かくて、第十七願が十念の称名行であることが明らかとなり、第十八願は十方諸仏を証権として不動のものとなったのである。そのことは、同時に弥陀に対する「無疑」「真実」を裏付けることとなり、第十八願の信心為本を助顕することとなるのである。ゆえに他力そのものが、いっそう明確化することとなり、必然的に信においてのみ、本願の正しき受行があることが知らされるのである。本鈔の主題となる「唯信」の根拠は、ここに求められるのである。

ところで、すでに先学が指摘するごとく、法然においても『三部経大意』や『拾遺語灯録』(中)で、第十七願について多少の論及がある。従って、第十七願への着目が一概に聖覚の独創であるとは言えないかもしれない。しかし『三部経大意』等では、単に光明・名号の因縁・利益を説くに留まり、「乃至十念」にまで関わっていない(45)。しかも、上述のごとく、主著『選択集』では第十八王本願論が貫かれるだけで、第十七願については、何ら述べられていない。従って、それが『唯信鈔』の特筆すべき本願論であり、後述する親鸞の二願領解に決定的な示唆を与えた事実を思う時、このような立場は極めて重要であった。

さて、次に聖覚の第十七願領解の本質が、上述の『選択集』の課題に対し、どのような意味を持つかを確認してみたい。

聖覚は上述の課題に対し、第十七願の領解をもって、一つの方向を示している。すなわち、従来『観経』下々品の経説をもって、称名念仏の根拠としていたのに対し、直接『大経』の第十七願文にその根拠をさぐりあてたことは、正に画期的なことといわねばならない。もとより、それまでのごとく、あくまで第十八願一願に立って、すべてを領解する限り、念仏不回向論を展開するにも、六字釈によってしなければならなかったし、また、第十八願文の「十念」を「十声」に同ぜしめるに、ことさら『観経』下々品の経説をもってしなければならなかった。然るに、聖覚においては、直接『大経』にその根拠を求め、本願そのものによって、これを証明したのである。しかし、聖覚が第十七願に着目し、第十七、十八両願を同視し、念仏の根拠を第十七願「諸仏称揚」に見たといえども、なお「称揚」の解釈は完全ではなく、また念即声の解決も法然に同じているし、不回向論も未だ充分な展開を見ず、親鸞のごとき積極的な他力回向論を提示するには至っていない。もっとも第十七願への着目ということからすれば、その底意はあったと思われる。

一方、選択廃立の意は、そのまま直接伝承され、いっそう鋭さを増している。すなわち、法然は専雑を念仏と諸行に配し、専修即正行、雑修即雑行としていることは周知のとおりである。つまり、

往生の行おほしといゐども、おほきにわかちて二としたまへり。一には専修、いはゆる念仏なり。二には雑修なり。いはゆる一切のもろ〳〵の行なり。[46]（『西方指南抄』）

さきの正行を修するおば、専修の行者といふ。のちの雑行を修するを雑修の行者と申也。[47]（『同』）

正行を行するものをは、専修の行者といひ、雑行を行するをは雑修の行者と申也。[48]（『浄土宗略抄』）

という法然の所説に対し、聖覚は、

この念仏往生の門につきて、専修・雑修の二行わかれたり。[49]（『唯信鈔』）

と念仏行の中に、さらに専雑二修を分別しているのである。つまり、法然のいう専修行の中に、さらに専・雑を分別するのである。

専修といふは極楽をねがふこゝろをおこし、本願をたのむ信をおこすより、たゞ念仏の一行をつとめて、まったく余行をまじえざるなり。他の経・咒おもたもたず、余の仏・菩薩おも念せず、たゞ弥陀の名号をとなえ、ひとえに弥陀一仏を念ずる。これを専修となづく。雑修といふは、念仏をむねとすといゑども、また余の行おもならべ、他の善おもかねたるなり。[50]

ここでは、専修とは「一心専念」「専称弥陀」「一仏名」であり、それ以外のすべてを雑修としたのである。「余の行おもならべ、他の善おもかねたるなり」とは、助業と正定業、諸善万行と称名念仏などの兼行と解す。従って、聖覚においては雑行はもちろん、助正の兼行までも厳しく退けるのである。

思うに、法然においては第三・本願章に示されるごとく、どこまでも第十八願、一願上の所論でもって、勝劣難易の二義を根拠に、念仏選択の如来の聖意が述べられていた。今、この聖覚においては、第十八願称名念仏の根拠を第十七願に求め、その上で念仏選択の聖意を領解している。それゆえ、称名念仏の根拠がより明確になったということにおいて、確信をもって助正兼行までも退け、念仏一行を選び取ったと思われる。その確信こそ、聖覚をして、「念仏為本」に師教の確かさを認めて純粋に念仏一行に帰依させたのであって、それは自ずと信への深まりの方向を示すこととなり、親鸞の共感するところとなったのである。

しかし、聖覚の第十七願領解は、次第に選択の願心を開顕する方向へと進むものと言えるけれども、『選択集』

領解上の諸問題は依然、残されていたといわねばならない。だが純一な信を内容とする方向へ向かっていることは確かであった。それゆえ、以上のような聖覚の領解が親鸞教学、特に大行論生成に決定的な示唆、ないしは刺激を与えることとなったのである。

さて、その具体相については次下に確かめることとする。

第三節　親鸞における「諸仏」と「大行」

一　第十七願

『唯信鈔』に示された第十七願意の開顕という事実に共感を覚えた親鸞は、恩師なき後、その恩徳を偲びつつ、聖覚に全幅の信頼を寄せ、それを幾たびも書写し、解釈を加えられた。すなわち、その解釈こそ『唯信鈔文意』である。『唯信鈔』に説かれた第十七願意を親鸞がいかに領解したかを知るには、本書をおいてほかにない。従って、今、親鸞の第十七願領解のあとをたどるにあたり、一応『唯信鈔文意』の内容を基調として、広く諸文の上にそれを確かめてみたい。

『唯信鈔文意』は、『唯信鈔』に引かれる十二の諸文を如来聖意に帰って註解したもので、文字どおり「文意」である。しかもその奥書に、

ゐなかのひと〴〵の文字のこゝろもしらず、あさましき愚癡きわまりなきゆへにやすくこゝろえさせむとて、おなじことをたび〳〵とりかえし〳〵かきつけたり。こころあらむひとはおかしくおもふべし、あざけりをなすべし。しかれどもおほかたのそしりをかへりみず、ひとすぢにおろかなるものをこゝろえやすからむとてし

るせるなり。(51)

と付されていることよりすれば、「ゐなかのひと〴〵」に念仏の証文として、送付されたものと思われる。そこに、親鸞の『唯信鈔』に対する感動と共感がいかに深かったかを知ることができる。

特に、題号に「唯信」と掲げ、全鈔にわたって、念仏往生の信心を説いていることは、親鸞にとって、この上ない魅力であったと思われる。すなわち、序ともいうべき前文で、「唯信鈔」ということばに、ことさら詳しく釈意を加えている。信心の深い洞察をその根本的な教義特色としている親鸞にしてみれば、当然のことといえよう。

唯信鈔といふは唯はたゞこのことひとつといふ、ふたつならぶことをきらふことばなり、また唯はひとりといふこゝろなり。信はうたがひなきこゝろなり。すなわちこれ真実の信心なり、虚仮はなれたるこゝろなり、虚はむなしといふ、仮はかりなるといふことなり、虚は実ならぬをいふ、仮は真ならぬをいふなり、本願他力をたのみて自力をはなれたる、これを「唯信」といふ。鈔はすぐれたることをぬきいだしあつむることばなり。

このゆへに唯信鈔といふなり。(52)

続いて親鸞は、

唯信はこれこの他力の信心のほかに余のことならはずとなり、すなわち本弘誓願なるがゆへなればなり。(53)

と述べ、他力念仏の信心ただ一つを往生の業因とし、その根拠を本願の上に求めているのである。

それゆえ「彼仏因中立弘誓」の釈下では、

如来の弘誓をおこしたまへるやうは、この唯信鈔にくわしくあらわれたり。(54)

と言い、また、上にあげたごとく『尊号真像銘文』でも、

この本願のやうは唯信抄によく〳〵みえたり。(55)

と述べ、親鸞自身『唯信鈔』に対する視点を聖覚の本願論に定め、特にその領解を仰いでいるのである。

すなわち、それは聖覚が本願の証文として引いた法照の『五会法事讃』文の解釈に如実に示される。まず、親鸞は「如来尊号甚分明　十方世界普流行　但有称名皆得往　観音勢至自来迎」の讃文について、その一々の文字の意味をていねいに解読しつつ、行間ににじむ鈔意を自らの領解をもって酌み取った後、

おほよそ十方世界にあまねくひろまることは、法蔵菩薩の四十八大願の中に、第十七の願に十方旡量の諸仏にわがなをほめられむとなえられむとちかひたまへる、一乗大智海の誓願成就したまへるによりてなり。阿弥陀経の証誠護念のありさまにてあきらかなり。証誠護念の御こゝろは大経にもあらわれたり。また称名の本願は選択の正因たることこの悲願にあらわれたり(56)。

と、特に第十八願「乃至十念」の称名行たるゆえんを第十七願の上に確かめている。つまり第十七願の上に「わがなをほめられむとなえられむ」の願意を酌み、そこに称揚、称名の意趣を認めることとなったのである。それはまた「諸仏称名」の願名によっても示されるがごとくである。つまり、第十七願文、

設《ヒ》我得《ンニ》ㇾ仏《ヲ》、十方世界《ノ》、無量諸仏《ノ》、不《バ》三悉《ク》咨嗟《シテ》　称《セ》二我《ガ》名《ヲ》一者　不ㇾ取《ラ》二正覚《ヲ》一(57)

より「称我名者」に注意され、ここに「称揚」と「称名」の願名を見出したことにほかならない。これこそ親鸞が『唯信鈔』から学びとったとみられる最も重要な教旨の一つであることは、上述に顧みて明らかなところである。すなわち、「諸仏称名之願」との領解は第十七、十八の二願分開に基づく往相回向の大行、本願力回向（「亦《また》往相回向之願と名づくべし」(58)）の教義確立の根源をなすものである。

さらに、親鸞においては、上掲の願文を〈悉く我が名を称する者を咨嗟せずんば〉という意にも解して、『大経』の「見敬得大慶則我善親友」の文にもこれを確かめている(59)。

すなわち、『末灯鈔』には、

もろ〳〵の如来とひとしといふは、信心をえてことによろこぶひとを、釈尊のみことには、見敬得大慶則我善親友とときたまへり。また弥陀の第十七の願には十方世界无量諸仏不悉咨嗟称我名者不取正覚とちかひたまへり。願成就の文には、よろづの仏にほめられよろこびたまふとみえたり。(60)

と述べられるごとく、明らかに第十七願そのものの上に称名の願意が領解されたのである。つまり、第十七願に諸仏の能讃、称揚はもとより、所讃の称名までも誓われていると領解されたのである。ほめられるところの名号は、念仏往生の願心をその内容とするところであって、第十八願が第十七願諸仏に誓われているところの名号、願心の意となる。従って、第十八願と第十七願は乃至十念の称名の本願、すなわち、念仏選択の願心という一点において、まったくその内容を同じくしているのである。

もとより、それは「阿弥陀経の証誠護念のありさまにてあきらかなり」と『阿弥陀経』の証誠護念の経説に証され、続いて、それが「大経にもあらわれたり」と『大経』そのものにも及んで証されているのである。そして、その『大経』について「また称名の本願は選択の正因たることこの悲願にあらわれたり」と釈し、すでに「悲願」(第十七願)に称名を領解されていることを述べるのである。従って、ここでは十念の称名が誓われている第十八願が、そのままですでに第十七願によって先顕されているということであり、ただ両願は十方諸仏に誓うか、十方衆生に誓うかというだけで、内面的には「わがなをとなへられむ」ということをもって、完全に同視されているのである。その意味で聖覚の第十七願領解が徹底されたといえよう。而して、他力回向の義がいよいよ明確になってきたのである。

さらに、この二願の内面的一致については『三経往生文類』にも示される。すなわち、そこでは第十七、十八の

二願を「称名の悲願」「信楽の悲願」といい、

この如来の往相回向につきて真実の行業あり。すなわち、諸仏称名の悲願にあらわれたり。（中略）また真実信心あり、すなわち念仏往生の悲願にあらわれたり。（中略）この真実の称名と、真実の信楽をえたる人は、すなわち正定聚のくらゐに住せしめむとちかひたまへるなり。[61]

と述べる。さらに『御消息集』（善性本）には、

十七の願にわがなをとなえられむとちかひ給て、十八の願に、信心まことならば、もしむまれずば仏にならじとちかひ給へり。十七、十八の悲願みなまことならば正定聚の願はせむなく候べきか。[62]

と記される。これらの文は、二願の内面的一致からさらに展開され、往相における他力回向を説示しているのである。すなわち、真実の行業は正しく如来の悲願によって回向されてくるのであり、その正しき受行は、正定聚に住すると説かれるのである。結局、第十七願に称名の意義があることはもちろんであり、「諸仏称名」ということにおいて、他力回向が成就され、これによってわれわれの真実の救いが、現生において確認されたのである。

ところで、上掲の「称名の本願は選択の正因たることこの悲願にあらわれたり」という一文は、『教行信証』でいうならば、まさに、

然るに斯の行は大悲の願より出たり。[63]〈原漢文〉（「行巻」）

と相呼応するものである。この文は称名が本願力回向の行であるゆえんを明かし、それが大行そのものであることを示している。親鸞がこの願に「選択称名之願」という願名を付された意も、ここにうなずけるのであり、それが正しく『唯信鈔』からの示唆によるものであることを示しているのである。

かくて「乃至十念」は、第十八願において十方衆生に誓われたものであるが、その十方衆生の称名は、諸仏の称

名となることにおいて、初めて十方世界に遍満するのである。つまり、第十七願の「諸仏称名」において、初めて第十八願が具現されるのである。ゆえに衆生における称名が、第十七願成就の行であることを顕すために「行巻」では、この願をもって標挙とするのである。

結局、親鸞においては、聖覚の十七、十八の二願領解をさらに徹底し、二願分開から、両願の内面的一致を見、そして他力回向論の確立という展開を見るのである。そこに、聖覚と親鸞の関係がいかに密接であり、かつ重要であったかが知らされるのである。

ところで、『唯信鈔』においては、「行」のみならず、「証」の問題までも両願が同視されていたが、『唯信鈔文意』でも、同じく「但有称名皆得往、観音勢至自来迎」までも第十七願意とみて、その釈文中で「自来迎」より、現生正定聚に至る独自の証果論を展開している。すなわち、

自来迎といふは、自はみづからといふなり。(中略)また自はおのづからといふ、おのづからといふは自然といふ、(中略)来迎といふは、来は浄土へきたらしむといふ、これすなわち若不生者のちかひをあらはす御のりなり。穢土をすてゝ真実報土にきたらしむとなり。すなわち、他力をあらはす御ことなり。また、来はかへるといふ、かへるといふは願海にいりぬるによりて、かならず大涅槃にいたるを法性のみやこへかへるとまふすなり。(中略)迎といふはむかへたまふといふ、まつといふこゝろなり、選択不思議の本願・无上智慧の尊号をきゝて、一念もうたがふこゝろなきを真実信心といふなり、金剛心ともなづく。この信楽をうるときかならず摂取してすてたまはざれば、すなわち正定聚のくらゐにさだまるなり。(64)

と釈される。ここでは、「若不生者」の意を第十七願意にみて、往生の証誠を積極的に述べようとするのである。すでに先学によって指摘されるごとく、このことは『愚禿鈔』においても説かれる。つまり、そこでは、第十七願

成就の諸仏証誠について、

証成二者ハ
　一功徳証成　釈迦ニアリ　諸仏ニアリ
　二往生証成(65)

と述べ、往生を諸仏が証誠するというのである。このように往生もまた、第十七願諸仏の証誠を得てまったきを得るといえるであろう。

続いて「信」の問題について考えてみたい。『唯信鈔文意』では、『唯信鈔』で第十八願意とみられている「聞名念我惣迎来」を次のように釈す。

聞名念我といふは、聞はきくといふ、信心をあらわす御のりなり。名は御なとまふすなり、如来のちかひの名号なり。念我とまふすはちかひのみなを憶念せよとなり。諸仏称名の悲願にあらわせり(66)。

すなわち、信をあらわすところの「聞」を第十七願「諸仏称名の悲願」の上に領解しているのである。しかのみならず、信心、名号、憶念までも、第十七願上に領解しているのである。親鸞においては、第十八願は第十七願の諸仏の名号讃嘆を「聞き」信ずる衆生の立場を示すものとする。それは念仏往生の願意を聞信することであり、そこには、

如来のちかひの名号なり(67)。（『唯信鈔文意』）

如来のちかひの名号をとなえむことをすゝめたまふ(68)。（『尊号真像銘文』）

と言われるごとく、選択本願の名号を称すれば、必ず救う、という如来の願心がこもっているのである。衆生はこの願心を聞くところに信心を獲る。ゆえに、第十七願、第十八願は、行・信に配当されつつも、第十七願の「称我

名」は、第十八願の「乃至十念」と同視され、第十七願は行成就の願と見られるのである。従って、その行にはすでに願心がこめられており、いわゆる、信具の行が第十七願に誓われたと考えなければならない。ゆえに、今「聞名念我」がすでに「諸仏称名の悲願にあらわせり」といわれたのがうなずけるのである。

かくて、行・信・証、各々において第十七願と第十八願は内面的に一致し、第十七願の意義がすこぶる重要なものとなった。すなわち、諸仏の咨嗟称揚ということによって、念仏往生そのものが、全法界に承認されるところの真実性を立証することとなったのである。

かくて、上掲の法然浄土教の課題が、唯信という教義構造をもって答えられてきたことを、今、両書を通して見てきたのである。それは根本的には、第十八王本願論から第十七、第十八二願分相論への展開ということであった。そして、それが特に大行論生成の根本的背景となっていることを確かめたのである。

すなわち、第十七願建立ということによって、それまで『観経』下々品に求めていた称名の根拠は、歴然と『大経』の願文そのものの上に見出されたし、また、諸仏称名、衆生聞名ということによって、念仏は不回向の行となり、さらにそれが如来回向の大行であるということが解明されたのである。もちろん、そこでは諸仏の称名ということによって、諸仏に対しても新たな意義が見出された。されば、以下で諸仏の意義を考察し、続いて選択・唯信の帰着点ともいうべき他力回向論について論及してみたい。

二　諸　仏

さて、上述のごとく、親鸞においては、諸仏の証誠の中に大行の根源を見、第十七願の諸仏に重要な意義を認めている。すでに述べたが、第十七願は、如来が十方諸仏をして、我が名を咨嗟称揚せしめんと誓われたものであり、第十八願「乃至十念」は、十方衆生に称名を誓われたものである。その十方衆生の称名は諸仏の称名となることにおいて、初めて十方世界に遍満するのであり、その十七願諸仏の称名はいうまでもなく、如来の願心を内容とするものである。されば、その諸仏とは何を意味し、またそこにいかなる意義があるのだろうか。次にそのことを考えてみたい。(69)

ところで、親鸞の場合、諸仏はおよそ次の三つの立場において見られている。

(一) まず「諸仏弥陀」「諸仏如来」といわれるごとく、諸仏と、弥陀あるいは如来との関連において見られる立場である。すなわち、諸仏は阿弥陀であり、同時に一々の諸仏は弥陀の分身であるという立場である。

たとえば『浄土和讃』には、文明本によれば、

弥陀の大悲ふかければ、仏智の不思議をあらはして、変成男子の願をたて、女人成仏ちかひたり。(70)（『大経意』）

とある。これに対し、専修寺国宝本によれば、

諸仏の大悲ふかければ……(71)

とあり、しかも、わざわざ「諸仏」に、

みたをしよふちとまうす、くわとにんたうのこゝろなり。(72)

と左訓が施してある。すなわち、『大経』異訳の『仏説諸仏阿弥陀三耶三仏薩楼仏檀過度人道経』のこころから、諸仏即阿弥陀と見られたのである。

また、『教行信証』では、本経は四度引用され、そのうち三カ所にこの経名が出されている。すなわち、その中で「信巻」では、『大阿弥陀経』という名が用いられている。(73)『選択集』をはじめ、法然の著述には主にこの呼び方が用いられていることからすれば、少なくとも吉水門下ではこの名が一般的であったように思われる。にもかかわ

らず、「行巻」[74]「真仏土巻」[75]、さらに『愚禿鈔』[76]では、いずれもことさら、この長い『仏説諸仏阿弥陀三那(ママ)三仏薩楼仏檀過度人道経』という具名が用いられている。しかも、「行巻」では上欄外に、

大阿弥陀経云、廿四願経ト云[77]

と、註さえ付して説明している。また、同じく「行巻」においては、第十七願を異訳で確認するのに本経を引き、また「真仏土巻」においては、「真仏」の意義を明かすのに本経を引く。いずれも、弥陀と諸仏の本質が問題となるところで、

諸仏中之王也、光明の中之極尊也[78]〈原漢文〉

みたをしよふちとまふす[79]

という本経のこころによって、それを確認しているのである。

无碍光仏のひかりには　无数の阿弥陀ましまして　化仏おのおの无数の　光明无量无辺なり[80]。（「現世利益和讃」）

と示されるごとく、諸仏とは弥陀からの智慧の来生である。『讃阿弥陀仏偈和讃』第九首の「智慧光仏」の左訓には、

いちさいしよふちの仏になりたまふことはこのあみたのちゑにてなりたまふなり[81]。

と示される。諸仏の無上の智慧は、阿弥陀、つまり、如来の智慧である。従って、無量無数の諸仏は、無量無数の弥陀の智慧である。ゆえに諸仏は阿弥陀であり、同時に一一の諸仏は、弥陀の分身である。弥陀はいわゆる諸仏の本師本仏である。『阿弥陀経』によれば、六方に恒河沙の諸仏がまします。しかし、その徳は、いずれも阿弥陀の徳、阿弥陀の智慧である。すなわち、諸仏は弥陀に統合され、弥陀は、

一切諸仏の智慧をあつめたまへる御かたちなり[82]。（『唯信鈔文意』）

とされるのである。

(二) 次に、諸仏の代表が釈迦で、諸仏は釈迦に即するものと見られる場合である。その例として、

釈迦諸仏は是れ真実に慈悲の父母なり。(83)〈原漢文〉　（『入出二門偈頌』）

弟子は釈迦諸仏の弟子なり。(84)〈原漢文〉　（「信巻」）

等があげられる。

また、『大経』の出世本懐の「如来」を釈すにあたり、

如来所以興出於世は、如来とまふすは諸仏とまふす也。（中略）釈迦如来のみことをふかく信受すべしと也。(85)

（『尊号真像銘文』広本末）

と、示される。すなわち、これは、釈迦を如来と表現し、釈迦が諸仏であり、釈迦が諸仏を代表するという立場である。『阿弥陀経』における六方証誠の経説は、諸仏の讃嘆がその主である。また、『大経』の「仏々相念」も釈迦と諸仏相互におけるものである。諸仏の称揚讃嘆によって、衆生が信心を獲るとするならば、諸仏は衆生の教化者という立場にあることになる。いわゆる「釈迦諸仏」といわれる立場である。

(三) 最後に、諸仏とは、まことの信心の人であり、われわれをして弥陀を念ぜしめる存在、つまり「よきひと」、あるいは「善知識」として見られる場合である。これこそ、親鸞における特筆すべき諸仏の理解である。

すなわち、『真蹟書簡』、及び『末灯鈔』第七通に、

このこゝろのさだまるを十方諸仏のよろこびて、諸仏の御こゝろにひとしとほめたまふなり。このゆへに、まことの信心の人をば、諸仏とひとしと申なり。(86)　（「浄信御房宛御返事」）

と、示されるごとく、まことの信心の人は、諸仏と等しいという領解である。そのほか、同じく『真蹟書簡』及び

『末灯鈔』第一五通にも、

真実信心をえたる人をば、如来とひとしとおほせられて候也。[87]
（「浄信御房宛御返事」）

と示され、御消息の中では「浄信房の上書」も含めて再三にわたり、言及されるところである（『末灯鈔』三・四・一四・一八、『御消息集』一〇）。

親鸞の場合、「同」と「等」では、厳密にはその意が異なるものとされ[88]、それゆえに、ただちに、まことの信心を獲る人がそのまま諸仏であるとは言えないものがある。しかし、これらによれば、弥陀をほめとなえる諸仏の中には、獲信の人をも含めていると見られるのであって、「諸仏とひとし」とは、獲信の人を〝諸仏に準ずる〟〝諸仏に含める〟の意味と解されるものと言うことができる。

さらに『略論安楽浄土義』には、

一には若し第二の仏なく乃至阿僧祇恒沙の諸仏なからしめば、仏便ち一切衆生を度したまふこと能はず。実に能く一切衆《ママ》を度したまふを以ての故に、則ち十方无量の諸仏有ます。諸仏は即ち是れ前仏の度したまふ所の衆生なればなり。[89]〈原漢文〉

とある。この文は、ただちに上述のごとく、獲信者すなわち諸仏を証するものとは言えないにしても、「前仏の度したまふ所」という点において、〈獲信の衆生即仏〉を認めるものである。ゆえに「行巻」に引用される七祖と中国十師が、おのおの諸仏の具体相として領受されるのである。前仏によって、先立って度せられたところの無量の衆生こそ諸仏にほかならず、しかも、その十方無量の諸仏の存在意義は、十方衆生を度したもうことにあるとされるのである。『教行信証』後序の『安楽集』による、

前に生まれむ者は後を導き、後に生まれむ者《ひと》は前を訪らへ。連続无窮にして願はくは休止せざらしめむと欲す。[90]

〈原漢文〉

とは、かくしてうなずかれるのである。

されば、諸仏は十方衆生の宗教的要求に応じて十方に具現され、それは十方衆生をして、弥陀を念ぜしめる存在である。それこそ、われわれにとっては「よきひと」であり、「善知識」として、われわれを導く存在である。

かくして、われわれは、今、親鸞教学の上に、諸仏に対する三つの概念を見た。親鸞教学においては、第十七願諸仏称名の願は、上述の三つの面において、より具体性を持ったのである。

ところで、この第十七願において、諸仏の称揚・護念の利益があることは、上述を顧みて明らかなところであるが、これについて親鸞はさらに「信巻」で、

金剛の真心を獲得すれば、横に五趣八難の道を超へ必ず現生十種の益を獲。何に者か十とする。一には冥衆護持の益、二には至徳具足の益、三には転悪成善の益、四には諸仏護念の益、五には諸仏称讃の益、六には心光常護の益、七には心多歓喜の益、八には知恩報徳の益、九には常行大悲の益、十には正定聚に入る益なり。(91)

〈原漢文〉

と、現生十種の益をあげる中、第四と第五に諸仏護念・諸仏称讃の両益を挙げる。これは言うまでもなく、諸仏が念仏の行者を護念、称讃されるということであるが、ここにも諸仏の重要な意義が具体化されている。しかも、これが現生の利益である以上、それが具体的に現実生活に顕れるか、否かということは、その意義の本質を問う時、たいへん重要な問題となる。

思うに、真仏弟子釈下における触光柔軟の願の願文以下の経釈の引用は、この十種の益を具体的に説明したものである。その各々は信における護持と具徳を明かしながら、歓喜報謝の実践を展開しているものである。されば親

鸞においては、現生十種の益を獲るところの「獲得金剛真心者」と「真仏弟子」は、互いに重なり合うものとして領解されている。しかも、上に述べたところの、獲信の人が諸仏に等しいという意からすれば、この十種の益には、現実面に顕れたいっそう積極的な実践性がうかがわれるのである。

されば、諸仏の護念、称讃というのは、現実生活において、信心の行者が諸仏如来の徳を持ち、諸仏如来と等しい位に住すること、そのことに目覚めさせるという、極めて積極的な意義を有することとなるのである。信心の行者においては、如来の徳を回施されることによって臨終の一念の夕、大涅槃を超証すべき身として、諸仏と等しい位に住したという厳しい自覚が促されたことになるのである。無数の化仏、無数の諸仏に、〝諸仏に等しい位〟に住したという自覚を促されることにおいて、真実信心は退転することなく、金剛の信となるのである。

南無阿弥陀仏をとなふれば、十方无量の諸仏は、百重千重囲繞して、よろこびまもりたまふなり。[92]

（「現世利益和讃」）

と、示されるごとく、念仏をとなえるとき、われわれは「よろこびまも」られるということにおいて、自身に実感されるものとして、諸仏の働きを感得するのである。

十方にこだまする称名念仏は、諸仏の声であり、それは、仏の大悲心がわれわれにまで来る唯一の道路である。諸仏の「十方世界普流行」によって、阿弥陀の徳が知らされるのである。まさに、還相の世界における諸仏の相である。諸仏が衆生を教化し、信心の行人を囲繞することは、すなわち、諸仏が阿弥陀の本願を互いに証誠する世界である。往相の行信は、そこに諸仏に証誠護念される利益のよろこびを感得するのであり、そこに他力回向の世界を実感として領解するのである。他力の信、それを信ずる諸仏があってこそ、初めて信ぜられるのである。

ところで、上に問題としたごとく、法然における「廃立為正」は、如来選択の願心を領受しない限り、その真意に反して、諸仏諸菩薩に対する敬虔な心情、あるいは包容性、柔軟性までも否定する排他的な論理と受けとられる危険性があった。

今、そのことに対して親鸞は教義的に答えるとともに、他力回向の念仏として、念仏が普遍の大行であるとの事実を証明することとなったのである。

すなわち、専修念仏とは余仏余菩薩を捨てるものではない。『讃阿弥陀仏偈和讃』に、

弥陀の浄土に帰しぬれば　すなわち諸仏に帰するなり　一心をもちて一仏を　ほむるは无碍人をほむるなり《あみたのほうしんのたいなり》(93)

と示されるごとく、弥陀に専ら帰するとは、諸仏に帰することである。弥陀を念じて諸仏に護念されるのである。釈迦出世の本懐は、そのまま諸仏出世の本懐となり、諸仏の化導は、そのまま弥陀の誓願の顕彰となるのである。

汝一心に正念して直《ちき》に来れ(94)〈原漢文〉　（「散善義」）

の「直」は、親鸞によるならば、

諸仏出世之直説(95)　（『愚禿鈔』）

である。また、『大経』の、

一一の諸仏、又百千の光明を放ちて、普く十方の為に微妙の法を説きたまふ。是の如きの諸仏、各各に無量の衆生を仏の正道に安立せしめたまふ。(96)〈原漢文〉

という華光出仏もまた、第十七諸仏称揚之願に基づくところの護念証誠である。親鸞教学においては、弥陀と諸仏は、一仏すなわち一切仏、一切仏すなわち一仏という完全な融合が互いに見られるのである。従って、そこには、やわらかな仏心と広々とした包容性が感じられるのであり、自ずと一切の仏に対する敬虔の情が湧いてくるのである。ここに本質的な面において、諸仏の地位とその意義を領解するのである。

三　他力回向

上述の二願分相論は、親鸞によって他力回向論へと展開された。すなわち、それは法然によって結論的に示された不回向の行が、願心の領受とともに次第に開顕されてきたことにほかならず、本願にあとづけられた「行」の本質と、選択本願念仏の本然の相が、いよいよ見極められてきたのである。同時に、このことは、前に掲げた『選択集』の課題に根本的に答えてきているのである。今、筆者は、親鸞の他力回向論をもって、直接的には上掲の課題の第一に答えようと試みるが、それは、これまでの展開の中で、すでに答えてきた第二、第三の課題について補完するものである。

さて、親鸞の他力回向論は、言うまでもなく「行巻」に最もよく述べられている。そこでは、不回向の行を、

明らかに知んぬ、是れ凡聖自力の行にあらず、故に不回向の行と名づくるなり。(97)〈原漢文〉

と領解し、続いて「他力」を次のごとく定義する。

何《い》かに況んや、十方群生海、斯の行信に帰命すれば、摂取して捨てたまはず。故に阿弥陀仏と名づくると。是れを他力と曰ふ。(98)〈原漢文〉

他力と言ふは如来の本願力也。(99)〈原漢文〉

すなわち、親鸞は他力を「如来の本願力」とし、また、摂取不捨のゆえに「阿弥陀仏」とする。そして、それを根本主題として、「行巻」を展開するのである。たとえば、次下の『論註』の一文も、

本願力と言ふは……(100)〈原漢文〉

に始まり、続く元照の『観経義疏』の一文も、

或いは他方に往きて法を聞き道を悟るは、須く他力を憑むべきが故に往生浄土を説く。(101)〈原漢文〉

と、他力そのものについて述べる。さらに、続く一乗海も他力の誓願一仏乗であり、二行四十八対も本願力回向の他力行と非行との比較である。もちろん、前の七祖の引用も、すべて他力念仏に引用の意図がうかがえる。ここに「他力」が、いかに親鸞自身の根本問題であったかが知れよう。

しかるに、親鸞は「他力」、つまり大悲心の本質を「摂取不捨」の本願力とうなずくことにより、その現行を「南無阿弥陀仏」自体に見出した。よって、その大行は、

　大行とは則ち无碍光如来の名《みな》を称するなり。[102]〈原漢文〉

と表現された。しかも、次いで、

　然るに斯の行は大悲の願より出たり。[103]〈原漢文〉

と言われる。もちろん、これは上述のごとく、『唯信鈔文意』に、

　称名の本願は選択の正因たることこの悲願にあらわれたり。[104]

と述べられたとおりである。すなわち、「称名の本願」とは第十八願であり、その「乃至十念若不生者不取正覚」の願意がすでに、第十七の「悲願」より顕れたものであることを示しているのである。第十七願に称名の意義があることは上述のとおりである。

ところで、今、第十七願を「悲願」といわれるのは、そこに名号の成就が誓われているからである。されば「出たり」とか「あらわれたり」とは、正しく〈回向される〉ということである。従って、それはそのまま大行が第十七願に顕れて、回向成就されたことを意味し、この行がまったく自力のなすところではなく、ひとえに如来回向の大行であると示されたのである。ここに、称名念仏が真実の大行とされるゆえんがあるのである。

しかも、ここで第十七願より、行が回向されるということは、もちろん、行に内在する願心が回向されるという

ことである。親鸞においては、正しくこの如来の大悲願心を、名号自体に見出して本願念仏そのものの上に現行されたのである。それゆえに「大行とは即ち旡导光如来の名《みな》を称するなり」といわれるのである。无导光如来とは阿弥陀の徳名であり、それは無限の大悲願心を象徴する名である。従って、無限の大悲願心とは、「摂取不捨」の阿弥陀自体である。それゆえ、無限の大悲願心を衆生に表現したもうとは、ただ「旡碍光如来の名《みな》を称する」こと以外にないのである。

されば、「旡碍光如来の名《みな》を称す」とは、いかなる意義を持ち、何故にそういわれるのであろうか。

ところで、上述のごとく「称名」ということは第十七願の願文の上に直接確かめることができるのであるが、同じことを『観経』に確かめるとすれば、下々品の「具足十念称南無阿弥陀仏」というところである。従って、それによれば大行とは〈南無阿弥陀仏を称する〉こととすべきである。それを、親鸞はあえて、まず「旡碍光如来の名《みな》を称す」と言われている。本来、阿弥陀如来の徳名が旡碍光如来であることよりすれば、「南無阿弥陀仏」を称することも、旡碍光如来の名《みな》を称することも、本質的には何ら変わらない。事実、親鸞自身も両方とも用いられているし、われわれも日常、六字名号、十字名号、ともに用いている。しかし、ここでことさら「旡碍光如来の名《みな》を称す」といわれたのは、いかなる意図があったのであろうか。

すでに多くの先学が注意せられるごとく「旡碍光如来の名《みな》を称す」とは『浄土論』及び『浄土論註』に基づくものである。(105)『論』には、

彼の如来の名を称すること、彼の如来の光明智相の如くし、彼の名義の如くし、実の如く修行し相応せんと欲ふが故に。(106)〈原漢文〉

と言い、『論註』には、

「称彼如来名」とは、謂はく无碍光如来の名を称せよとなり。「如彼如来光明智相」とは、仏の光明は是れ智慧の相なり。此の光明は十方世界を照らしたまふに障碍あることなし、能く十方衆生の無明の黒闇を除くこと、日・月・珠光の但だ室穴の中の闇を破するが如きにはあらざるなり。(107)〈原漢文〉

天親菩薩、今尽十方无导光如来と言たまふは、即ち是れ彼の如来の名に依る、彼の如来の光明智相の如く讃嘆するなり。(108)〈原漢文〉

といわれる。すなわち、ここでは、如来の「光明智相」をもって、无碍光如来と称するのである。従って、そこには『大経』に説かれる十二光の智相をも含め、十方に称名を普く流行させ、十方衆生を光照するという意義が含まれているのである。また、それは「光明遍照」「光明無量」という意味において、『観経』『小経』にも同じく説かれているところである。

この伝統に基づいて親鸞は、无碍の願心、すなわち、無限の大悲心をもって大行の本源としたのである。それゆえ、ここで他力回向つまり、如来に照らされ、行じさせられることの本質を明確にし、往相回向の内容を顕さんがために、あえて「大行者則称无碍光如来名」といわれたのである。

従って、そこには无碍の願心を顕すことによって、称名念仏が他力回向の大行であるということを誤りなく、われわれに知らせたいという意図がうかがわれるのである。

しかし、言うまでもなく、无碍光如来とは阿弥陀如来の徳名である。従って、もちろん南無阿弥陀仏にも、また他力回向の義が具体的に顕されなければならない。それゆえ、親鸞は善導の六字釈に着目し、それに依りつつ、その帰命釈をもってこれを明らかにしたのである。それは、次のごとく述べられる。

しかれば南无の言は帰命なり。帰の言は至也、又帰説《エチ》なり、説《エチ》の字悦音帰説《サイ》なり。説の字税の音、悦税二の音告ぐる也、述《ノフ》也、人の意を宣述《ノフ》るなり命の言は業也招引也教也道也信也計也召也是を以て帰命は本願招喚の勅命なり、発願回向といふは如来已に発願して衆生の行を回施したまふの心なり、即是其行と言ふは即ち選択本願なり、必得往生と言ふは、不退の位に至ることを獲ることを彰すなり。[109]〈原漢文〉

すなわち、阿弥陀仏に南無（帰命）する心によって、自修的に称名するのではなく、南無そのものが「本願招換」の勅命なのである。「如来已に発願」された「選択本願」が「衆生の行」となって、「回施」（回向）される心なのである。ここに明らかに他力回向が読みとられているのである。従って、南無阿弥陀仏は如来より回向されたところの衆生の行であり、従来、言われてきた衆生より回向する自修の行とはまったく異なるのである。しかるに、それは衆生の行ではあっても、衆生からの行ではなく、衆生の業縁に対して、如来の願心が本願の行として、現行されたものである。

それゆえ、衆生の業縁に対して、現行された阿弥陀の相は、前にも掲げたが、

何《い》かに況んや、十方群生海、斯の行信に帰命すれば、摂取して捨てたまはず。故に阿弥陀仏と名づくると。是れを他力と曰ふ。

と領受されるのである。それは正しく、『小経』に説かれる。

彼の仏の光明は無量にして、十方の国を照らすに、障礙する所無し。是の故に号して阿弥陀為す。[110]〈原漢文〉

に基づくものである。阿弥陀は、選択本願すなわち、阿弥陀の大悲願心を衆生の上に現行して、はじめて阿弥陀となる。その具体相こそ南無阿弥陀仏の名号にほかならないのである。それは、親鸞によって、

十方微塵世界の
念仏の衆生をみそなはし

摂取してすてざれば
おさめとる。
ひとたひとりてなかくすてぬなり。せふはものゝにくるをおわえとるなり。せふはおさめとる。しゆはむかへとる。
阿弥陀となづけたてまつる。(11)

と讃ぜられるごとくであり、「ものゝにくるをおわえとる」ところの大悲心の顕現にほかならない。

かくて、他力回向そのものが「称旡碍光如来名」及び「南無阿弥陀仏」の上に確認されたのである。ここに、本願力回向の意義が開顕され、他力回向論が具体的に教示されているのである。

親鸞があえて冒頭に「大行とは則ち旡碍光如来の名を称するなり」といわれ、そしてその後に「南無阿弥陀仏」を釈された意趣も正しく、われわれに誤りなく他力回向の大行を領受させんがためであった。もし、親鸞にこのような意趣がなければ、われわれは、従来の念仏に対する概念に従い、それを自修的な行として、あるいは、呪術的、観念的なものとして領解したであろう。念仏は万徳の帰するところであるがゆえに、それ自体に、何か神秘的な力があるかのごとく受け取られて、その信仰そのものが、原始的な呪術信仰と同視されたであろう。如来の選択摂取された本願念仏が、このような呪術信仰でもなく、また、一念、二念という遍数を問題とする自修的な念仏でないことは、上を顧みて明らかなところである。その意味で、われわれは他力回向の大行を誤りなく、われわれに領受させようとした親鸞の温かき慈愛の心を忘れてはならない。

ところで、上来述べてきた大行について、親鸞は「称名」「名号」の両語を用いてそれを釈している。それゆえ一説には「称旡碍光如来名」からその「称」を除き、これを名号に帰して「名号大行」を主張する説がある。つまり、名号と称名を概念的・思弁的にとらえ、両者に差異を認めるものである。
もとより、それはすでに先学によって示されるごとく[112]、語義上のことであり、願意に基づいたものではない。すなわち、語義上では、名号は仏のみ名であり、称名はそのみ名を称える口称の行であるから、両者が異なるのは当然である。名号は仏の行であり、衆生の行ではない。従って、親鸞も「称名行」とは言うが、「名号行」とは言わない。しかし、名号は称えられるものであり、名号は明らかに「乃至十念」の称名である。如来は第十八願で「乃至十念」の称名を誓い、その願いを衆生に徹底させるために、諸仏をして称名させ、その名号を讃嘆させた。しかるに、諸仏はこれに応えて自ら称名し、その名号を讃嘆されたのは、もとより衆生をして称名させるためであり、称名は名号のいわれであって、名号は内容的に称名である。また、称名といえども、それは本願の名号にほかならず、われわれは本願の名号によって救われるのであるが、その実は名号を称えて救われるのである。従って、本質的には称名と名号は同じものである。それゆえ、第十七願の名号に「選択称名之願」という願名が建てられ、第十七願はそのまま称名の願とも解されて、そこに称名念仏の意義を持った大行が成就しているのである。

かくて、菩提心をもって成仏せしめんとしてきた従来の自修的仏教は、そのことと、それをなしえぬ衆生というそれ自体のもつ自己矛盾のために、まったく価値を失い、今、新たに衆生の救済そのことを本願とし、その無限の大悲心そのものを内容とする大行に絶対の価値が見出されたのである。この願力回向の大悲心こそ紛れもなく唯一、往生極楽の勝因である。しかるにそれは改めて、

願作仏心はすなわちこれ横の大菩提心なり。[113]（傍点筆者）

と呼ばれるのである。非本願であるがゆえに諸行（竪超・竪出・横出の菩提心）は廃され、彼の仏願に順ずるが故に、念仏一行（横超の大菩提心）が選び取られたその根本因由がここに明かされたのである。

結局、大行とは、本願そのものであり、如来の無限の大悲心が顕現したものにほかならない。すなわち、如来自らの願心の表現が、「回向」ということである。われわれは念仏を称えるといえども、それは、如来自らが如来の無限の大悲心をわれわれの上に現行しているにほかならない。されば、そこには自修的なものは何ら存在しない。にもかかわらず、それがあえて行と呼ばれるのは、そのこと自体が紛れもなく、唯一、涅槃に至る直道であったがゆえである。

以上、法然浄土教の行に関する三つの課題について考察してきた。それらは、いずれも勝劣難易の試解から生起したもので、根本的には選択の願心が問題となっており、親鸞はそのこと一つにすべてを費やしてきたといっても過言ではない。それが正しく他力回向論の確立である。従って、他力回向の大悲願心を領受することによって、第一の課題であった法然の不回向論もまったきを得、さらに第二の課題であった廃立釈もその真意が開顕されたのである。同時に、その展開の過程で必然的に、第三の課題であった選択本願に立つところの称名念仏の根拠が明らかにされたのである。そのことは、正しく『選択集』の冒頭に掲げられた「南無阿弥陀仏往生之業念仏為本」が開顕されたことにほかならない。念仏は、万徳の所帰、易行易修といえども、そこには観念的な概念、自修的な行為は何ら存在せず、ただ如来よりたまわったもの（回向）として、「摂取不捨のちかひ」のもとに、自力無効を信知させ、われわれの上に現行されていくのである。その現行ということにおいて阿弥陀は、阿弥陀と名づけられ、罪悪生死の凡夫は凡夫のままで涅槃界に帰入されるのである。

正しく、選択本願の行は、

明に知ぬ、是れ凡聖自力之行に非ず。故に不回向之行名る也。大小聖人・重軽悪人・皆な同しく斉しく選択大宝海に帰して念仏成仏すべし。(114)〈原漢文〉

と領解される。すなわち、これによって、従来の衆生から他に向かうということを概念とした「回向」は、「不回向」として否定され、逆に他（如来）より衆生に向かうという概念の「回向」が「他力回向」として、新たな価値を持ったのである。同時に、「行」についても従来の「行修」を概念とした「行」は、「非行非善」として退けられ、逆に如来より回向されるという概念の「行」が、「大行」として新たな価値を持ったのである。しかも、それが再び「行」という名で呼ばれるところに、称名念仏が、唯一、浄土真実の涅槃に至る直道であることを示しているのである。

かくて、称名念仏は大行となり、十方諸仏に称揚讃嘆された永遠普遍のものとなったのである。同時に、法然浄土教の課題は、すべてその願心に摂めとられ、ただ無限の大悲心のみが遍満する円融無碍の世界が開かれたのである。

しかし、そのことは、自身の内面において自力の無効を信知してこそ、真にそれが自己の救いの道となりうるのである。親鸞は、その自覚を、

いづれの行もおよびがたき身なれば、とても地獄は一定すみかぞかし。[115]　（『歎異抄』）

と告白している。それゆえに、他力回向の大行が領受されたのである。すなわち、そこでは、選択本願の領受そのものが内面的信仰意識として問題となるのである。その徹底した領受を、親鸞は、「聞」ということばで示された。

然に『経』に聞と言ふは衆生仏願の生起本末と聞きて疑心有ること無し。是を聞と曰ふ也。[116]〈原漢文〉　（「信巻」）

つまり、親鸞は、選択本願を「聞」という中に受けとめ、その中に大行の成就を見たのである。さらに、

如来の弘誓願聞信すれば。[117]〈原漢文〉　（「正信偈」）

聞といふは如来のちかひの御なを信ずとまふす也。[118]　（『尊号真像銘文』広本）

きくといふは、本願をきゝてうたがふこゝろなきを、聞といふなり。またきくといふは信心をあらわす御のりなり。[119]（『一念多念文意』）

と示されるごとく、「聞」とはすなわち「信」であり、選択本願を聞信することにおいて、初めて如来の願心すなわち大菩提心が領受されるのである。親鸞においては、そのこと一つに自己の救いのあり方を見たのである。従って、そこでは自ずと内面的信仰意識、つまり、純一な信心が問題となってくる。親鸞は、この信心を開示して、それもまた如来回向成就したもう大信であるという確認をするために、この「行」より、「信」を分説された。そして、そこには真実信心の本然の相を顕彰するために、自らの宗教経験をとおしての鋭い信心の批判が伴われていた。実に、「信」における如実、不如実の批判があったがゆえに、称名念仏を大行として仰ぐことができたのである。「本願のやう」をもって主題とした書が『唯信鈔』と名づけられていることのゆえんも、かくしてうなずけるのである。

註

（1）『真聖全』一―九二九。
（2）『同』一―九四一。
（3）『同』一―九四三。
（4）『同』一―九三七。
（5）『同』四―六八二。
（6）『浄土宗全書』八―六八〇。
（7）『同』八―六七七。
（8）『同』八―七四八。
（9）『真聖全』一―九五三。
（10）『同』一―九六七。
（11）『同』一―九四八。
（12）（13）（14）『同』一―九四九。
（15）『同』一―六六。
（16）（17）『同』一―九五〇。
（18）『同』一―九五一。
（19）『同』一―九八〇。
（20）『同』一―九九〇。

(21)『大日本仏教全書』一二四―一〇四〈原漢文〉。
(22)『浄土宗全書』八―六七五〈原漢文〉。
(23)『親鸞全』五、輯録篇(一)―一六五。
(24)『黒田の聖人へつかはす御文』『大胡の太郎実秀が妻室のもとへつかはす御返事』『大胡太郎実秀へつかはす御返事』『越中国光明房へつかはす御返事』等に見られる。
(25)『真聖全』一―九九三。
(26)『親鸞全』九、加点篇(三)―一七二。
(27)『真聖全』一―六五。
(28)『親鸞全』九、加点篇(三)―七。
(29)『真聖全』一―九三一。
(30)『同』一―九八八。
(31)『同』一―九八九。
(32)『同』一―九四六。
(33)中外出版編輯部編『明義進行集』―五七。
(34)『法然上人伝全集』―八〇。
(35)細川行信『真宗教学史の研究1』(一九八〇、法藏館)二七四～二七八頁参照。
(36)『親鸞全』三、書簡篇―一〇八。
(37)『同』三、書簡篇―一〇七。
(38)今日筆写の確認できるものは『唯信鈔』七本、『唯信鈔文意』五本。御消息に示される如く、文字どおり「ちからをつくしてかずあまたかきて」「かたがたへ、ひとびとにくだ」されたのである。
(39)『親鸞全』三、書簡篇―一一〇。
(40)『同』三、和文篇―七五。
(41)『同』六、写伝篇(二)―四二～四四。
(42)『同』六、写伝篇(二)―四四～四七。
(43)『六要鈔』(『真聖全』二―二三〇)根本的には浄影の『無量寿経義疏』による存覚の解釈。
(44)『親鸞全』六、写伝篇(二)―四五。
(45)『真聖全』四―七八四。
(46)『親鸞全』五、輯録篇(二)―二二九。
(47)『同』五、輯録篇(二)―二四八。
(48)『昭和新修法然上人全集』―六〇一。
(49)(50)『親鸞全』六、写伝篇(二)―四八。
(51)『同』三、和文篇―一八三。
(52)(53)『同』三、和文篇―一五五。
(54)『同』三、和文篇―一六三。
(55)『同』三、和文篇― 七五。
(56)『同』三、和文篇―一六一。
(57)『真聖全』一―九。
(58)『親鸞全』一―一七。
(59)安井廣度『教行信証本義』(一九五三、真宗大谷派安居事務所)六九頁参照。
(60)『親鸞全』三、書簡篇―七一、同様の記述が『末灯鈔』第十八通にも見られる。

(61)『同』三、和文篇―二一～二四。
(62)『同』三、書簡篇―一六三。
(63)『同』一―一七。
(64)『同』三、和文篇―一五八～一六一。
(65)『同』二、漢文篇―七。
(66)(67)『同』三、和文篇―一六四。
(68)『同』三、和文篇―四二（略本）、七四（広本）。
(69) 拙稿「親鸞教学における「諸仏」の地位」（『真宗研究』第二十三輯）参照。
(70)(71)(72)『親鸞全』二、和讃篇―三八。
(73)『同』一―一四二。
(74)『同』一―一九。
(75)『同』一―二三〇。
(76)『同』二、漢文篇―一八。
(77)『同』一―一九。
(78)『同』一―二三一。
(79)『同』二、和讃篇―三八。
(80)『同』二、和讃篇―六五。
(81)『同』二、和讃篇―一二。
(82)『同』三、和文篇―一五七。
(83)『同』二、漢文篇―一二四。
(84)『同』一―一四四。
(85)『同』三、和文篇―一一七、このほか『尊号真像銘文』略本、『一念多念文意』にも同様の記述がある。
(86)『同』三、書簡篇―一四、七八。
(87)『同』三、書簡篇―三〇、九八。
(88) 稲葉秀賢「便同弥勒と与如来等に就いて」（『大谷学報』一七―二）参照。
(89)『真聖全』一―三七二。
(90)『親鸞全』一―三八三。
(91)『同』一―一三八。
(92)『同』二、和讃篇―六六。
(93)『同』二、和讃篇―三〇。
(94)『同』九、加点篇（三）―一八三。
(95)『同』二、漢文篇―四七。
(96)『真聖全』一―二三。
(97)『親鸞全』一―六七。
(98)『同』一―六八。
(99)(100)『同』一―七一。
(101)『同』一―七六。
(102)(103)『同』一―一七。
(104)『同』三、和文篇―一六一。
(105) 住田智見『教行信証之研究』（一九八七、法藏館）一九一頁、稲葉秀賢『真宗概論』（一九六八、文栄堂）二七二頁、各参照。
(106)『真聖全』一―二七一。
(107)『同』一―三一四。

(108)『真聖全』一―二八三。
(109)『親鸞全』一―四八。
(110)『真聖全』一―六九。
(111)『親鸞全』二、和讃篇―五一。
(112) 安井廣度『教行信証本義』八二～八四頁参照。安井師は、次のごとき親鸞のことばの使用例に、伝統上、宗義上、名号と称名を同視する。(一)「念仏往生之願」と「弥陀の名願」、(二)「本願の念仏」と「本願の名号」、(三)「智慧の念仏」と「智慧の名号」、(四) 名号というべきところを「如来本願顕称名」(文類偈) という、(五) 称名というべきところを「名号は必ずしも願力信心を具せざるなり」(「信巻」) という。
(113)『親鸞全』一―一三三。
(114)『同』一―六七。
(115)『同』四、言行篇(一)―六。
(116)『同』一―一三八。
(117)『同』一―八七。
(118)『同』三、和文篇―七六。
(119)『同』三、和文篇―一二六。

第六章　如来と念仏

第一節　如来と念仏

一　如来

親鸞は「ただ念仏のみぞまこと」といい、自らの救いの根拠を、念仏一行に求めた。正しく、それは、聖徳太子の「唯仏是真」をそのまま、仏すなわち念仏と領解したことにほかならない。しかれば、何ゆえに親鸞は念仏を「まこと」と領解したのであろうか。

念仏とは、願生者の眼前に現われ来た如来そのものである。

　方便とまふすは、かたちをあらわし、御なをしめして、衆生にしらしめたまふをまふすなり。[1]（『一念多念文意』）

と示されるごとく、み名すなわち念仏とは如来そのものの動的な自己表現である。それゆえこれは「往相回向の大行」と領受されたのであって、『教行信証』「行巻」には、

　諸仏称名之願 浄土真実之行 選択本願之行[2]

と標挙し、続いて次のごとく開示しているところである。

　謹しんで往相の回向を按ずるに大行有り大信有り。大行とは則ち旡导光如来の名《みな》を称するなり。斯の行は即ち

是れ諸の善法を摂し、諸の徳本を具せり。極速円満す、真如一実の功徳宝海なり。故に大行と名づく[3]〈原漢文〉

すなわち、ここでは念仏を如来の第十七願に基づく往相回向の大行であると位置づけ、それゆえに、特に、「旡导光如来の名《みな》を称するなり」と領解している。無碍光如来のみ名とは親鸞がしばしばいうごとく、十方衆生の無明海に来現して十方衆生を摂取せずにはやまない阿弥陀如来の積極的な自己表現そのものである。それゆえにこそ諸仏称名の願を本願とし、衆生界に出生した「斯の行は即ち是れ諸の善法を摂し、諸の徳本を具せり。極速円満す」といわれ、続いて「真如一実の功徳宝海なり」と遂に、真如一実の究竟真実の世界に帰せられているのである。

それは、『選択集』に法然が如来選択の聖意について、

今試みに二義を以て之を解せば、一には勝劣の義、二には難易の義なり。初に勝劣とは念仏は是れ勝、余行は是れ劣なり。所以《ゆえ》は何《いか》ん。名号は是れ万徳の帰する所なり。(中略)次に難易の義とは、念仏は修し易く、諸行は修し難し。(中略)然れば則ち一切衆生をして平等に往生せしめんが為に、難を捨て易を取りて本願と為したまふか。[4]〈原漢文〉　(本願章)

と、勝劣難易の二義をもって示された選択本願論が究極において阿弥陀如来の「平等の慈悲」に帰せられるのと相応しているし、さらにそこでは念仏が、衆生不回向の行から阿弥陀如来の往相回向の大行として積極的に開顕されているのである。

すなわち、「万徳の所帰」の念仏は、「易行易修」ということにおいて、広く「平等の慈悲」に帰せられる。それゆえにそのことは親鸞において「真如一実の功徳宝海なり」といわれ、衆生回向なるがゆえに、続いて「大行と名づく」といわれたのである。されば、「真如一実の功徳宝海」こそ大行そのものを的確に言い表わしたことばである。

従って、今、特に「真如一実の功徳宝海」の義意を考察する上で、上述の課題に答えてみたい。
はじめに、まず如来の意義を確認してみたい。大乗仏教一般においては、

従如来生　解法如如(5)

と示されるごとく、空勝義諦の智慧は利他の慈悲として働き、有漏の衆生に来生する。しかるに、それは、如来の三身として説かれ、空勝義諦の智慧を法身とし、大乗菩薩行の完成態を報身、世俗有漏の世界に応じた態を応身とする。そして、その応身仏に釈尊を見るのである。

特にこの中の報身仏とは、真如一実が有限的な世俗界に媒介される利他の慈悲を表現するものであり、それは正に法身の智慧の世俗的な働き、あるいは実践として顕れるほかはない。

『大経』においては、この報身として阿弥陀仏を現わし、そして、その世界を説く。すなわち、そこでは法蔵比丘が四十八の本願を発こし、その五劫の思惟と永劫の修行を通して、遂にその本願を成就し、阿弥陀仏（無量寿仏）となったと説かれている。従って、『大経』においては、その菩薩行としての実践、はたらきを表わすものが法蔵菩薩の菩薩行、つまり四十八願とその成就である。そして、その因願酬報の仏が阿弥陀仏である。そのことを善導は『観経疏』（玄義分）に、

又『無量寿経』に云く。「法蔵比丘、世王仏の所に在しまして、菩薩の道を行じたまひし時、四十八願を発しき。一一に願じて言はく、若し我仏を得んに、十方衆生我が名号を称して、我が国に生まれむと願じて、下十念に至りて、若し生まれずは、正覚を取らじと云へり。既に仏に成りたまへり。即ち是れ酬因の身なり。(6)〈原漢文〉

と示す。すなわち、念仏往生の本願に酬報した阿弥陀仏である。それゆえ、親鸞は、

是を以て如来の本願を説きて経の宗致と為す。(7)〈原漢文〉

といわれるのである。

しかるに、「無量寿」を意味する阿弥陀仏の智慧は、十二の光明の徳号をもって表現される。光寿無量は正しく、智慧と慈悲として働く如来の意義を示すものである。

このように、如来とは、如より来生する智慧であり、それが法蔵菩薩の大乗菩薩行により、われわれの世界に働き、現行するのである。従って、われわれはこの智慧に出遇うことによって、煩悩具足のわが身が信知され、菩薩行の成就した本願によって凡夫のままに摂取されるのである。そして、そこに大悲を感得するのである。まず、ここに、従如来生した如来の意義を確認することができるのである。

二　真如一実功徳宝海

さて、上述の「真如一実の功徳宝海」にたちもどって考えてみると、『一念多念文意』には、

真実功徳とまふすは、名号なり、一実真如の妙理円満せるがゆへに、大宝海にたとえたまふなり。一実真如とまふすは无上大涅槃なり、涅槃すなわち法性なり、法性すなわち如来なり。宝海とまふすは、よろづの衆生をきらはず、さわりなくへだてず、みちびきたまふを、大海のみづのへだてなきにたとへたまへるなり。(8)

と釈される。すなわち、ここでも『選択集』の勝易二徳の領解を受け、上の「斯の行は即ちこれ諸の善法を摂し、諸の徳本を具せり」との領解と内容を同じくし、念仏は一実真如の妙理円満するがゆえに平等に衆生を導きたまうことが大宝海のごとくであるとたとえるのである。そして、一実真如を無上涅槃、法性、如来と転釈する。

このことは「証巻」、『唯信鈔文意』にもそれぞれ述べられる。

必ず滅度に至る。必ず滅度に至るは即ち是れ常楽なり。常楽は即ち是れ畢竟寂滅なり。寂滅は即ち是れ无上涅槃なり。无上涅槃は即ち是れ无為法身なり。无為法身は即ち是れ実相なり。実相は即是れ法性なり、法性は即ち是れ真如なり、真如は即ち是れ一如なり。(9)〈原漢文〉

涅槃おば滅度といふ、无為といふ、安楽といふ、常楽といふ、実相といふ、法身といふ、法性といふ、真如といふ、一如といふ、仏性といふ、仏性すなわち如来なり、この如来微塵世界にみち〳〵たまへり、すなわち一切群生海の心なり、この心に誓願を信楽するがゆへにこの信心すなわち仏性なり、仏性すなわち法性なり、法性すなわち法身なり。法身はいろもなし、かたちもましまさず。しかればこゝろもおよばれずことばもたへたり。(10)

もとより、これらは主として『涅槃経』によるものであろう。親鸞は特にこの経を重視したのであって、たとえば、「信巻」には処々に『涅槃経』を引用している。

『涅槃経』に言く。実諦は一道清浄にして二有ること无きなり。真実と言ふは、即ち是れ如来なり、如来は即ち是れ真実なり、真実は即ち是れ虚空なり、虚空は即ち是れ真実なり、真実は是れ仏性なり、仏性は即ち是れ真実なりと。(11)〈原漢文〉

との引用もその一例である。

親鸞において、一実真如とは、『涅槃経』に基づいて、涅槃・法身・法性・真実・仏性・如来そのものをさすものとみられる。そしてその如来について、上掲した「証巻」の本文に続いて次のごとく領解している。

然れば弥陀如来は如より来生して、報応化種種の身を示し現したまふなり。(12)〈原漢文〉

と。

つまり、阿弥陀如来とは如より来生し、そこから報応化種々の身を示現したまう仏であると領解されるのである。従って、それは単に一切の根源としての静なる「理」としてではなく、躍動する「如々」あるいは「悲智」の根源としての意味を持つものである。

しかれば、それはどのように領解されているのであろうか。

三　方便法身

親鸞は『唯信鈔文意』に、

この一如よりかたちをあらわして、方便法身とまふす御すがたをしめして、法蔵比丘となのりたまひて、不可思議の大誓願をおこしてあらわれたまふ御かたちおば、世親菩薩は盡十方旡导光如来となづけたてまつりたまへり。この如来を報身とまふす、誓願の業因にむくひたまへるゆへに報身如来とまふすなり。報とまふすはたねにむくひたるなり。(13)

と、述べ、『一念多念文意』にも上掲の文に続いて、

この一如宝海よりかたちをあらわして、法蔵菩薩となのりたまひて、旡导のちかひをおこしたまふをたねとして、阿弥陀仏となりたまふがゆへに報身如来とまふすなり。これを盡十方旡导光仏となづけたてまつれるなり。この如来を南旡不可思議光仏ともまふすなり。この如来を方便法身とはまふすなり。方便とまふすは、かたちをあらわし、御なをしめして、衆生にしらしめたまふをまふすなり、すなわち阿弥陀仏なり。(14)

と教示される。

すなわち、真如法性からかたちをあらわして、来生せる智慧が方便法身である。つまり、阿弥陀如来である。正

しく、それは「旡碍のちかひをおこしたまふをたね」とし、その「たねにむくひ」て現われるのである。しかも、それは、衆生をして、能く滅度に到らしめるがゆえにあえて「智慧」といわれ、同時に、この方便法身には、その智慧を「衆生にしらしめたまふ」という大悲心が働いているのである。それゆえ、阿弥陀如来は本願酬報の身であり、「御な」としてそれ自身を具現するのである。

ところで本願は「諸有衆生その名号を聞きて、信心歓喜せんことを乃至一念せん。至心に回向せしめたまへり。云云」と成就される。しかるに阿弥陀とは、

何《い》かに況んや、十方群生海、斯の行信に帰命すれば、摂取して捨てたまはず。故に阿弥陀と名づくると。是れを他力と曰ふ。(15)〈原漢文〉

と、あるいは、

十方微塵世界の　念仏の衆生をみそなわし　摂取してすてざれば　阿弥陀となづけたてまつる。(16)

と領解される。

しかし、阿弥陀の本願力、あるいは本願は、「十方衆生至心信楽欲生我国乃至十念若不生者不取正覚」と約束しながら、未だこの身は救われざるにすでに十劫正覚という。この矛盾を突破するもの、すなわち本願（約束）を仏自身果たし遂げんとし、成就せんとする力が、念仏としてここまで来るわれわれの称名である。従って私が念仏申す身となりえた時、つまり、私が仏に遇いえた時、その時こそ仏は真に成仏したといえるのであり、阿弥陀となったといえるのである。だからこそ、善導は「玄義分」釈名門に「無量寿」を解釈して、直ちに「帰命旡量寿覚」とまで、いうのである。私をして念仏せしめ、念仏の衆生を観じて摂取不捨する仏、すなわち、阿弥陀仏であり、無量光仏、無量寿仏である。それこそ親鸞において、善導の六字釈に基づいて、

しかれば南无の言は帰命なり。帰の言は至也、又帰説《エチ》なり、説《エチ》の字悦音帰説《サイ》なり。説の字税の音、悦税二の音告ぐる也、述《ノブ》也、人の意を宣述《ノブ》るなり命の言は業也招引也教也道也信也計也召也是を以て帰命は本願招喚の勅命なり、発願回向といふは如来已に発願して衆生の行を回施したまふの心なり、即是其行と言ふは即ち選択本願なり、必得往生と言ふは、不退の位に至ることを獲ることを彰すなり。(17)〈原漢文〉

と述べられるごとく、特に「南無阿弥陀仏」の南無・帰命が直ちに「本願招喚の勅命」と領解され、「阿弥陀仏者即是其行」が「選択本願これなり」とされるゆえんである。それ故に、念仏は必得往生の確信を成就せずにはおかないのである。まことに、ただ念仏をとおしてのみ一実真如は、われらの無明海に来生するのである。

そして、この無量無辺の願心は平等の慈悲として、光でもって表わされる。すなわち、『一念多念文意』には、

この如来は光明なり、光明は智慧なり、智慧はひかりのかたちなり、智慧またかたちなければ不可思議光仏とまふすなり。この如来、十方微塵世界にみち〳〵たまへるがゆへに无辺光仏とまふす。しかれば、世親菩薩は、盡十方无导光如来となづけたてまつりたまへり。(18)

と言い、また『唯信鈔文意』にも、上掲の引文に続いて、

この報身より応・化等の无量无数の身をあらはして、微塵世界に无导の智慧光をはなたしめたまふゆへに盡十方无导光仏とまふすひかりにて、かたちもましまさず、いろもましまさず、无明のやみをはらひ悪業にさえられず、このゆへに无导光とまふすなり。无导はさわりなしとまふす、しかれば阿弥陀仏は光明なり、光明は智慧のかたちなりとしるべし。(19)

と示される。

かくて、親鸞においては、阿弥陀如来とは、真如一実の功徳宝海から来生せる智慧であると領解されるのである。

正しく、それは如来真実が無明界に光となりて、つまり平等の慈悲（願心）として、来生するのである。それゆえ、親鸞は、

大行とは、則ち旡导光如来の名《みな》を称するなり。[20]〈原漢文〉

といい、念仏を大行とするのである。[21]しかるに「旡导光如来のみ名を称する」称名念仏が本願力回向の行であり、以て「浄土真実の行」であり、かつまた「選択本願の行」とされるゆえんは、念仏が「誓願の業因にむくいたまへる」（『唯信鈔文意』）ところの無碍光如来（報身如来）のみ名を称する行であるからである。念仏とは、本願を根拠とする念仏である。それゆえ、本願為宗・名号為体といわれるのである。

是を以て如来の本願を説きて経の宗致と為す。即ち仏の名号を以て経の体とするなり。[22]〈原漢文〉

同時に、

斯の至心は則ち是れ至徳の尊号をその体と為せるなり。[23]〈原漢文〉

と示されるごとく、念仏は本願三心の体ともされるのである。それゆえ、常に本願念仏とか本願名号といわれるのである。

かくて、念仏は如より来生せるもので、それゆえに万徳を具備する。つまり、真如一実の無限の智慧は阿弥陀として、すなわち「智慧の念仏」として十方衆生に回向され、現行されるのである。そのことが一如来生の妙理を円満するということである。ゆえに親鸞は、これを根本因由として、念仏をもって「まこと」とし、大行と名づけ、正定の業とされたのである。しからば、念仏とは、本質を一如来生そのものにおき、そこから躍動的に来生し、表現されたもの、つまり如来そのものの自己表現という一事にあるのである。念仏がこのように一実真如より来生せる行であればこそ、それは常に「浄土真実の行」であり、それが本願酬報の仏であるところの阿弥陀のみ名である

ことにおいて、必ず本願を契機とするのである。それゆえ、「選択本願の行」といわれるのであり、「よろずの善根みちきわまる」「功徳宝海」と呼ばれるのである。

しかれば、この一実真如が念仏として来生し、その念仏によって〝摂取せられた人〟つまり、「真如一実の功徳宝海」に帰入した人とはどのように見られるのであろうか。

四　如来とひとし

それについて、親鸞は次のようにいう。

天親菩薩、論を造りて説く。無碍光如来に帰命したてまつる。
修多羅に依て真実を顕して、横超の大誓願を光闡す。
広く本願力の回向に依て、群生を度せんが為に一心を彰す。
功徳大宝海に帰入すれば、必ず大会衆の数に入ることを獲。
蓮華蔵世界に至ることを得れば、即ち真如法性の身を證せしむと。[24]〈原漢文〉

すなわち、ここでは、『浄土論』により、無碍光如来の名をあげるとともに、本願力回向によって一心を領受して功徳大宝海に帰入すれば必ず真如法性の身を証せしむと述べるのである。言い換えれば、真如・法性こそ如来の根源であり、それがそのまま、同時に念仏者の至る究極の領域であるとするのである。

そして、そのことを具体的には、信心の人を指して、

真実信心をえたるひとをば、如来とひとしとおほせられてさふらふなり。[25]　（『末灯鈔』一五）

とか、

正定聚のひとは如来とひとしとまふすなり。浄土の真実信心のひとは、この身こそあさましき不浄造悪の身なれども、こゝろはすでに如来とひとしければ、如来とひとしとまふすこともあるべしとしらせたまへ、（中略）これは等正覚の弥勒とおなじとまふすによりて、信心のひとは如来とひとしとまふすこゝろなり。(26)

（『末灯鈔』三）

と述べる。このことは親鸞の消息の中では再三、言及されるところである。(27) 親鸞の場合、「同」と「等」では厳密にはその意味が異なるものとされ、(28) それゆえにただちにまことの信心を得る人がそのまま如来であるとは言えないものがある。しかし、これらによれば、如来の応身としての釈迦諸仏とともに、その中に信心の人をも含めていると見られるのである。「如来とひとし」とは〝如来に準ずる〟〝如来に含める〟の意味とも解されるものということができる。

つまり、親鸞においては、念仏（「ちかひのみ名」）を、如来が一如より来生し、衆生界に示現するための方便、あるいは「衆生に知らしめたまふ」契機として見、さらに、その光の届いた人までも、その心は「如来とひとし」と言うのである。念仏者の至る究極の領域もまた一実・真如海であり、真如法性を証することである。そこに、如来が至心をもって群生海に回施せられた相、つまり、一実真如の妙理円満、回向成就の相を見るのである。

以上、「行巻」の「真如一実の功徳宝海」ということより「如来」と「念仏」について問いを発こし、親鸞において、何ゆえに「ただ念仏のみぞまこと」かを考察してきた。特に念仏が「真如一実の功徳宝海」であるということは、それが「如より来生する」如来の行であり、本質的には如来の智慧の方便としての躍動的な示現、すなわち、如来自体の自己表現であるからである。それゆえ、「智慧の念仏」といわれるのであり、また、それゆえに念仏が勝易の二徳を持つのである。しかも、それが単に仏としてではなく、方便として「御なをしめして衆生にしらしめたまふ」契機となるところに、「平等の慈悲」と「悲願の成就」が感得できるのである。

特に念仏が如来の「往相回向の大行」と呼ばれるのは、それがはからいを超えたものとして「不可称不可思議」であり「無義を以て義とする」ものとの意であり、「選択本願の行」と呼ばれるのは、念仏が「誓願の業因にむくいたまへる」報身如来の名を称する行であるがゆえである。

かくて、念仏は本願力回向によって「真如一実から来生せる功徳宝海」であり、同時に念仏者もまた「功徳宝海に帰して」「如来とひとしく」真如法性を証するものである。

ゆえに、念仏は世俗の人間行の及ばざる如来の行として、「ただ念仏のみぞまこと」といわれるのであり、念仏をとおしてのみ摂取不捨の大悲を受け、真に無量寿仏は拝まれるのである。われわれは、念仏するところにのみ如来を知り、自己を知らされるのである。

第二節　「真実」の所在

一　至誠真実

「真実」を求めるとは、正しくわれわれの宗教的要求そのものにほかならない。先学は『大経』には法の真実が、『観経』には機の真実がそれぞれ顕現されていると教示する。

しかし、われわれは「汝、至誠真実であれ」という経意に基づき、自力を信じて厳しく、内外相応を求めようとしても、自己に対して誠実であればあるほど空しくその不成就を歎かざるをえない。至誠真実の所在を求めて迷っているのである。

り、

それは、親鸞とて同じであった。『教行信証』は、具さには『顕浄土真実教行証文類』と題され、そして冒頭よ

謹しんで浄土真宗を按ずるに二種の回向有り。一つには往相、二つには還相なり。往相の回向に就きて真実の教行信証有り。

夫れ真実の教を顕さば則ち『大無量寿経』是れなり。斯の経の大意は、弥陀、誓を超発して広く法蔵を開きて凡小を哀れみて選びて功徳の宝を施することを致す。釈迦世に出興して道教を光闡して群萌を拯ひ恵むに真実の利を以てせむと欲すなり。是を以て如来の本願を説きて経の宗致と為す、即ち仏の名号を以て経の体とするなり。(29)〈原漢文〉

とのことばで始まる。

そこには、苦難の末、やっと「真実」の所在を探しあてたという親鸞の自信に満ちた喜びが行間に溢れている。まさに、「顕真実」ということ一つのために親鸞は、その九十年の全生涯を費やしたといっても過言ではない。そして、その「顕真実」の教こそ真宗である。

ところで、親鸞の著述の中で「真実」ということばはたいへん多く使われている。たとえば、そのうち、熟語になっているものをいくつかあげて、その意味を知る手がかりにしてみると、「浄土真実」(「行巻」)、「他力真実」(『歎異抄』)、「浄土本願真実」(『愚禿鈔』)、「真実信心」(「信巻」)、「真実功徳」(『一念多念文意』)、「真実回向」(『浄土文類聚鈔』)、「真実信海」(『愚禿鈔』)、「真実報土」(「行巻」等) などがあげられる。これらの熟語、上に引用した「教巻」の文、さらには、『正信偈』の「依修多羅顕真実」などによって見てみると、親鸞の場合、「真実」とは、決してわれわれ衆生につくことばとしては用いられておらず、常に『大経』の世界、本願の世界、つまり、われわれの思議

の及ばない世界を指すものとして用いられている。すなわち、「真実」とは、常に仏・如来の範疇としてのものであり、如来につくものとして見られている。それは、『大経』のみが「真実の利」をわれわれに「恵む」との表現において、最もよく知らされるところである。

逆に、われわれの側に「真実」があるとするならば、それは相対的な意味合いでの「真実」となる。もし、仮に「真実」をこのように領解するならば、親鸞の言うことは、まったく矛盾だらけの言説になる。

たとえば、「教巻」では、上に引用した文のごとく、『大経』が真実の教であるという根拠を『大経』の大意に求めている。そして、それを直接『大経』の本文と、『如来会』『平等覚経』等の異訳経典を引いて確かめている。つまり、ここでは、『大経』に「恵むに真実の利を以てせむ」とあり、そこに「真実」と説かれているから、『大経』が真実の教である。そして、その異訳経典にも、「真実」と記されているから、それは確かであるとの論法である。

この場合、この「真実」を相対的な意味合いで用いたものとするならば、それは『大経』が真実の教であるとの証明にはならず、まったく親鸞の独善で『大経』が真実であると主張しているにすぎなくなる。その場合、少なくとも他の代表的経典との充分な比較検討がなされない限り、読む者には納得できないこととなる。――所詮、それでも充分な納得を得ることは不可能であるが――しかし、かかる場合では親鸞の世界は読みとることはできない。「真実」の所在がわれわれの側、つまり相対的世界にあるとするがゆえに、親鸞の世界を理解することができないのである。

されば、親鸞はいかにして、上述のごとき「真実」の所在を見出していったのであろうか。もとより、それに命をかけたのは親鸞ばかりではない。『親鸞伝絵』の、

三国の祖師おの〳〵この一宗を興行す。このゆゑに愚禿すすむるところ更に私なし。(30)

とのことばからすれば、三国の祖師すべてに同じことが言える。

しかるに、今は特に直接「真実」を問題とする善導の『観経疏』至誠心釈と、その部分を親鸞が読みかえていることに注目して、「真実」の所在と、親鸞がいかにしてそれを見出したかをたずねてみたい。

二　真実心

さて、『観経』において、直接的に機の真実を顕すものは三心釈である。その「散善段」の冒頭には、仏は次のごとく説く。

若し衆生有りて、彼の国に生まれんと願ぜん者は、三種の心を発して、即便ち往生す。何等をか三と為す。一には至誠心、二には深心、三には回向発願なり。三心を具する者は、必ず彼の国に生ず。(31)〈原漢文〉

この三心は、定善十三観を説き終え、散善上々品の冒頭に説かれるものであり、善導が、

又此の三心は亦た通じて定善の義を摂す。知るべし。(32)〈原漢文〉

と指摘するごとく、定散二善を一貫する願生者の具すべき条件であると見られる。その第一至誠心とは、真実心のことである。今、通常の読み方に従って、要をあげれば、次のとおりである。

(一)　経に云わく「一者至誠心」。至は真なり。誠は実なり。一切衆生の身口意業に修する所の解行必ず真実心の中に作す須《べ》きことを明さんと欲す。外に賢善精進之相を現じ内に虚仮を懐くことを得ざれ。(33)

(二)　正しく彼の阿弥陀仏因中に菩薩の行を行じたまひし時、乃至一念一刹那も三業に修する所皆是れ真実心中に作し凡そ施為趣求したまふ所亦皆真実なるに由てなり。(34)

(三)　不善の三業をば必ず須く真実心中に捨つべし。又若し善の三業を起こさば必ず須く真実心中に作すべし。

内外明闇を簡ばず。皆須く真実なるべし。故に至誠心と名づく。[35]

すなわち、ここでは、「真実心」を〈自らかくあるべし〉と領解して、それに励み、諸悪を制捨して、真実心の中に三業を作すべきであるとするものであり、日夜十二時身心を苦励して、真実なるべしと勧めるものである。つまり、外に賢善精進の相を現じて内外相応することが何よりも厳しく要求されている。

結局、それは虚仮不実のわが身を自策自励で清浄真実に相応させようとするものである。「真実」を衆生の範疇としてとらえ、衆生の力によって「真実の世界」を現出できるとの立場である。

しかし、かくのごとき立場が果たしてわれわれに可能であろうか。

いみじくも、同じこの至誠心釈の中で、

此の雑毒之の行を回して彼の仏の浄土に救生せんと欲せん者は、此れ必ず不可なり[36]〈原漢文〉。

と善導自身が言う如く、それは必ず不可である。それは、上の虚仮不実のわが身を自策自励で清浄真実に相応させようとする読み方の立場を全面的に否定するものである。

貪瞋邪偽奸詐百端にして悪性侵め難し。事蚰蝎に同じ。三業を起こすと雖ども、名づけて雑毒の善と為す。[37]

〈原漢文〉

と示されるように、三業の起行すべてが結局虚仮雑毒を免れえない現実であるからである。すなわち、自らの力を信じ、善を積んでも、それは所詮、雑毒の善となるのである。

もとより、われわれ自身においても、わが身の至誠真実を誇示し、内面の虚仮を外相の真実に相応させることがいかに難しく、空しいことかということは身をもって知るところである。しかし、現実には、われわれは抜き難き定散心をどうすることもできず、勢い自力を策励し、ここに内外相応の道を志求せずにはおれないのである。しかし、そのことが今、善導によって「必ず不可なり」と言われるのである。われわれは、冷ややかなひびきをもったこのことばの前に「無明長夜」を歎かざるをえない。

しかるに、善導は、

一者自利の真実、二者利他真実なり。自利真実といふは……。(38)〈原漢文〉

と、二利真実を立てたのである。正しくその底意は、わが身に真実なしと知ってただ彼の願力に乗じ、自利真実から利他真実に帰せしめようとするものであろう。自利真実とは、真実心の中に諸悪を制捨し、三業によってわが身を真実のごとくせんとするものである。上に述べた虚仮不実のわが身を自策自励で清浄真実に相応させようとする通常の読み方の立場と一致する。これに対し、ここでは利他真実があげられる。しかし、疏文において、利他真実については標文のみを掲げて何ら述べるところがなく、本書を未完の書とさえ思わしめるのである。されば、もはや自利真実には帰すことのできないわれわれは何処に疏文の真意を見出せばよいのであろう。すなわち、ここに疏文に応じた「真実」の究極的所在を明確にしなければならないという課題があるのである。

ところで、この課題を考える上において、善導の疏意の根底に流れる世界を考えてみたい。

上に問題としてきた『観経疏』は文字どおり、『観経』の注釈書であり、あくまで『観経』に則して説かれている。しかし、その根底には『大経』の本願をおき、その願意に基づいて、『観経』を解釈しているのである。たとえば、善導は「玄義分」では、明らかに「弘願と言ふは大経の説の如し」と言い、この「散善義」で三心を釈すにあたっても、

念念に捨てざるを、是を正定之業と名づく。彼の仏の願に順するが故に。(39)〈原漢文〉

是を仏教に随順し仏意に随順すと名づく。(40)〈原漢文〉

といい、さらには『観経疏』全般にわたる師の『観経』理解が、定散両門の教から大願業力を増上縁とする阿弥陀仏の無限大悲の領受へと深まっていることを考えあわせれば、あくまで『大経』の本願を根底においている。

このように、善導は本願三心にその底意を求めたがゆえに、三心釈の中核ともいうべき深心釈においても真実の深心の構造そのものを、次のように明らかにしているのである。

「二者深心」。「深心」と言ふは、即ち是れ深信の心なり。亦た二種有り。一には決定して、深く自身は現に是れ罪悪生死の凡夫なり、曠劫より已来《このかた》、常に没し常に流転して出離之縁有ること無しと信ず。二には決定して深く彼の阿弥陀仏の四十八願をもて衆生を摂受したまふこと、疑ひ無し、慮り無し。彼の願力に乗じて定めて往生を得と信ず。(41)〈原漢文〉

この釈文中、「深信の心」「亦た二種有り」とは、その構造を的確に示すことばである。即ち、深心とは深信であり、それは自身における深い罪悪生死の自覚をとおして自らの無有出離之縁の身を信じ、彼の願力に乗じて定んで往生を得ることを深く信ずということである。つまり、機法二種分別の信心の上に立って自身の罪悪生死の身、すなわち虚仮不実の身を信知し、阿弥陀の大願業力の救いの法を深信せよということである。

この場合、あくまで『観経』の経説を『大経』の世界で読みとり、しかも、自己の真実なき姿を厳しく見つめ、内に虚仮を懐いて、いかようにもし難い自覚から大願業力の世界に真実を求めている。従って、そこでは厳しい自覚を契機として、真実が、衆生の範疇から、如来の範疇へと転換されているのである。

善導の三心釈がかくのごとき方向性を持っていることを念頭において、疏文に述べられていない「利他真実」の内容（真実の所在）をたずねてみたい。

三　法然の「真実」

さて、上の課題を、法然の上にたずねてみた時、われわれは彼の著述を見る限り、明解な解答を見ることができない。

法然は『選択集』において「三心章」を開く。そこでは、一貫して「念仏の行者、必ず三心を具足すべき」と述べるものの、「外現賢善精進相……」の文を釈しつつも、外相の真実に内面を相応させるところの内外相応を説くに留まり、賢者法然の姿を思わせるだけである。また深心釈についても、疏文に従って「二種の信心を建立して[42]」〈原漢文〉と述べ、「まさに知るべし、生死の家には疑を以て所止と為し、涅槃の城には信を以て能入と為す[43]」〈原漢文〉と信の重要性を説くだけである。

しかし元来、法然においても善導と同じ弘願他力の真実心を領受していたと思われる。すなわち『観経釈』には、

今此の経の三心は即ち本願の三心を開く。爾る故は至心は至誠心也、信楽とは深心なり、欲生我国とは廻向発願心なり[44]。

といい、また『西方指南抄』にも、

観経三心、小経一心不乱、大経願成就の文信心歓喜と、同流通の歓喜踊躍とみなこれ至心信楽之心也と云り。これらの心をもて念仏の三心を釈したまへる也[45]。

と述べられるごとく、一応、『大』『観』二経の三心の同致を説き、根底には弘願の真実心が仰がれている。従って、法然においては、詳細な釈をしなかったというだけで、彼自身は誤りなく善導の真意を領解し、利他真実に帰していたのである。

思うに、善導、法然が『大経』弘願を根底におきつつも、定散に通じる三心から弘願他力の三心へと展開した事

実は、釈迦教要門を唯一の救いの道と信じて自心を策励していたわれわれに、弥陀教弘願の大悲感得の世界へと転入させる一つの信仰の道すじを示したものである。しかし、結果的にはそれが当面の定散自利の信心に則して綴られ、しかも疏文あるいは集文に詳細な説明を見ないため、われわれは三心を定散の領域でしか領解できず、苦悩の世界に留まることとなるのである。

四　利他真実

さて、「真実」の所在を善導の疏文を手がかりとして確認したのは親鸞である。しかし、それは直接的には、隆寛の教示に基づくものである。隆寛は、親鸞に先だち、まったく同じ方法、同じ立場で利他真実を確かめている。それは、彼の『散善義問答』あるいは『具三心義』で示されているとおりである。(46) だが、その隆寛の立場も、結果的には、親鸞によって、さらに展開されるところとなるので、今は親鸞の立場のみで考えてみたい。

親鸞は善導の疏意を確かめるにあたり、周到綿密な疏文の分析から始めている。親鸞撰述の『教行信証』「信巻」あるいは『愚禿鈔』にはその研鑽のあとが綿々と伝えられている。特に、『愚禿鈔』下巻では、標題のみで記載のなかった『観経疏』至誠心釈の「利他真実」について、次のように補っている。

利他真実に就きて亦た二種有り。

一には「凡そ施したまふ所趣求を為すは、亦た皆真実なり」と。

二には「不善の三業は必ず真実心の中に須《もち》ゐよ。又若《も》し善の三業を起さば、必ず真実心の中に作したまひしを須《もち》ゐて、内外明暗を簡ばず、皆真実を須ゐるが故に、至誠心と名づく」と。(47)〈原漢文〉

この二文は、至誠心釈の疏文を読みかえたものである。

上述のごとく、善導の真意が『観経』三心の経説をとおして、定散自力から弘願他力の世界を開かんとするにあることはいうまでもない。しかし、疏文が当面の定散自利の信心に即して述べられて「利他真実」が記されていない。しかるに親鸞はその真意を酌み、至誠心釈の疏文を読みかえることによって、利他真実の世界を領解したのである。それは、基本的には、「真実」とは如来の範疇のものであり、「真実」の所在は如来にあるとの立場である。

すなわち、まず、(一)「施」を仏に、「趣求」を衆生につくことばとして読みかえている。つまり、真実を施すのは仏、真実を趣求するのは衆生と見られており、真実はどこまでも仏の世界とみられている。(二) 次に、もと「すべからく……べし」と読まれていた「須」を「もちいる」と読み、「真実を須ゐる」あるいは「必ず真実心の中に作したまひしを須ゐて」と読みかえる。つまり、「すべからく真実なるべし」とは、自策自励の立場であり、「真実を須ゐる」とは、仏につく真実を衆生が須ゐるとの意であって、決して、衆生の自力に「真実」を迫るものではない。むしろ、「真実」とは如来より回施されるものとの立場である。

親鸞は、この二点に加えて、至誠心釈中、さらに次の二様の読みかえをする。

(三)「一切衆生身口意業に修する解行、必ず真実心の中に作したまへるを須ゐむことを」(48)〈原漢文〉

(四)「外に賢善精進の相を現ずることを得ざれ、内に虚仮を懐きて」(49)〈原漢文〉

いずれも、上の二例と同じ立場に立っての読みかえである。すなわち、(三)の読みかえは上の「二には……」とまったく同じく「須」を「もちいる」と読む。(四)の立場は、内面を「外現賢善」に相応させるのではなく、内面に虚仮を懐いているにもかかわらず「外現賢善」である自己を誡めることにおいて内外相応を説く。つまり、ここでは、むしろ真実にあらざる自己の自覚が要求されているのである。従って、自己に真実を迫る立場とはまったく逆である。

このように、「真実を須ゐる」とか、「施」を仏につくことばとしてみることは、明らかに弥陀の本願をもって、真実を仰いでいることを示す。つまり、凡夫の心を真実とするのではなく、あくまで本願（所帰の願）を真実と仰ぎ、それに随って、真実の願に帰する心（能帰の心）をも真実心とするのである。従って、まったく他力に依憑する信相である。

能帰の「施」が真実なるゆえに、所帰の「趣求」もまた真実であると領解され、能所異なるといえども、如来利他の行なるがゆえに、それが真実となるのである。つまり、われわれの三業に真実があるのではなく、「仏」の施したもうところ、「衆生の」趣求する場合においてのみ「亦た皆真実」なのである。

それゆえ、疏文は「皆真実を須ゐるが故に至誠心と名づく」と、「須」を「もちゐる」と読む独自の読み方でもって、教示されるのである。これによれば、われわれの三業所修の解行は「必ず真実を須ゐるが故に」至誠真実となり、「汝、至誠真実であれ」との仏意に叶うのである。

従って、「不得外現……」の読みかえも、わが身の不真実を自覚して、要門、定散行を改め、ただ大願業力に乗じて、利他真実に帰せよと述べられているのである。正しくわれわれは、利他真実の教示がなければ「彼の仏願に順ずる」ことも不可能に終わるであろう。

ここに、疏文は「自利真実」から「利他真実」へ価値転換され、利他真実の指摘によって、真実心がまったく、如来にあることが確かめられたのである。

かくて、親鸞においては、基本的には自利真実が自力を内容とし、利他真実が他力を内容としているものと領解されるのである。

もとより、われわれが尽きることなき定散心に目を向け、わが身の不真実を自覚することは至難のことである。

「奸詐百端」の不真実の三業をなすわれわれは、

浄土真宗に帰すれども
真実の心はありがたし
虚仮不実のわが身にて
清浄の心もさらになし
外儀のすがたはひとごとに
賢善精進現ぜしむ
貪瞋邪偽おほきゆへ
奸詐ももはし身にみてり
悪性さらにやめがたし
こゝろは蛇蝎のごとくなり
修善も雑毒なるゆへに
虚仮の行とぞなづけたる。(50)

と、悲歎せざるをえない。「不得外現……」の領解からすれば、凡夫は内に虚仮をいだくからこそ、内外相応の苦励を捨て、「利他真実」の道に赴かなければならない。言い換えれば、自力の行をもってしても、内外相応することができない。つまり、真実をつかむことはできない。しかるに、他力に任じ、回施される利他真実を須いる時初めてそれが願力の真実なるがゆえに内外相応して、決定して往生することを得ると説くのである。ここに、自力を策励して、虚仮なる内を外賢に相応させるべき定散の道は明らかに否定され、内なる虚仮を自覚し、利他真実の直道をたどれと説示しているのである。すなわち、真実はどこまでも如来の範疇であり、本願あるいは願心の中にあるものである。

このように、親鸞の至誠心釈は、われわれをして、定散から弘願へ、自力から他力へ導かんとする善導の真意を正しく伝えている。すなわち、自利の真実（相対）から利他真実（絶対）に帰せよ。利他真実の回施こそ「汝、至誠真実であれ」との仏意に叶った事実になりうることをわれわれにうなずかせるのである。われわれは疏文が当面、定散自利の信心に則しつつ綴られているため、如来利他の真実を直接知ることができなかったが、今、親鸞の読みかえによって、初めて真実の所在を確かめることができたのである。しかれば次にそのことを『教行信証』の「信巻」で確かめてみたい。

五　如来回向の真実心

親鸞は「信巻」において如来三信を釈する中、至心を至誠心、如来真実心との意で釈す。

至心と言うは、至とは即ち是れ真なり実なり誠なり。心は即ち是れ種なり実なり。明らかに知んぬ、至は即ち是れ真実誠種の心なるが故に、疑蓋雑はること无きや。[51]〈原漢文〉

もとより、至心のみが真実ではない。信楽も欲生心も三心すべてが真実心であり、それゆえ、すなわち一心だと説かれるのである。

しかし、直接的には、『大経』の「至心廻向」を「至心に廻向せしめたまへり」と読みかえ、また、

如来の至心を以て諸有の一切煩悩悪業邪智の群生海に回施したまへり。則ち是利他真心を彰はす故に疑蓋雑わること无し。この至心は則ち是至徳の尊号をその体とせる也。[52]

あるいは、

しかれば大聖の真言、宗師の釈義、信とに知んぬ、斯の心は則ち是れ不可思議、不可称、不可説、一乗大智願海、回向利益の真実心なり。是を至心と名づく。(53)〈原漢文〉

と述べられるように、「至心すなわち真実心」である。そして、それは「回向利益他」といわれるように、われわれの思議を超えた利他の願心そのものであるとの意である。あくまで如来の本願を唯一、真実と仰ぎ、衆生は、

无始より已来た乃至今日今時に至るまで、穢悪汚染にして清浄心无し、虚仮諂偽にして真実の心无し。(54)〈原漢文〉

と、不実のものとして見、真実はすべて如来の至心より回向されるものであると述べる。そしてその根拠に、上に縷々述べてきたところの、読みかえられた善導の疏文を文証として引くのである。

さらに、親鸞は、

既に真実と言へり。真実と言ふは、『涅槃経』に言く、実諦は一道清浄にして二有ること无き也。真実と言ふは、即ち是れ如来なり、如来は即ち是れ真実なり、真実は即ち是れ虚空なり、虚空は即ち是れ真実なり、真実は即ち是れ仏性なり、仏性は即ち是れ真実なりと。(55)〈原漢文〉

という。そこでは回向する主体、つまり、如来がそのまま真実であり、その回向された信心もまた真実である。従って、信心は仏性であり、しかるに仏性はもちろん真実であるとの意である。凡夫の心はどこまでも不真実であり、あくまで如来のみを真実と仰ぎ、如来より回向される心、すなわち、真実に帰する心、仏性をも真実心とするのである。従って、まったく他力に依憑する立場である。

そして、その真実は、名号を体としており、唯一、名号をとおして、われわれに回施されるのである。まさに、

これこそ善導の言う「真心徹到」[56]の信相である。

真実とは如来であり、それを表現するものは唯一、修多羅である。ゆえに、「修多羅真実功徳相に依りて」[57]〈原漢文〉と天親が言うように、浄土真実をそのまま、その世界とする『大経』のことばこそ、真実より流れ出た「如来如実の言」である。

真実の所在は決してわれわれ衆生の範疇にあるのではなく、常に如来の範疇にあり、常にわれわれの不真実を照らし、凡夫を自覚せしめることによって、利他真実の直道を回施しているのである。それが如来の願心である。それゆえ、われわれの如来に帰する心までも真実より流出したものと受けとられるのである。

以上、善導の至誠心釈、さらにはそこにおける二利真実の提示と親鸞の疏文の読みかえを手がかりに、真実の所在をたずねてきた。

親鸞においても、三心は信心の内景を説くものとして、重要な課題となっている。さらにその三心のうちでも特に至誠心釈に重きがおかれている。たとえば『愚禿鈔』においても、三心を一通り述べたあと、重ねて至誠心釈について述べており、また『教行信証』においても、三心は至誠心におさまるものとして見られ、特に至誠心釈を中心に述べられているごとくである。

それは、経意に反して、至誠真実でない自己が問題となり、いかにしてこの身に真実を成就できるか、つまり、真実心の所在そのものが究極のテーマとなっていたがためであろう。

その意味で、疏文の上で出遇った「一者自利真実、二者利他真実」の言は、親鸞の宗教的要求を真に満たす方向のものであった。

しかるに、それは、真実とは常に利他にあり、「真実を須ゐる」つまり、他力の回施によって、われわれは真実を成就することができるとの領解を導いたのである。結局、如来の願心に基づいての読みかえであったと言えよう。それは、親鸞自身がわれわれに自らの身証をとおして、衆生の三業は所詮、雑毒虚仮を出ないと信知せしめ、そのような自利真実を捨てて、如来利他の真実に随順せよと述べるものである。その意味で「汝、至誠真実であれ」と迫るのである。つまり、内外不相応の自己を信知し、悲歎の中から自力の相対的真実をひるがえして、普遍の利他真実に転入させる根本的な信相を教えているのである。この「真実」をたまわることこそ、われわれの真宗の学びである。

註

(1)『親鸞全』三、和文篇―一四六。
(2)『同』一―一六。
(3)『同』一―一七。
(4)『真聖全』一―九四三。
(5)『同』一―二九。
(6)『親鸞全』九、加点篇（三）―三二一。
(7)『同』一―九。
(8)『同』三、和文篇―一四五。
(9)『同』一―一九五。
(10)『同』三、和文篇―一七〇。
(11)『同』一―一一九。
(12)『同』一―一九五。
(13)『同』三、和文篇―一七一。
(14)『同』三、和文篇―一四五。
(15)『同』一―六八。
(16)『同』二、和讃篇―五一。
(17)『同』一―四八。
(18)『同』三、和文篇―一四六。なお、世親については、『浄土論』（『真聖全』一―二六九・二七一）参照。
(19)『同』三、和文篇―一七一。
(20)『同』一―一七。
(21)「无㝵光如来の名《みな》」とは「南無阿弥陀仏」である。両者は、同じことであるが、ここであえて、このみ名を用いられた理由は、光明智相を明示し、无碍の願心を顕すことによって、称名念仏が他力回向の大行であることを誤りなく衆生に知らしめたいという意図のためと思われる。住田智見『教行信証之研究』―一九一頁、稲葉秀賢『真宗概論』―二七二頁、

拙稿「選択と唯信―大行論生成の基礎的研究―」（『同朋学園仏教文化研究所研究紀要』三）各参照。
(22)『親鸞全』一―九。
(23)『同』一―一七。
(24)『同』一―八八。
(25)『同』三、書簡篇―九八。
(26)『同』三、書簡篇―六九。
(27)『末灯鈔』四・一四・一八、『御消息集』一八等。拙稿「親鸞教学における諸仏の地位」（『真宗研究』二十三）参照。
(28)稲葉秀賢「便同弥勒と与如来等に就いて」（『大谷学報』一七―二）参照。
(29)『親鸞全』一、教行信証―九。
(30)『真聖全』三―六五一。
(31)『同』一―六〇。
(32)『親鸞全』九、加点篇（三）―一八六。
(33)『浄土宗全書』二―五五。
(34)『同』二―五五。
(35)『同』二―五六。
(36)『親鸞全』九、加点篇（三）―一七一。
(37)『同』九、加点篇（三）―一七〇。
(38)『同』―一七一。
(39)『同』―一七九。
(40)(41)『同』―一七三。
(42)『真聖全』一―九六七。
(43)『同』一―九六七。
(44)『同』四―三五二。
(45)『親鸞全』五、輯録篇（一）―一二三。
(46)拙稿「親鸞教学の生成をめぐる一視点―隆寛の三心釈領解を中心として―」（『親鸞教学』三五号）参照。
(47)『親鸞全』二、漢文篇―一二一。
(48)(49)『同』二、漢文篇―一二一。
(50)『同』二、和讃篇―二〇八。
(51)『同』一―一一五。
(52)『同』一―一一七。
(53)『同』一―一一九。
(54)『同』一―一一六。
(55)『同』一―一一九。
(56)「序分義」『親鸞全』九、加点篇（三）―八四。
(57)『真聖全』一―二六九。

第七章　現生における死の超越

第一節　現生正定聚

さて、臨終正念を祈り、来迎引接をまつという生死分段の不安定な救いが果たして真の救いとなるのであろうか。祈ることによって、われわれの魂が安立するのであろうか。また祈る根本に生じ来る功利と打算の心はいかに解決すればよいのであろうか。単なる死の消極的な受容にとどまらず、死の超越、つまり、生死出離の普遍的展開が改めて問題となってくるのである。

親鸞は、従来の浄土教の未来救済の立場に対して、現生、つまり、現実生活の救いを述べる。

すなわち、それは、『大無量寿経』の第十八願成就文と呼ばれるところを依り処としている。

諸有衆生、其の名号を聞きて、信心歓喜せんこと乃至一念せん。至心に廻向せしめたまへり。彼の国に生まれんと願ぜば、即ち往生を得て不退転に住せん。唯だ五逆と誹謗正法とをば除く。(1)〈原漢文〉

そして、その理解を『一念多念文意』に、

即得往生といふは、即は、すなわちといふ、ときをへず日おもへだてぬなり。また、即はつくといふ、そのくらゐにさだまりつくといふことばなり。得は、うべきことをえたりといふ。真実信心をうれば、すなわち无碍光仏の御こゝろのうちに摂取して、すてたまはざるなり。摂はおさめたまふ、取はむかへとるとまふすなり。おさめとりたまふとき、すなわち、とき日おもへだてず、正定聚のくらゐにつきさだまるを往生をうとはのたまへるなり。(2)

と示す。

ここでは、まず、「即」の言が注意される。同じく『一念多念文意』の「致使凡夫念即生」の釈下に、

「即」は、すなわちという。ときをへず、日をへだてず、正定聚のくらゐにさだまるを即生といふなり。「生」はむまるといふ。これを「念即生」とまふすなり。また「即」は、つくといふ。つくといふは、くらゐにかならずのぼるべきみといふなり。世俗のならひにも、くにの王のくらゐにのぼるおば、即位といふ。位といふは、くらゐといふ。これを東宮のくらゐにゐるひとは、かならず王のくらゐにつくがごとく、正定聚のくらゐにつくは、東宮のくらゐのごとし。王にのぼるは、即位といふ。これはすなわち、无上大涅槃にいたるをもふすなり。(3)

と、釈される。この場合、「即」は、まず、即時の即、「ただちに」という同時即に解釈される。

それは、『教行信証』「行巻」の、

即の言は願力を聞くに由りて報土の真因決定する時剋の極促を光闡せる也。(4)〈原漢文〉

の解釈にも示されるように、時剋の極促を示す。つまり、死後ではなく、名号を聞いて、信心を得たその時、つまり、現生において、念仏した時、正定聚不退転に住すというのである。正定聚とは、正しく大涅槃に至ることが定まった聚り、不退転の位に立つということである。如来の真実心によって、穢悪汚染の自己が問われてきた時、さらに生死流転の虚仮なる自己が問われてきた時、その瞬間にただちに、不退転に住すというのである。

第二に「即」は、即位の即、つまり、つくと理解される。正定聚につくとは、正定聚の位につくという意であり、ただちに、つまり信心を獲た時、現生に正定聚の位につき、補処の菩薩と同じ位だと言うのである。

もとより、これは、必至滅度の願として、第十一願に願われており、その願文に、

設ひ我仏を得んに、国の中の人天、定聚に住し、必ず滅度に至らずんば、正覚を取らじ。(5)〈原漢文〉

とあり、成就文には、

其れ衆生有りて、彼の国に生ずれば、皆悉く正定の聚に住す。所以は何ん。彼の仏国の中には、諸の邪聚及び不定聚無ければなり。(6)〈原漢文〉

とある。従来の浄土教の理解ならば、「彼の国に生ずれば……」とあるから、彼土、つまり死後の問題となる。すなわち、浄土に往生して、正定聚に住し、しかる後に、成仏するという立場である。

これに対し、親鸞は、『教行信証』の「証巻」で、『大経』異訳の『如来会』の、

又言はく、彼の国の衆生、若し当に生まれむ者、皆悉く无上菩提薩を究竟し涅槃の処に至らしめむ。何を以ての故に。若し邪定聚及び不定聚は彼の因を建立せることを了知すること能はざるが故なりと。(7)〈原漢文〉

という経文によって、その深意を理解している。

つまり、『如来会』の「若し当に生まれむ者」という表現に注意し、これから彼の国に生まれんとする者と理解している。それは、いうまでもなく、此土、現実生の衆生である。『大経』の文を、その異訳経典である『如来会』の表現からさぐり、その深意を取ったのである。そして、ここに、この現実生を生きる衆生が信の一念に正定聚つまり、涅槃に至ることが約束された立場に住するという現生正定聚論の根拠を見出したのである。

このことを、親鸞は『一念多念文意』に詳しく述べる。すなわち、そこでは、『大経』『如来会』双方の第十一願

文、『大経』の成就文をあげ、続いて『如来会』の成就文を、

それ衆生あって、かのくににうまれむとするものは、みなことぐ〳〵く正定の聚に住す。ゆへはいかんとなれば、かの仏国のうちには、もろ〳〵の邪聚および不定聚は、なければなり。(8)

と、釈している。ここでも、はっきりと「かのくにに生まれんとするものは……」と述べられている。

さらに、そこでは続いて、

この二尊の御のりをみたてまつるに、すなわち往生すとのたまへるは、正定聚のくらゐにさだまるを、不退転に住すとはのたまへるなり。このくらゐにさだまりぬれば、かならず无上大涅槃にいたるべき身となるがゆへに、等正覚をなるともとき、阿毘抜致にいたるとも、阿惟越致にいたるとも、ときたまふ。即時入必定ともまふすなり。この真実信楽は、他力横超の金剛心なり。しかれば、念仏のひとおば『大経』には、「次如弥勒」とときたまへり。弥勒は竪の金剛心の菩薩なり。竪とまふすは、たゞざまとまふすことばなり。これは聖道自力の難行道の人なり。横はよこさまに、といふなり。超はこえてといふなり。これは、仏の大願業力のふねに乗じぬれば、生死の大海をよこさまにこえて、真実報土のきしにつくなり。「次如弥勒」とまふすは、「次」は、ちかしといふ、つぎにという。ちかしといふは、「弥勒」は大涅槃にいたりたまふべきひとなり。このゆへに、弥勒のごとしとのたまへり。念仏信心の人も大涅槃にちかづくとなり。つぎにといふは、釈迦仏のつぎに五十六億七千萬歳をへて、妙覚のくらゐにいたりたまふべしとなり。「如」はごとしという。ごとしといふは、他力信楽のひとは、このよのうちにて、不退のくらゐにのぼりて、かならず大般涅槃のさとりをひらかむこと、弥勒のごとしとなり。(9)

と、述べられる。つまり、ここでは、念仏信心のひとは、聖道自力の菩薩である弥勒も同じと釈されている。弥勒

とは、未来仏である。

さらに、そのことは、『愚禿鈔』に「必定の菩薩と名くる也」と述べられている。現生正定聚の念仏者は、『大経』によって、等覚の菩薩、つまり、未来に成仏が約束されている「弥勒と同じ」とされるのである。

また、それは、「諸仏と等し」とも言われる。『末灯鈔』第七通には、

まことの信心のひとをば諸仏とひとしとまふすなり。また補処の弥勒とおなじともまふすなり。(10)

と述べられる。信心を獲たものが、菩薩と同じであるとは、善導の言うところの〈凡夫が仮名の菩薩となり、無生忍を得る〉という説に符合する。

このように、念仏による生死出離の救いは、まさしく、現生の救いと理解されている。

もとより、それは、親鸞の独善ではない。「行巻」に示されるように、龍樹の「即時入必定」(『易行品』)、曇鸞の「入正定聚之数」(『浄土論註』)の理解に基づいているのである。

正定聚とは、往生という救済の自覚を得ることである。従来の浄土教のように、それが死後であるとするならば、現実生活は、永遠に救いとは無縁のものになる。現実生活と関係のない宗教は、普遍宗教ではない。現実生活の苦悩を救済してこそ、宗教の意義があるのである。

必ずやってくる死の問題は、生きている時に解決しておかねばならない。現生正定聚でなければ、無意味である。臨終を祈り、臨終を整え、来迎を求めても、それは、正しく、死にこだわり、とらわれている証である。生きている時に死の問題を問い、死のとらわれを超えてこそ、真に人生が充実してくるのである。死を超えるとは、死の不安を超えることである。長短にとらわれず、命のまこと、深さに目覚めることである。死を宣告され、死に直面した人が、逆に以後、充実した人生を送るのもこの立場である。死を実体化することなく、固執することなく、ある

がままなすがままの自然法爾の心境にて、死そのものがどうでもよくなる。なぜなら、すでに成仏することが約束され、無生の生に目覚めているからである。

善導の『往生礼讃』の「前念命終、後念即生」を、親鸞は、

本願を信受するは前念命終なり「即ち正定聚之数に入る」文

「即の時必定に入る」文

「又必定の菩薩と名くる也」文(11)

即得往生は後念即生なり。〈原漢文〉

と、理解する。前の念仏にて自力、つまり、エゴに固執した命を終え、後の念仏にて他力の生に即生する。つまり、無生の生、生死を超えた世界に生きると親鸞は理解する。正しく、本願に生かされる世界である。

第二節　摂取不捨

ところで、親鸞は、この救いの利益を、「摂取不捨の利益」ということばで表現する。この領解に改めて注目したい。

さて、親鸞の『観経』理解は、周知のとおりであるが、「化巻」に示されるごとく、要門釈迦教を表わす顕説と、弘願真実を表わす隠説との二面的理解である。その方便・真実両面を持つ『観経』について、

亦た此の経に真実有り、斯れ乃ち金剛の真心を開きて摂取不捨を顕さんと欲す。(12)〈原漢文〉

と示す。つまり、ここでは、『観経』そのものを、ただ摂取不捨の一点のみを顕す経典として見ているのである。

さらに、その「摂取」について、『浄土和讃』では、左訓によって、

おさめとる
ひとたひとりてなかくすてぬなり
せふはもの丶にくるをおわえとるなり
せふはおさめとる
しゅはむかへとる(13)

とまで述べる。仏縁なき生死罪濁の凡夫に対しても、如来からの回向による確かな救いのあることを説き示す文である。

さらに、親鸞においては、他力とか阿弥陀とは、摂取不捨の用《はたら》きそのものとしてとらえられている。すなわち「行巻」には、

いかに況はんや十方群生海、この行信に帰命すれば、摂取して捨てたまはず、故に阿弥陀仏と名づけると、これを他力という。(14)

といわれ、『浄土和讃』には、

十方微塵世界の
念仏の衆生をみそなはし
摂取してすてざれば
阿弥陀となづけたてまつる(15)

といわれる。阿弥陀の阿弥陀たる本質的理由は、摂取不捨の大悲そのものであり、他力の他力たる理由も摂取不捨

ということにおいてのみいわれるのである。

まことに、親鸞においては、真宗を、

誠なる哉、摂取不捨の真言超世希有の正法聞思して遅慮することなかれ。(16)〈原漢文〉

と、とらえ、

弥陀の誓願不思議にたすけられまひらせて往生をばとぐるなりと信じて、念仏まふさんとおもひたつこゝろのおこるとき、すなはち摂取不捨の利益にあづけしめたまふなり。(17)

という。従って、そこには何ら難しい行、つまり、念仏を数多くとなえることも、見仏を成就できる能力も必要としないのである。無力のものが、ただ無条件に救われていくことのみを言うのである。それでこそ、他力であり、阿弥陀であるというのである。まさに、真宗とは摂取不捨の救済そのものであるとまで言い切るのである。

言うまでもないが、親鸞において摂取不捨といわれる場合、『末灯鈔』第一通に、

真実信心の行人は、摂取不捨のゆへに正定聚のくらゐに住す。(18)

というごとく、それは現生においての得益である。『正像末和讃』には、

弥陀智願の廻向の

信楽まことにうるひとは

摂取不捨の利益ゆへ

等正覚にはいたるなり(19)

とある。親鸞においては、常に現生において信心を得る人が等正覚にいたるのであり、現生において「弥陀の誓願不思議にたすけられまひら」すと信じて、念仏申すときに摂取不捨の利益にあずかるのである。

もとより、親鸞が、救済の証を現生に見出したのは、『大経』成就文の「即得往生　住不退転」によることは周知のとおりであり、その現生正定聚、現生不退が親鸞教学の特質であることはいうまでもない。つまり、〝現生における摂取不捨〟、この点において、〝臨終正念、臨終来迎〟とはまったく異なる。臨終まつことなく、見仏の能力を持つことなく、来迎たのむことのない無条件の救済というところに普遍的展開を見るのである。このことは邪悪なこの身の現在に即する安住の場を開くこととなり、それこそ、真の救いとなるのである。

もとより、親鸞が何によって、この言を知りえたかといえば、言うまでもなく『観経』とともにそれを領解した『選択集』「摂取章」である。

しかれば、そこに引用される善導の三縁釈は、親鸞においては、『観経集註』を除いて一度も引用されていない。そのことは先学がすでに指摘するとおりである。

それは、三縁釈が要門的構造を持つといわれるが、それにもまして、その本願である『観経』の「念仏衆生摂取不捨」の言がそのままストレートに大悲、他力回向を言い表わしていると領解したからであると考えられる。もっと言えば、「摂取不捨」の真言を聞いて、わざわざ三縁釈を必要としないほど、ストレートに大悲の世界、他力の世界が感知できたものと考えられる。しかし、直接には、『選択集』所引の三縁釈があればこそ、親鸞はそれを手がかりとして、「摂取不捨」の真意をたずねることができたのである。

以上、われわれは、親鸞における救済の証としての摂取不捨を見た。そして、それが上来問題としてきた「来迎」とまったく違った普遍性を持ったものであることを見てきた。従って、次に摂取不捨を主張する親鸞は来迎というものをどのように見たかを考えてみたい。

第三節　親鸞における「来迎」の理解

上来述べてきたごとく、親鸞においては、来迎は、まったく否定されている。今、特に『末灯鈔』一をあげるならば、そこには次のように教示される。

来迎は、諸行往生にあり。自力の行者なるがゆへに。臨終といふことは、諸行往生のひとにいふべし。いまだ、真実の信心をゑざるがゆへなり。また、十悪五逆の罪人の、はじめて善知識にあふて、すゝめらるゝときにいふことばなり。真実信心の行人は、摂取不捨のゆへに、正定聚のくらゐに住す。このゆへに、臨終まつことなし、来迎たのむことなし。信心のさだまるとき、往生またさだまるなり。来迎の儀式をまたず。正念といふは、本弘誓願の信楽さだまるをいふなり。この信心うるゆへは、かならず無上涅槃にいたるなり。この信心を一心といふ、この一心を金剛心という、この金剛心を大菩薩心といふなり。これすなはち、他力のなかの他力なり。また、正念といふにつきてふたつあり。ひとつには、定心の行人の正念、ふたつには、散心の行人の正念あるべし。このふたつの正念は、他力のなかの自力の正念なり。定散の善は、諸行往生のことばにおさまるなり。この善は、他力のなかの自力の善なり。この自力の行人は、来迎をまたずしては、辺地・胎生・懈慢界までも、むまるべからず。このゆへに、第十九の誓願に、諸善をして浄土に回向して往生せんとねがふひとの臨終には、われ現じてむかへんとちかひたまへり。臨終まつことゝ、来迎往生といふことは、この定心・散心の行者のいふことなり。(20)

極めて明解な文であり、見るもの易しであるが、その要をあげれば、親鸞は来迎を否定する理由として、「真実信心の行人は、摂取不捨のゆへに、正定聚のくらゐに住す」ということをあげる。つまり、正念のゆえに摂取不捨、摂取不捨のゆえに正定聚というのである。すなわち、臨終来迎を退けて、正念（「本弘誓の信楽定まる」）の摂取不捨をいうのである。

つまり、ここでは、来迎とは、自力諸行として、厳しく否定する。しかし、次にあげるように一方では「もののにぐるをおわえとる」無条件の摂取不捨の大悲を底意にもった来迎釈をする。

すなわち、『唯信鈔文意』の「観音勢至自来迎」（『五会法事讃』）の釈下で、まず「自」について、

> 「自」は、みづからといふなり。弥陀无数の化仏、无数の化観音、化大勢至等の、无量无数の聖衆、みづからつねに、ときをきらはず、ところをへだてず、真実信心をえたるひとにそひたまひて、まもりたまふゆへに、みづからとまふすなり。また「自」は、おのづからといふ。おのずからといふは、自然といふ。自然といふは、しからしむといふ。しからしむといふは、行者の、はじめて、ともかくもはからはざるに、過去・今生・未来の一切のつみを転ず。転ずといふは、善とかへなすをいふなり。もとめざるに、一切の功徳善根を、仏のちかひを信ずる人にえしむるがゆへに、しからしむといふ。はじめて、はからはざれば、「自然」といふなり。誓願真実の信心をえたるひとは、摂取不捨の御ちかひにおさめとりて、まもらせたまふによりて、行人のはからひにあらず。金剛の信心をうるゆへに、憶念自然なるなり。この信心おこることも、釈迦の慈父、弥陀の悲母の方便によりて、おこるなり。これ自然の利益なりとしるべしとなり。[21]

と、自然の意味にとり、さらに、自然の利益として摂取不捨を説く。

続いて「来」について、次のように釈す。

> 来迎といふは、来は、浄土へきたらしむという。これすなはち若不生者のちかひをあらはす御のりなり。穢土

をすてゝ、真実報土にきたらしむとなり。すなはち他力をあらはす御ことなり。また来は、かへるといふ。かへるといふは、願海にいりぬるによりて、かならず大涅槃にいたるを、法性のみやこへかへるとまふすなり、法性のみやこといふは、法身とまふす如来の、さとりを自然にひらくときを、みやこへかへるといふなり。これを、真如実相を証すともまふす。无為法身ともいふ。滅度にいたるともいふ。法性の常楽を証すともまふすなり。このさとりをうれば、すなはち大慈大悲きわまりて、生死海にかへりいりて、普賢の徳に帰せしむとまふす。この利益におもむくを、来という。これを法性のみやこへかへるとまふすなり。(22)

そして、その救済の具体相をあらわす「迎」について、

迎といふは、むかへたまふといふ、まつといふこゝろなり、選択不思議の本願、无上智慧の尊号をきゝて、一念もうたがふこゝろなきを、真実信心といふなり、金剛心ともなづく。この信楽をうるとき、かならず摂取してすてたまはざれば、すなわち正定聚のくらゐにさだまるなり。このゆへに信心やぶれず、かたぶかず、みだれぬこと、金剛のごとくなるがゆへに、金剛の信心とはまふすなり。これを迎というなり。『大経』には、「願生彼国　即得往生　住不退転」とのたまへり。「願生彼国」は、かのくににむまれむとねがへとなり。「即得往生」は、信心をうればすなわち往生すといふ。すなわち往生すといふは、不退転に住するをいふ。不退転に住すといふは、すなわち正定聚のくらゐにさだまるとのたまふ御のりなり。これを「即得往生」とはまふすなり。「即」は、すなわちといふ。すなわちといふは、ときをへず、日をへだてぬをいふなり。(23)

と、現生正定聚・即得往生を意味するものとして領解する。まさに、来迎の言から、摂取不捨を学び、来迎とは即ち摂取不捨であるとまで領解しているのである。

そして、その釈は、重ねて、次の「聞名念我惣迎来」の釈下でも述べられる。

迎は、むかふるといふ、まつといふ。他力をあらわすこゝろなり。来は、かへるといふ、きたらしむといふ。法性のみやこへ、むかへゐて、きたらしめ、かへらしむといふ、法性のみやこより、衆生利益のために、この娑婆界にきたるゆへに、来をきたるといふなり。法性のさとりをひらくゆへに、来をかへるといふなり。(24)

結局、親鸞においては、来迎とは、法性のみやこへ来らしむことであり、すぐさまに正定聚に住することである。従って、「念仏衆生摂取不捨」も、「観音勢至自来迎」もまったく同じであり、仏自らが、われわれにまで、動的に来り現われ、一切衆生を自己に摂取し、同化せずにはおかないのである。

邪悪な衆生をみそなわし、真如法性から来生し、真実に帰せしめるべく迎えとるもの、それが来迎である。「来迎」もまた他力回向の救いそのものを表わす動的な表現であったのである。それは、生死罪濁の自己に出遇った者がたどりつく究極の世界におけることばであったのである。親鸞自身、他力、摂取不捨の大悲を仰ぐことができたからこそ、初めてこのことばがこのように見えてきたのである。

註

(1)『真聖全』一―二四。
(2)『親鸞全』三、和文篇―一二七。
(3)『同』三、和文篇―一四八。
(4)『同』一―四九。
(5)『真聖全』一―九。
(6)『同』一―二四。
(7)『親鸞全』一―一九七。
(8)(9)『同』三、和文篇―一二九。
(10)『同』三、書簡篇―七八。
(11)『同』二、漢文篇―一三。
(12)『同』一―二八八。
(13)『同』二、和讃篇―五一。
(14)『同』一―六八。
(15)『同』二、和讃篇―五一。
(16)『同』一―七。
(17)『同』四、言行篇―三。
(18)『同』三、書簡篇―五九。

(19)『同』二、和讃篇―一四八。
(20)『同』三、書簡篇―五九。
(21)『同』三、和文篇―一五八。

(22)『同』三、和文篇―一五九。
(23)『同』三、和文篇―一六〇。
(24)『同』三、和文篇―一六四。

第八章　生死出離の実存的展開

第一節　主体的世界への転入――他力の念仏――

親鸞の立場は、念仏によって、ありのままの自己が問われ、現生に一切のとらわれを離れて生死を超えていくという立場である。

従って、その念仏は、手段化されたり、呪術化されるものではない。むしろ、そのような不純な心が、自身に起こってくるからこそ、その信心の不純性を、如来の声としての念仏によって、臨終に至るまで、内面に問い続けていくものとして示される。親鸞においては、その純・不純のあり方が、来迎をいのるところのいのりに課題化され、信心純化の手がかりとされている。

上に述べてきたごとく、来迎は、「来迎引接の願」として、第十九願に願われ、三輩の文に成就するところである。だが、それはどこまでも、積んだ功徳の代償として、祈る立場であり、どこまでも死の瞬間にとらわれ、その安住を得ることに執着している。

それゆえ、親鸞は、来迎引接を願い、定散二善を内容とする第十九願を、

二善三福は報土の真因に非ず。[1]〈原漢文〉

然に常没の凡愚定心修し難し、息慮凝心の故に。散心行じ難し、廃悪修善の故に。(2)〈原漢文〉

と退ける。定散二善によって、来迎を祈り、福徳をたのむ立場は、厳しく否定される。しかし、その立場は、単に廃捨されるのではなく、

定散　三福　三輩　九品　自力仮門也。(3)

と、それは、方便仮門として位置づけられる。それは、親鸞自身の体験的な歩みから、なされたものである。その体験はいわゆる三願転入と名づけられている。具体的には、「化巻」に記されるところである。

すなわち、そこには、

是を以て愚禿釈の鸞論主の解義を仰ぎ、宗師の勧化に依りて、久しく万行諸善の仮門を出でて、永く双樹林下之往生を離る。善本徳本の真門に回入して偏へに難思往生の心を発しき。然るに今特《まこと》に方便の真門を出でて、選択の願海に転入せり。速かに難思往生の心を離れて、難思議往生を遂げんと欲ふ。果遂之誓良に由有る哉。爰に久しく願海に入りて深く仏恩を知れり。至徳を報謝のために真宗の簡要を摭《ひろ》ふて、恒常に不可思議の徳海を称念す。彌《いよいよ》斯を喜愛し、特《こと》に斯を頂戴するなり。(4)〈原漢文〉

と記される。その関係を図示すると、次頁のようになる。

第十九願とは、定散二善、万行諸善つまり、自らの理性と知性でもって、自分の価値を高め、死を超えていくことができるとする立場である。それは、釈尊の双樹林下の往生になずらえて、そう呼ばれている。しかし、その道に対し、親鸞は、韋提希と同じく「いずれの行も及びがたき身」と、及びがたい自己を自覚せずにはおれなかった。万行諸善によって、賢くなろうとすればするほど、つまり、力で死を超えようとすればするほど、自らが煩悩多き凡夫であることがいよいよ知らされてきたのである。

第十九願（要門）
万行諸善の仮門（方便）
双樹林下往生　　出
　　　　行は諸行（自力）　信は雑心（自力）

　　　　廻入・出
　　　　行の決判（純化）

第二十願（真門）
善本徳本の真門（方便）
難思往生
　　　　行は正行（他力）　信は雑心（自力）

　　　　信の決判（純化）

第十八願（弘願）
難思議往生（真実）　　転入
　　　　行も正行（他力）　信も正信（他力）

それゆえ、念仏に出遇ったのである。それが善本・徳本としての念仏である。このことはいわゆる諸行から念仏へという行の決判である。しかし、さらに今度は、その念仏を祈りの手段とする心が問われてきたのである。その真実の法（念仏）に照らされつつも、自らの抜き難き定散心、つまり、功利と打算の執心から抜けきれない立場――すなわち、本願の嘉号をもって、己が善根と為すがゆえに信を生ずること能わざるわれわれ――が課題になってくる。行は真実なれども、信は不純である。それが二十願で、難思往生と名づけられる。つまり、行は、諸行から念仏に変わったけれども、信は、変わらず、不純なままである。難思ではあるが、未だ義（はからい）の世界である。

だが、その信のあり方が批判され、課題化されてくるところに、二十願「果遂の誓の由」がある。その信は、罪福信と呼ばれ、親鸞においては、ことさら深く自己の課題とされている。そのことは、ほかならぬ執着心、とらわれからの完全な脱却である。その信の純化こそ、正しく、純粋他力の立場である。それを、今、親鸞は第十八願による難思議往生と呼ぶ。思議すべからず、つまり、思いもはからいも超えた立場である。

そのはからいを離れた世界とは、正しく無死無生の世界である。それは、「浄土はよき所」という価値観に基づき、それを祈る心すら、すでに否定されている。「臨終まつことなし、来迎たのむことなし」である。もし、「浄土はよき所」という価値観に立って、自らのエゴで浄土を求めるというのであれば、浄土を実体視しているのであり、念仏によって、除災招福のご利益を祈るのと少しも違わない。自らのはからいを離れるがゆえに、その世界を「選択の願海」と表現されるのである。

「選択の願海」とは、選択は如来選択、如来の摂取であり、願海とは、如来本願の広大さを示す。そのことは、逆に、自らのエゴ、我執を離れた世界という意であり、自己の思い、義（はからい）の範疇を超えた世界という意である。つまり、あるがまま、なすがままという自然法爾の世界である。

しかしながら、その利益を求めて祈る立場、つまり、定散心とか罪福信と呼ばれる立場は、執拗にわれわれの心に忍びこんでくる。その苦闘の跡が前の三願転入であった。その心に覆われることを親鸞は仏智疑惑という。それは、自らの意志で疑うというのではなく、自らの我執によって、その仏智に気づいていない立場を言っているのである。

不了仏智のしるしには
如来の諸智を疑惑して
罪福信じ善本を
たのめば辺地にとまるなり
仏智の不思議をうたがひて

自力の称念このむゆへ
辺地懈慢にとゞまりて
仏恩報ずるこゝろなし
罪福信ずる行者は
仏智の不思議をうたがひて
疑城胎宮にとゞまれば
三宝にはなれたてまつる[5]

仏智を了らないことが、疑惑であり、それがエゴに基づく称念（称名念仏）である限り、辺地懈慢界、疑城胎宮（エゴにとらわれた狭い世界、浄土の辺地）に留まって、仏法僧との出遇いがない。それゆえ仏恩を報ずる心もさらさらないと述べる。念仏に出遇いながらも、自らが執着心にとらわれ、その念仏を功利の手段としている立場である。つまり、いのちを私有化し、その自我的欲求を満たすために念仏を利用する立場である。

すでに『歎異抄』に、

念仏には無義をもって義とす。不可称不可説不可思議のゆへに[6]

と言われるように、親鸞の言う念仏とは、称ることも、説くことも、思議することもできない如来のはたらきである。自己のエゴ、我執を少しも雑えない。それゆえ、行も信も「たまわりたるもの」（本願力回向）、如来の念仏、他力の念仏といわれるのである。

従って、そこでは、いかなる執着もない、臨終も来迎もある意味ではどうでもよくなるのである。それすらとらわれない。実体的な命の思いを超えているのである。ただ、すべてを如来にまかせて、淡々と、あるいは、融通無碍に生きるのみである。いのちは与えられたものと思われてくる世界である。

だが、その世界に帰するのも、十九願、二十願の自力無効の体験があればこそである。それゆえ、それらを否定媒介、つまり「方便」と呼んでいるのである。

第二節　信心の純化による生死の超断──「横超断四流」──

ところで、このような立場を親鸞は、善導の「横超断四流」（『観経疏』）の言によって確認する。つまり、他力（「横」）で、即時に証果を得（「超」）、生・老・病・死（「四流」）を断つと述べる。

もともと、このことばは、『大経』によっている。『大経』では、悲化段において、「過度生死」の課題を、

横に五悪趣を截り、悪趣自然に閉じん。(7)〈原漢文〉

と説き、さらに、

極長生を獲、寿楽極り有ること無かるべし。(8)〈原漢文〉

と教える。そして、そこでは、横截されるべき五悪趣が詳しく説かれているが、それはほかならぬ、われわれ群萌の生死流転の相である。

そのことが、今、善導によって、

道俗時衆等　おのおの無上の心を発せども　生死甚だ厭ひ難く　仏法復た欣ひ難し
共に金剛の志を発して　横に四流を超断し　弥陀の界に願入して　帰依し合掌して礼したてまつれ。(9)
〈原漢文〉

と受けとめられたのである。すなわち、ここでは、四流を断つことが、無上心（菩提心）、あるいは金剛の志を発して、という形で領受されている。そのことは、それが「心」の問題、主体的世界において超えるものであるとの立場に立っている。

それゆえ、親鸞は、今、生死出離を明らかにするにあたり、信心（菩提心）のあり方を問う中で述べられる。

> 横超断四流と言ふは、横超は、横は竪超竪出に対す、超は迂に対し廻に対するの言《ことば》なり。竪超は大乗真実の教なり、竪出は大乗権方便の教、二乗三乗迂廻の教なり。横超は即ち願成就一実円満の真教、真宗是れなり、亦た横出有り、即ち三輩九品定散の教、化土懈慢迂廻の善なり。大願清浄の報土には品位階次を云はず、一念須臾の傾《あいだ》に速やかに疾く無上正真道を超証す。故に横超と曰ふなり。[10]〈原漢文〉

と述べる。つまり、広大な仏教を、「竪超」「竪出」「横超」「横出」で分類する。「竪」とは自力（エゴに立脚する立場）、「横」とは他力、「出」とは漸（次第々々に徳を積んで仏果を証する立場）、「超」とは頓（即時、瞬時に仏果を得る立場）という意である。

その中で親鸞は、自身において「竪超」「竪出」「横出」の三つの立場が「及び難き」道であることを自覚して、ただ「横超」、他力念仏しかないとの確かめをするのである。

しかも、この中で「横」の立場に立ちつつもそれに伴う信心のありようを批判して、定散心を旨とする「横出」を廃し、純粋他力の信心に立つ「横超」のみを立てている。

つまり「竪」あるいは「出」の立場は、どこまでも、エゴ、我執に基づく信心、つまり、利益を求める心であり、「横超」こそ他力によるはからい、分別心なき、如来の信心（仏心）であるという見方である。それゆえ、その立場に立てばこそ、四流を断つというのである。

「信巻」では、さらに、

「断」と言ふは、往相の一心を発起するが故に生として当に受くべき生なし、趣として更《ま》た到るべき趣なし、已に六趣四生の因亡し果滅す。故に即ち頓に三有の生死を断絶す。故に断と曰ふなり。「四流」は、則ち四暴流なり、又生老病死なり。(11)〈原漢文〉

と釈する。

「生として当に受くべき生なし、趣として更た到るべき趣なし」とは、実体的な生も、実体的な世界もないとの意である。主体的な信の確立しか、生死を過度する道はないのである。

このような厳しい信心の純化のあり方は、親鸞の自名をもって書題とする『愚禿鈔』の中でもなされている。『愚禿鈔』とは、図表的表現に終始し、文意が甚だ解し難い。だが、その示すところは、上巻は、一代仏教を前出の竪超、竪出、横超、横出という四つのパターンで相対的に分類し、自力無効の信知による「ただ念仏」という自覚において、他力横超、選択本願を絶対判として選んでいる。それは、いわゆる念仏に帰するという行の批判であり、歩むべき道の主体的選びである。

ところが、下巻では、同じパターンで自らの信心が決判されている。つまり、自らの信のあり方を例の四つのパターンで分類し、そこから忍び寄る竪超、竪出、横出の立場、つまり、定散心、罪福信を廃し、あるいは、それを方便として、横超他力すなわち、真実信心に帰した歩みが述べられているのである。

今、「信巻」に述べられる横超断四流による菩提心釈も、正しく、同じ立場に立つものである。そのありようは、行の批判から、信の批判へという方向性を持つ三願転入と基本的に同じ展開である。

従って、親鸞における信、つまり、横超他力の信とは、決して力み、祈る信ではない。逆に、如来回向のたまわりたる信である。

つまり、

信楽を獲得することは、如来選択の願心より発起する。(12)〈原漢文〉

といわれるように、衆生の起こす心ではなく、願より生ずる信である。それゆえ、その信は「聞く」ということによって成就すると示される。

『一念多念文意』に、

きくといふは信心をあらわす御のりなり。(13)

と言い、

また、「信巻」では、菩提心釈に先だって、

聞と言ふは、衆生仏願の生起本末を聞きて疑心有ることなし、是を聞と曰ふなり、信心と言ふは則ち本願力廻向の信心なり。(14)〈原漢文〉

と言うのである。

そして、そこでは続けて、その金剛の真心を獲得すれば、横に五趣・八難の道を超え、必ず現生に十種の益を獲ると述べる。すなわち、その十とは、

一には冥衆護持の益、二には至徳具足の益、三には転悪成善の益、四には諸仏護念の益、五には諸仏称讃の益、六には心光常護の益、七には心多歓喜の益、八には知恩報徳の益、九には常行大悲の益、十には正定聚に入る益なり。(15)〈原漢文〉

である。

もとより、これは、第十益にすべてが摂まるのである。いわゆる、上述の現生正定聚である。

さらに、親鸞は、「信巻」では、上述の横超断四流釈に次いで、「金剛心の行人」を「真の仏弟子」と名づけ、仮と偽に対す。もちろん、これはどこまでも主体的な立場におけるものであり、他者を仮・偽と批判するものではない。

そして、その大涅槃を超証すべき、真の仏弟子の引証に『往生礼讃』（善導）の、

前念に命終して後念に即ち彼の国に生まれて、長時永劫に常に無為の法楽を受く。乃至成仏までに生死を逕《へ》ず、豈に快《たのし》みにあらずや、知るべしと。(16)〈原漢文〉

の文を引き、さらに、真の仏弟子を、

真に知りぬ、彌勒大士等覚金剛心を窮むるが故に龍華三会の暁当に無上覚位を極むべし。念仏衆生は横超の金剛心を窮むるが故に、臨終一念の夕、大般涅槃を超証す。故に便同と曰ふなり。加之《しかのみならず》金剛心を獲る者は則ち韋提と等しく即ち喜悟信の忍を獲得すべし。(17)〈原漢文〉

と述べる。

すでに述べたように、親鸞は『愚禿鈔』において「前念命終後念即生」の文を「即得往生」の意と解し、現生正定聚論の証文としている。つまり、現生に死を超える立場の証文として見ているのである。そして、横超の金剛心を窮むるものは、韋提と同じ忍（さとり）を得、さらにそれゆえ「臨終一念の夕に大槃涅槃を超証す」と述べる。韋提の忍とは、喜・悟・信の無生忍であり、無生の命に目覚めることである。すでに第二章で述べたとおりである。

明らかに、これらの文は、他力の信心を獲たものは、現生に、無生無滅のさとりを得、無生の生に生きる。つまり、生死を超えることが、信心の純・不純にかかっており、同時にそれが、現生正定聚の内実であるという証左に

なるのである。いみじくも、それは、次の二首の『和讃』が最もよく示すところである。

　五濁悪世のわれらこそ
　金剛の信心ばかりにて
　ながく生死をすてはてゝ
　自然の浄土にいたるなれ
金剛堅固の信心の
　さだまるときをまちえてぞ
　弥陀の心光摂護して
　ながく生死をへだてける(18)

かくして、生死を超過する道を「金剛の信心」の獲得に求めた親鸞は、そのゆえをもって、大信の徳を、

長生不死《フシ》之神方《シンホウ》、忻浄厭穢之妙術(19)　（「信巻」）

とか、

除疑《ヂョギ》獲 徳之《ギャクトクノ》神方《シンポウ》、極速《ソク》円融之《ユウノ》真詮《セン》、長生不《セイフ》死之《シノ》妙術《メウジュチ》(20)　（『浄土文類聚鈔』）

と、最大限に讃えているのである。

第三節　真門の意義――「果遂の誓」――

親鸞教学において、真門とは言うまでもなく、第二十願によって開かれた世界であり、文字どおり、「我が名号

を聞きて、念を我が国に係けて、諸の徳本を植えて、心を至し廻向して我が国に生まれんと欲はん」とするものである。親鸞によるならば、それは正しく、「本願の嘉号を以て己《オノレカ》善根するがゆえに(21)」〈原漢文〉（「化巻」）といわれるごとく、心底に根ざした抜き難い定散心によるところの自力念仏の行者さえも、遂に果たし遂げずにはおかないという世界である。つまり、真門二十願は「果遂の誓」として、第十八願に対して転入する必然的意義を持つものである。それゆえ、親鸞は自らの救いについて、「化巻」に次のごとく述べられる。

是を以て愚禿釈の鸞、論主の解義を仰ぎ、宗師の勧化に依って、久しく万行諸善之仮門を出でて、永く双樹林下之往生を離る。善本徳本の真門に回入して偏へに難思往生の心を発しき。然るに今特《まこと》に方便の真門を出でて選択の願海に転入せり。速かに難思往生の心を離れて、難思議往生を遂げんと欲ふ。果遂之誓良に由有る哉(22)。〈原漢文〉

ところで、この表現は、いかにも、親鸞自身が自らの救いの歴程を時間的、もしくは年次的に記録あるいは、回顧されているごとくである。従って、古来、先学の間においてはそれを親鸞の生涯に配当し、その年次をめぐって、区々まちまちに論ぜられてきた。

しかし、それを年次的に配当しても、その前後に矛盾を生じることは周知のとおりである。すなわち、ここでは、

然るに今特に方便の真門を出でて選択の願海に転入せり(23)。〈原漢文〉（傍点筆者）

といい、また後序では、

建仁辛酉《シンイウ》の暦《レキ》、雑行を棄兮《テ》て本願に帰す(24)。〈原漢文〉

という。ところが、恵信尼文書(25)には、

さぬきと申ところにて「すざうりやくのためにとて」三部経の千部読誦をおもいたち、それを「みやうがうの

ほかにはなにごとのふそくにて、かならずきやうをよまんとするや[26]（一部取意）

とあり、自ら自力に堕していることを内省しておられる。

しかるに、他の先学は、この矛盾を説明するために、上掲の引文の「今」や「久」に着目し、さまざまな論議を重ねてきた。

もとより、これらの諸説は、いずれも、親鸞の救い、つまり従仮入真を歴史的、時間的なプロセスとして見るところに自ずと限界があり、上述の矛盾を突破することができない。つまり、三願による要・真・弘の三門を各々、時間的プロセスにおける段階的なものとして見るところに問題があるのであり、そうでないがゆえに、矛盾が生ずるのである。されば、それはいかに領解されるであろうか。今、特にその中核をなすところの真門における「行」と「信」の意義を考えることにおいて、その課題に答えてみたい。

さて、「化巻」には第十九願とともに、

阿弥陀経之意也

至心回向之願 不定聚機 難思往生[27]

と第二十願が標挙され、本文中『大』『観』二経の詳細な真仮批判の後、真門の行信について、

今方便真門の誓願に就て行有り、信有り。亦真実有り、方便有り。願は即ち植《シキ》諸徳本之願是なり。行者は此に二種有り。一には善本、二には徳本なり。信は即ち至心回向欲生之心是なり。[28]〈原漢文〉

と述べる。すなわち、行は「善本・徳本」、信は「至心廻向欲生之心」と教示される。

ところで、この二十願の行と規定される善本・徳本とはいかなるものであろうか。願文に、

十方の衆生、我が名号を聞きて、念を我が国に係けて諸の徳本を植えて、心を至し廻向して我が国に生まれん

と欲はん。果遂せずんば正覚を取らじ。[29]〈原漢文〉

とあることよりすれば、善本徳本とは「植諸徳本」の名号である。善本徳本を仏の名号とする他経の例は、支婁迦讖訳の『阿閦仏国経』にあることが慧琳あるいは深励によってすでに指摘されている。[30]誠に親鸞の領解の確かさがうなずかれるのである。すなわち「化巻」には、

善本は如来の嘉名なり。此の嘉名は万善円備せり。一切善法の本なり。故に善本と曰ふ也。徳本は如来の徳号なり。此の徳号は一声称念するに至徳成満し、衆禍皆な転ず。十方三世の徳号の本なり。故に徳本と曰ふ也。[31]〈原漢文〉

と釈される。

また、言うまでもなく『大経和讃』には「善本徳本」に左訓が施され、

いんゐをせんほんといふ　くわゐのをとくほんといふ[32]

と訓じられる。また『唯信鈔文意』には、

号は仏になりたまふてのちの御なをまふす、名はいまだ仏になりたまはぬときの御名をまふすなり。[33]

と釈される。このように親鸞の領解は、「善本」とは因位の嘉名、「徳本」とは果位の徳号とされるもので、因果の上に善本徳本は名号として領解され、

この仏の御なはよろづの如来の名号にすぐれたまへり、これすなわち誓願なるがゆへなり。[34]（『唯信鈔文意』）

と仰がれるのである。

しかるに、真門においては方便の機に対し、真実の法として名号が強調され、「名号の真門」（『大経和讃』）といわれるのである。

ところで、この善本徳本が真実の名号であるならば、それは「行巻」に説かれる第十七願成就の「称我名者」の名号と同じでなければならない。しかるに、親鸞は「行巻」に、

斯の行は即ち是れ諸の善法を摂し諸の徳本を具せり。(35)〈原漢文〉

と述べ、十七願の行が同じく、善本徳本を摂具することを教示しておられる。すなわち、第二十願所説の善本徳本の名号は、第十七願所説の大行の中に摂具され、ともに「あんらくしやうとにいたるまことのおしへ」(36)なのである。

ゆえに、第二十願は、

教は頓にして根は漸機なり。行者は専にして心は間雑す。故に雑心と曰ふ。(37)〈原漢文〉

といわれるのである。誠に「名号の真門」においては、行は真実であるといえども、信は疑蓋間雑の雑心である。

今、これを「化巻」に述べられる『小経』准知隠顕の釈から確かめてみると、

顕と言ふは、経家は一切諸行の少善を嫌貶して善本徳本を開示し、自利の一心を励まして、難思の往生を勧む。（中略）彰と言ふは真実難信の法を彰す。斯れ乃ち不可思議の願海を光闡して、無碍の大信心海に帰せしめむと欲す。(38)〈原漢文〉

と説かれる。上に確かめたごとく、「顕」における「善本徳本」とは、仏のみ名である。従ってそれは「彰」における「真実難信之法」であり、「不可思議の願海」に内具するものである。しかし、機についてみれば、『小経』は、「顕」の立場に「自利の一心」を説くところである。それゆえ、本来「堅牢」「不移転」「不散不失」「无二」(39)の真実信心を意味する「執持名号」「一心不乱」の経文も、定散自力の心を顕す言となるのである。本来、弘願真実を説き彰す『小経』を、かくのごとく領解するのも、不真実の機たるがゆえである。

思うに、われわれは真実の法を仰ぎつつも、その真実に帰し難く、疑蓋間雑し、自利の一心を励まんとするので

ある。正しく、

助正間雑の心を以て名号を称念す。(40)〈原漢文〉

といわれる立場である。「化巻」には、

凡そ大小聖人一切善人、本願の嘉号を以て己が善根とするが故に、信を生ずること能はず、仏智を了《さと》らず。彼の因を建立せることを了知すること能はざるが故に報土に入ること無きなり。(41)〈原漢文〉

と述べられる。真門においては名号は真実であるが、その真実の名号を己れの善根として、我がはからいのもとに信ずる。即ち、名号の善本徳本たるところにのみとらわれ、仏智をさとらぬのである。換言すれば、自己の功利と打算にとらわれ、仏の本願を本願として仰がないがゆえにまことの信が生起しないのである。つまり、名号に顕れた本願を信ずるのではなく、善本徳本で示される因果の徳、すなわち功能を得る方法のみを信ずるのである。ゆえにこの信はいうまでもなく雑心であり、真実の信ではない。存覚師がすでに『六要鈔』で、

此の経は是れ小経を指す。其の顕説とは、只善本徳本の功能を憑《たの》んで心を利他の願力に措《を》かず、自力の心を励す。此の分斉に約す。(42)〈原漢文〉

と教示するごとくである。されば、名号は、善本徳本をその所具として、広大智慧の名号といわれるが、われわれは功徳を求めず、仏智に目を向けて、名号の願力に全託すればこそ弘願の行者となるのである。名号は確かに因果の徳を備え、「万徳の所帰」である。しかし、その徳は憑んで自ら利するものではない。仏智を了って初めて本願により、利せられるものである。

しかるに、われわれは、名号の勝れていることを聞けば聞くほど、あるいは名号の徳多きことを聞けば聞くほどその勝徳を求め、その勝徳を得るために、遍数を重ね、そして、その遍数を信じざるをえない。

かくて、名号の功徳に対する功利と打算におぼれるわれわれは、如来に照らされつつも、自らその仏智を覆い、その名号の勝徳を聞けば聞くほど、自力の執心にとらわれ、選択の本願に帰すどころか、その功徳を憑み、あるいはその遍数のみを数えるのである。従って、現実にはただちに弘願に帰すことができない。誠に定散の機たるがゆえである。われわれは自らの救いを可称、可説、可思議の幻想の中に描く。そして、念仏の嘉名をもって、自力念仏行として自己の上に実現せんとし、また、自らの力において、信心を立てんとする。正しくわれわれは、名号（行）について立信するのではなく、功能について立信し、あるいは遍数について立信するのである。そこには、根源的ともいうべき、ただ執拗なる自力の執心があるのみである。

しかも、それがいかに執拗であるかは、親鸞における寛喜の内省によっても明らかである。

しかし、宗祖は、かくのごとき「自利一心」のわれわれがいかに劣機であろうとも、真実の法、すなわち名号を称え回向願生するのであれば、その往生を「ついにはたしとげむ(43)」と領解されるのである。

しかるに、それは次のごとく讃ぜられる。

至心回向欲生と　十方衆生を方便し　名号の真門ひらきてぞ　不果遂者と願じける(44)

果遂の願によりてこそ　釈迦は善本徳本を　弥陀経にあらわして　一乗の機をすゝめける(45)

定散自力の称名は　果遂のちかひに帰してこそ　をしえざれども自然に　真如の門に転入する(46)

むろん、このことは、「無碍の大信心海に帰せしめむと欲す」〈原漢文〉という『小経』そのものの核心を見定めた経典理解に基づくものであることは言を待たない。

されば、この本能的ともいうべき、ぬぐいさることができない極めて執拗な自力の執心が強ければ強いほど、逆に第二十願果遂の誓に顕れた仏の大悲心がいっそう深く仰がれてくるのである。

すなわち、自力の執心との対決は、それが真剣であればあるほど、逆に、人をして自力の不成就に導き、その能力の限界、つまり、自力無功を信知せしめ、自己の疑蓋間雑する現実をありのままに知らせるよりほかにないのである。人は、ここから自力回向心をひるがえして、弘願他力の純一信心の世界に転入せざるをえないのであって、そこに、自らを真実に帰せしめた如来の大悲心がいっそう深く仰がれてくるのである。「化巻」において、この第二十願を「既にして悲願、有《い》ます」(47)〈原漢文〉と言われたゆえんが、ここにあるのである。

さらに、三願転入の結釈の文を見るならば、

果遂之誓、良に由へ有るかな。爰に久して願海に入りて深く仏恩を知れり。(48)〈原漢文〉

の文をもって、願海転入と大悲感得の喜びを示している。

存覚師は、それを釈して、

果遂とは、此の如く展転して仮より真に入る、方便の門を出でて真実の門に入る。即ち果遂の願の成ずる所なり。(49)〈原漢文〉

という。真門行信の意義は、「仮」のわれわれをして、「仮」に気づかさせ、「をしえざれども自然に」弘願真実に展転して入らしめることにあるのである。真門行信とは、真実の法に照らされつつも、自らの抜き難き定散心、つまり功利と打算から抜けきれないわれわれ、――すなわち、本願の嘉号をもって己が善根となすゆえに信を生ずること能わざるわれわれ――をして、そのまま、所修の行、すなわち弘願真実に帰せしめ、逆にそのことによって、信心を純化させるという「信」の批判を意図するのである。つまり、真門とは、「行」と「信」が不一致であるということを出発点として、逆に「信」を純化し「行」「信」を一致させんとする中で、如来の大悲心に気づかせる世界である。すなわち、それは「行」が真実として仰がれるゆえにわれわれの雑心は批判され、本質的にそれが真

実へと転成させられるのである。それゆえ、「をしえざれども自然に真如の門に転入」させられるのである。

されば、すでに先学が示すごとく、[50]二十願果遂の誓と、十八願若不生者のちかひは、基本的には、方便と真実であるが、共に念仏往生ということを一つの軸として、両願の極めて近い相応が成り立ち、むしろ、果遂の誓こそ、より定散心の間雑するわれわれの現実に即した、より具体的な悲願であるとさえいえよう。

ところで、親鸞は、「化巻」において真門を結釈するにあたり、『往生礼讃』の文を引く。すなわち、善導は『往生礼讃』に雑修十三失の意味を述べ、そして、

又、相続して彼の仏恩を念報せざるが故に、心に軽慢を生ず。[51]〈原漢文〉

という。それを親鸞は取意して、

真に知んぬ、専修にして雑心なる者は大慶喜心を獲ず、故に宗師は彼の仏恩を念報すること無しと云へり。業行を作すと雖も心に軽慢を生ず。常に名利と相応するが故に、人我自ずから覆ほて同行善知識に親近せざるが故に、楽《この》みて雑縁に近づきて往生の正行を自障障他するが故にと云へりと。[52]〈原漢文〉

と述べる。ここに、善導の言をもって真門そのものの本質が示されているのである。それは、

助正ならべて修するをば　すなわち雑修となづけたり　一心をえざるひとなれば　仏恩報ずるこゝろなし

仏号むねと修すれども　現世をいのる行者おば　これも雑修となづけてぞ　千中无一ときらはるゝ[53]

と讃ぜられる。真門の信とは、正しくわれわれの本能的ともいうべき極めて執拗な執心であり、離れざるものである。だが、そこに果遂の誓がある。しかし、それ故、以て本願の正機となって救われるといえども、それは決して真実ではなく、あくまで方便である。しかるに今、雑修と名づけられ、千中無一ときらわれるのであり、また、大慶喜心を得ずといい、仏恩報ずる心なしといわれるのである。従ってそこには、強い抑止に通じた如来の大悲心が

仰がれるのである。

されば、この大悲心に照らされつつ、現実には、悲歎と慚愧によって、真如の門に転入されていくのである。

それ故、親鸞は真門の本質ともいうべき四失に次いで、

悲しきかな垢障の凡愚、無際より已来《このかた》助正間雑し、定散心雑するが故に出離其の期无し。自ら流轉輪回を度るに微塵劫を超過すれども仏願力に帰し叵《がた》く大信海に入り叵し。良《まこと》に傷嗟すべし、深く悲歎すべし。(54)〈原漢文〉

と、自ら深い悲歎述懐の言を記すのである。そこには、先の真門の本質に対して自己自身が照らし出され、現実の自己が千中無一ときらわれる存在以外の何物でもないことが、深い悲しみをもって告白されるのである。もとより、この一一の文が善導の疏文を彷彿させることはいうまでもない。「出離其期无し」「仏願力に帰し叵く」「大信海に入り叵し」「良に傷嗟すべし」「深く悲歎すべし」とは、自らの救われ叵い絶望的現実を自覚した、厳しい痛傷のことばにほかならないのである。

ところで、今ここで想起されるのは、善導の『般舟讃』のことばである。

念念に称名し常に懺悔すべし(55)〈原漢文〉

常に慚愧を懐いて仰いで仏恩を謝せよ(56)〈原漢文〉

すなわち、常に慚愧の念を懐いて、常に称名を称え仏恩を謝せよとのことである。正しく、それは、

信心の人におとらじと　疑心自力の行者も　如来大悲の恩をしり　称名念仏はげむべし(57)

の依り処となるものである。それは自我が否定され、絶望的現実にある悲しむべき傷むべき二十願の機に対し、果遂の誓から発せられた大悲の勧励である。しかるに、それは、必ず真如の門に転入せしむという必然的意義を有するものである。

かくて、真門においては常に定散心間雑する自らを慚愧し、常に仰いで如来の仏恩を謝し、称名念仏に励むべきであるという実践的意義が明らかにされたのである。

さて、次に、上掲の「相続して彼の仏恩を念報する」とはいかなることであろうか。特に「相続」ということばに着目してみたい。

親鸞が真門結釈段で「常に名利と相応する」といい「人我自ずから覆ほて」といい、さらに「楽《この》みて雑縁に近づきて」というごとく、執拗に生ずる雑心に対しては、慚愧の心もまた常に起こされるべきであり、称名念仏もまた常に称えられるべきである。それゆえに称名行が相続されるのである。

しかるに、真門とは弘願に転入するための時間的、前段階的なプロセスではなく、われわれに執拗な自力の執心が存する限り、いつでもどこでも生起するものである。しかし、それは常に深い慚愧の思いを懐いて称名念仏することによって、自然に真如の門に帰せられていくのである。

今、そのことを親鸞の足跡に問うならば、

建仁辛酉《シンイウ》の暦《レキ》、雑行を棄兮《テ》て本願に帰す[58]〈原漢文〉

と示されるごとく、建仁元年に真実の法に値遇した。もちろん、それが「ひとたびの回心」といわれるものであり、それゆえに、称名念仏すなわち、真実の行に帰すことができたのである。しかし、執拗なる自力の執心は絶えることなく、常に湧き起こったであろう。しかるに、それが、寛喜の内省として告白されることとなったのである。同じく『歎異抄』でも、唯円とともに、

念仏まふしさふらへども踊躍歓喜のこゝろおろそかにさふらふ[59]

と、自力執心の愚身を自覚されたのである。つまり、親鸞においては、雑行を棄てて、本願に帰したといえども、

やはり臨終の一念に至るまで常に、自力執心への慚愧の念と、弘願転入の歓喜の念とが相互に生じたことと思われる。それは否めないことである。それゆえ、ことさら果遂の誓をもって良に由あるものとして仰いでおられるのである。

思うに、人は教頓機漸の真門から、如来の大悲心によって弘願真実に転入するといえども、やはり、また常に生ずる執拗な自力の執心によって、疑蓋を雑え、そこから再び自力に堕すであろう。その時、人はただ厳しくわが身の不真実を悲痛し、慚愧の念を持って称名念仏するよりほかに道はない。その念仏こそ、真実なるがゆえに、再び自然に真如の門に転入し、この上ない歓喜の心を得るのである。煩悩尽き難きがゆえに常にこれを繰り返し、常にまた弘願真実に帰すことができる。そこに不退転としての立場があるのである。親鸞の「称名念仏はげむべし」との勧励も、ここにその意義があるのである。すでに存覚師が「不行而行」[60]といわれるごとく、信心の相続も慚愧、慶喜、すなわち間断、持続あいまって、相続されていくものである。

されば「をしえざれども自然に　真如の門に転入する」とは、逆に自らが自力の執心によって真門にあるということを反顕しているのであり、同時にそれをも摂めて、捨てじという如来の大悲心を表現しているのである。

されば、人は真門から弘願に転入するといえども、時間的あるいは段階的に隔てて入るものではなく、常に雑から純、仮から真、漸から頓という信心浄化の作用として、臨終の一念に至るまで限りなく続けるのである。なぜなら、われわれの雑心が臨終の一念に至るまで限りなく生じ、とどまることを知らないがゆえにである。臨終の一念まで自力執心の悲歎がある以上、常に定散自力の心に根ざした根源的矛盾を孕みつつ、同時にその必然的意義から常に獲信の喜びを感得するのである。

かくて、われわれは真実の行を仰ぐが故に常に慚愧の念を生じ、同時に、行が真実なるゆえに常に獲信の喜びを獲るのである。慚愧、歓喜、交々に生じ来って、「をしえざれども自然に」信の純化がまっとうされるのである。ここに真門の「行」「信」の意義がうかがえるのである。

第四節　浄土の内景——「心は浄土に遊ぶ」——

すでに見てきたごとく、「横超断四流」とは、「すでに六趣・四生、因亡じ果滅す」ものとされる。無生に目覚めるのであるから、六道も四生もない。「生として当に受くべき生なし。趣としてまた到るべき趣なし」である。生も死もない。無滅である。その意味では、現在における獲信の内景であり、決して未来に得る境地ではない。しかし、自らの肉体は現存する。つまり、「臨終の一念に大般涅槃を超証す」との確信において、現在にその利益を得るのである。すなわち、現在において、すでに死が先験されているのである。

正しく、「信に死し、願に生きる」（曽我量深）のである。救いが、現在に成就するのである。

ところで、経典には浄土の所在について、二つの所説がみられる。第一は『無量寿経』と『阿弥陀経』の所説である。『無量寿経』には、

仏、阿難に告げたまわく、法蔵菩薩、今すでに成仏して現に西方にまします。此を去ること十万億刹なり、その世界を名づけて安楽という。(61)〈原漢文〉

と、また、『阿弥陀経』には、

その時に、長老舎利弗に告げたまわく。これより西方に、十万億の仏土を過ぎて世界あり、名づけて極楽と曰う。その土に仏まします。阿弥陀と号す。今現にましまして法を説きたまう。(62)〈原漢文〉

と説かれ、浄土とは、はるか西方に、十万億の仏土を過ぎた世界であると説かれる。

しかし『観無量寿経』の所説は、いささか異なる。

その時に世尊、韋提希に告げたまわく、汝、いま知れりやいなや、阿弥陀仏、此を去りたもうこと遠からず。(63)

〈原漢文〉

と。

明らかに、『大』『小』二経の所説と『観経』の所説は、逆の表現である。共に『浄土三部経』でありながら、両者は矛盾することを説いているのであろうか。

ところで、善導は、この矛盾を会通するために、『観経疏』に三つの解釈をあげている。

「阿弥陀仏不遠」と言ふは、正しく境を標して以て心を止むることを明かす。即ち其の三有り。一には分斉不遠、此より十万億刹を超過して、即ち是弥陀之国なることを明かす。二には道里遥かなりと雖も、去く時一念に即ち到ることを明かす。三には韋提希及び未来有縁の衆生、心を注めて観念すれば、定境相応して、行人自然に常に見ることを明かす。斯の三義有るが故に不遠と云ふなり。(64)〈原漢文〉

第一に、分斉不遠の説である。分斉とは、分極斉限で、際または境界をいうのである。つまり、西方極楽世界とこの娑婆世界との境界が遠くないことをいうのである。阿弥陀仏の浄土は十万億仏土を隔てているけれども、これを諸仏のほかの浄土に比べて、この娑婆世界から境界をみると、阿弥陀の浄土はむしろ近い方である。それゆえ、釈尊は分斉不遠といわれたのであるとの説である。

第二は、往生不遠の説である。もとより、西方浄土は、十万億仏土を隔てているから道程は遠いけれども、命終われば、ただちに往生することができる。この往生の早いことから、此を去りたもうこと遠からずといったのであるとする説である。

第三に、観見不遠の説である。定善の観法をもって心に極楽浄土を見るときは、観ずる心の上に観ぜられる浄土が浮かんで、心と浄土が遠くないように一つになる、との領解である。

一方、懐感は『群疑論』六に、この「去此不遠」について、次のように十の説をあげている。

問うて曰く、何が故ぞ『称讃浄土経』には西方は此世界を去ること百千倶胝那庾多の仏土を過ぎたりと説く。此れ即ち四遠の中には是れ處遠なり。『観経』には乃ち阿弥陀仏、此を去りたもうこと遠からずと言へる。二文相違す。請ふ、其義を辨せよ。釈して曰く、案ずるに極楽の邦は此世界を去ること百千倶胝那庾多の仏土なり。誠に處遠と為すべし。不遠と言へるは自から別義有り。聊か十釈を陳べて以て斯の文を会せん。一には仏力不遠、二には方便不遠、三には応現不遠、四には自心不遠、五には守護不遠、六には有縁不遠、七には本願不遠、八には来迎不遠、九には往生不遠、十には不放逸不遠なり。(65)〈原漢文〉

懐感の説は、善導の説からの展開である。このうち、善導のいう観見不遠は、『観経』の「汝まさに繫念してあきらかに彼の国を観ずべし」という経意に相応している。懐感のいう自心不遠も、『観経』には「是心作仏、是心是仏」といい、また、本願不遠も「かの如来の宿願力のゆえに、憶想することあれば、必ず成就することを得る」と、共に経意に相応していると言えよう。善導の他の二説は特に浄土の客観的意義を示そうとしたものであり、懐感の他の説もそれからの展開である。

しかし、われわれは今ここで、釈尊が韋提希に「汝、今、知れりやいなや」と呼び掛けているところに注目したい。「我に思惟を教えたまえ、我に正受を教えたまえ」と請う韋提希がすでに目覚めているのではないかという釈尊の予感をも意図する呼び掛けである。それに対して「阿弥陀仏、此を去りたもうこと遠からず」とは、苦悩の衆

生のある所に、必ず大悲の如来ましますことを表わすものである。それを親鸞は「化巻」で、

諦観彼国浄業成者と言へり。本願成就の尽十方无碍光如来観知すべしとなり。(66)〈原漢文〉

と領解しているのである。そして、その事実が「除苦悩法」として韋提希が住立空中の阿弥陀仏を見たてまつったことにほかならない。

阿弥陀仏が空中に住立するとは、「法性のみやこより、衆生利益のためにこの娑婆界にきたる」(67)(『唯信鈔文意』)ことであり、自力無効を信知して、絶対無限の妙用に乗託することである。「信に死し、願に生きる」(曽我量深)ことである。また、『観経』ではそれに先立って「唯、願はくば世尊、我ために広く憂悩なき処を説きたまえ。我、当に往生すべし」と哀願する韋提希に対し、釈尊は来現した浄土を見土させている。もちろん、これは経典であるがゆえに象徴的表現である。浄土を心に観見、憶想させているのである。

つまり、浄土を実体的な死後の世界と受けとるのではなく、そのような有無のとらわれを離れ、本願を覚知した時に感知されてくるものとしてである。

いみじくも、一休宗純が、親鸞の二百回忌の御遠忌を勤めた蓮如を訪ねて詠んだと伝えられる次の歌が、そのあたりをよく示している。

阿弥陀仏　悟ればすなわち去此不遠
　迷えば　はるか西にこそあれ

禅的な表現であるが、浄土を実体的世界と見て、追い求めるのではなく、自己の価値観が転ぜられ、つまり、人間の思いや分別心が破れたとき、足下にその世界が見えてくるという領解である。「ひっくりかえったら浄土やった」とは、多少おおげさな言い方であるが、苦悩の状況に対する価値観が転換されることによって、その事実その

ものが苦と認識されなくなった状態である。つまり、苦の原因である虚妄が本願によって虚妄と知らされ、それが晴れたらもはや苦でなくなるというのである。煩悩を持ち続ける身であるから穢土にいることには変わりはないが、心はすでに無生無死の浄土ともいえよう。

親鸞は、最晩年つまり、正嘉元年（一二五七年・聖人八十五歳）十月十日に、性信房宛てに次のような手紙を書いている。

浄土の真実信心のひとは、この身こそあさましき不浄造悪の身なれども、こころはすでに如来とひとしければ、如来とひとしとまふすこともあるべしとしらせたまへ。弥勒すでに無上覚にその心さだまりてあるべきにならせたまふによりて、三会のあかつきとまふすなり。浄土真実のひとも、このこころをこころうべきなり。光明寺の和尚の『般舟讃』には信心のひとは、この心すでに、つねに浄土に居すと釈したまへり。居すといふは、浄土に信心のひとのこころつねにゐたりといふこころなり。これは弥勒とおなじといふことをまふすなり。これは、等正覚を弥勒とおなじとまふすによりて、信心のひとは如来とひとしとまふすこころなり。(68)

（『末灯鈔』三）

もともと、この文は善導の『般舟讃』によっている。そして、「この身こそあさましき不浄造悪の身」なれども、「信心のひとは、この心すでに、つねに浄土に居す」と言う。身は此土であるが心は浄土に居す。滅び行く身をもちつつも、心は不生不滅の浄土に居しているというのである。

また、同様のことが「帖外和讃」の、

超世悲願をききしより

われら生死の凡夫かわ

有漏穢身はかわらねど
心は浄土に遊ぶなり(69)

にも、「心は浄土に遊ぶ」と詠われている。

資料的にみれば、上の正嘉元年十月十日性信房宛ての消息では、このことを善導の『般舟讃』を根拠に述べている。もとより、『般舟讃』は、建保五年（一二一七年・聖人四十五歳）に、仁和寺から発見され、最初に刊行されたのは、貞永元年（一二三二年・聖人六十歳）である。(70)

そこでは心識の立場から、

厭へば則ち娑婆永く隔たる。忻へば則ち浄土に常に居す。(71)〈原漢文〉

と記される。

『般舟讃』を親鸞がいつ頃目にしたかは定かではない。しかし、『教行信証』には引用してあるが、帰洛後で晩年と考えるのが妥当である。晩年、思索を深める中で『般舟讃』からの示唆を受けて、このように「信心のひとは、この心すでに、つねに浄土に居す」と理解されていったと考えられる。また、そういう中で、上の「帖外和讃」も作られたのではないだろうか。もとより、この和讃は常楽台から発見された存覚書写本しか残っていないし、『三帖和讃』にも入っていない。上の理由で『三帖和讃』などより成立が遅かったと考えられるが、真作かどうか、疑問も残っている。

ともあれ、『般舟讃』を依り処に、正嘉元年（一二五七年・聖人八十五歳）十月十日に性信房宛ての消息では「信心のひとは、この心すでに、つねに浄土に居す」といわれ、浄土往生について、それまでとは若干違ったニュアンスの記述がなされているのである。

「この心すでに、つねに浄土に居す」とは、心はすでに浄土に往生していることになる。それを、今、親鸞は「居すといふは、浄土に信心のひとのこころつねにゐたりといふこころなり」と言う。そして「これは弥勒とおなじといふことをまふすなり」と言い、「信心のひとは如来とひとしとまふすこころなり」ともいう。

人は信心を獲得し、現生正定聚に住して、生死の苦悩を超えても、なお、臨終の一念まで生死の中に生きている。有漏穢身を持ちつつ、生死の中に居る限り、凡夫であり、仏ではないし、穢土であって浄土ではない。決して、娑婆が浄土ではない。しかし、信心を得たことによって、すでに「心は浄土に遊」んでいるのであり、「心はすでに、つねに浄土に居す」のであるから、浄土がその信心の人に来現しているのである。その人は韋提希のごとく浄土を見土しているのである。従ってその人にとっては浄土は「去此不遠」であり、眼前に浄土が開けてきたのであり、往生に等しいのである。しかし、それはどこまでも、主体的立場における事柄であって、決して、客観的、実体的に受け止めるものではない。浄土は決して、死後の実体的な大霊界のごときものではないことはいうまでもない。

先学が「往生は心にそなわり、成仏は身にそなわる」（曽我量深）といわれた深意も、「心すでに、つねに浄土に居す」の領解からすれば、まったく相応する。

このような立場は、従来の浄土教の善根功徳を積んで死後に不退転の位に住し、しかる後の未来に浄土往生するという立場とは大きく異なる。どこまでも信心獲得による他力の目覚めによるものである。

信心の人に対して、現生に仏の方から、つまり、「法性のみやこより、衆生利益のため、この娑婆界にきたる」はたらきかけによるところの「往生」について、『尊号真像銘文』には、

ひごろかの心光に摂護せられまいらせたるゆへに、金剛心をえたる人は正定聚に住するがゆへに、臨終のときにあらず。かねて尋常のときより、つねに摂護してすてたまわざれば、摂得往生とまふすなり。(72)

と、示される。「正定聚のくらゐにつきさだまるを往生をうとはのたまへるなり」という往生が他力往生であるがゆえに、敢えて「摂得往生」といっているのである。

人は、信心によって、生死を超えながらも生死の中に生きている。有漏穢身の身をもち生死の中に生きている限り、浄土は、来生であって、今生ではない。しかし、信心を獲たことによって、すでに「心は浄土に遊」んでいるのだから、あるいは、すでに「心は浄土に居す」のであるから、浄土は今生であるともいえる。しかし、それは、どこまでも主体的立場において言えるところである。それが、親鸞の現生正定聚論、即得往生論である。

その点について後には、覚如の『口伝鈔』に法然の言として「不体失往生」と示される。

大師聖人源空のおおせにのたまはく、（中略）即得往生住不退転の道理を、善知識にあふて聞持する平生のきざみに治定するあひだ、この穢体亡失せずといへども業事成弁すれば体失せずして往生すといはるゝ歟。[73]

と述べる。

従来の浄土教の、臨終に往生して、その後、正定聚に住し、成仏するという立場とはまったく異なる。どこまでも、主体（心）では、現生に死を超え、そのことによって、臨終を問題とせず肉体の死を超えていこうとする論理である。

結局、従来の立場は、念仏を称え、徳を積み、その徳によって、生死を超えようとするのに対し、今は、その功利と打算を離れ、如来の意のままに、主体的な立場で身をまかせきって生きるというあり方である。

自ら励んで信を起こすのではなく、如来より「たまわりたる信心」、つまり、如来の願心に目覚めた時、たちどころに、正定聚不退の位に住し、浄土往生が定まるとする立場である。だから、死を滅却すべき鋭い集中力と堅固な理性といった能力がなくとも、仏となる道、つまり生死を超えて行く道が、ここに開かれてくるのである。正しく、それは凡夫としての韋提希の救いにほかならない。遠く釈尊の解脱の境地が、今、凡夫における獲信の内景として示されているのである。

「有漏穢身は変わらねど」「超世の悲願」によって、「心は浄土に遊ぶ」のである。長生、安楽の価値観がひるがえされたとき、すなわち、実体化された肉体としての生死が実存的に転換された時、その脚下に、真の長生、真の安楽たる永遠普遍の世界が開かれてきたのである。もはや、死はどうでもよい、生きようが死のうが、そのことは問題とならない。一切を他力にまかせた世界である。

第五節　慈悲と満足――「生死即涅槃」の救済――

さて、聖道の菩薩はともかくとして、現実を生きる人間の本音において、「施し」の慈悲が可能か否か。その点について、『歎異抄』第四条には、

聖道の慈悲といふは、ものをあはれみ、かなしみ、はぐくむなり。しかれども、おもふがごとくたすけとぐること、きはめてありがたし。(74)

と、聖道の慈悲の限界性を述べる。

そして、

浄土の慈悲といふは、念仏していそぎ仏になりて、大慈大悲心をもて、おもふがごとく衆生を利益するをいふべきなり。今生に、いかにいとをし不便とおもふとも、存知のごとくたすけがたければ、この慈悲始終なし。しかれば、念仏もふすのみぞ、すえとをりたる大慈悲心にてさふらふべきと云々。

と、念仏による仏の大慈悲心について言う。

つまり、ここでは、「ものをあわれみ、かなしみ、はぐくむ」、いわゆる人間が人間に対する「施し」の限界性が指摘されているのである。

まず、「施す側」と「施される側」の微妙な上下関係が生ずることなど、「空寂」になりえないことの問題があるが、それはともかくとして、より大きな問題として次のような問題が生じてくる。

すなわち、「施される」ということにおいて、「たすけられた」「救われた」と感知できるかどうか。つまり、われわれはどこまで「満足（感）」を得られるかどうかという点である。

本来、仏の救いとは、

能令速満足(75)　（『浄土論』）

一切能満足(76)　（『同』）

と言われるように、衆生を能く満足させることである。

ところで、われわれは通常、多少、加減、長短、貧富など、さまざまなものさしにとらわれている。そのものさし、つまり、有無の思いに繋縛されて苦しんでいる。多ければ多くて増上慢、少なければ少ないで卑下慢に陥る。従って、「有無の邪見」にとらわれる限り、どれだけ施されても、そこに満足感はない。どこまで行っても不平不満でしかない。

限りない自我的延命欲に立って、臓器移植を繰り返して、仮に百五十歳まで延命したとしよう。それで満足が得られるか否か。「私は二百歳まで生きるつもりだったのに……」と不本意な死を遂げねばならないであろう。

かと言って、奇跡を祈ることが、根本解決にはならない。奇跡は起きるはずもないが、仮に起こったとしても、求めるものに心が奪われて、永遠に満足はない。ましてや仏とは、自らの欲望を満たすために利用すべきでないことは言うまでもない。

このように、自我に根ざしたものさしにとらわれて、それを追い求めても、結局、そこには満足はない。従って、「施す」ということが凡夫にできるか否かも問題であるが、「施される」こともまた、衆生にとって、完全な満足を得るには至らない。

すでに、曇鸞の行実から知らされるがごとく、自我的延命欲に立って延命を求めても、その価値観に立つ限り、どこまでいっても満足はない。

結局、このような価値観に立ったまま、求めれば求めるほど苦しみになる。

なぜなら、生老病死は、すべて「不如意」であるからである。思いどおりにならないものを、思いどおりにしようとすればするほど苦しみになる。

もとより、仏教とは、仏陀、つまり、覚めた者に成る（成仏）教えであり、自らの欲望を満たすために利用したり、手段にしたりするものでないことは言うまでもない。ましてや、本来的仏教が奇跡を祈るものでないことは言うまでもない。

さて、仏教の立場では、まず、苦の原因が自らの虚妄にあるとして、事実（如実）を見つめることを説く。そして、「如」との出遇いをとおして、「老いない」「病にならない」「死なない」という妄想が破られるという（無常）。「如意」が「不如意」と自覚されたとき、老いてあたりまえ、死んであたりまえという事実が引き受けられる（諦観）。そして、同時に、若いことはプラス、老いはマイナス、生はプラス、死はマイナスというさまざまなものさしが砕かれてくる。そこではすでに良し悪しの二つを超えているのである。「不如意」の自覚をとおして、自らが因縁所生であり、生かしめられている業縁存在であることを知るのである（無我）。「老いてあたりまえ」「死んであたりまえ」との自覚に立って、事実が受容できたとき、そのままに救われている。しかし、私の思いはひっくりかえっている。「如」との出遇いによって、自己の価値観は転ぜられている。つまり、有無のとらわれを離れているのである。それが、大乗仏教のいわゆる「即」の立場である。

「有」とは、実体化して測ることである。「無」とは、何も無いというとらわれで「空過」なるありさまである。

解脱の光輪きはもなし
光触かふるものはみな
有無をはなるとのべたまふ
平等覚に帰命せよ(77)
（『浄土和讃』）

と記されるがごとく、「解脱」（さとり）とは、有無のとらわれを離れること、つまり、実体化を転じ離れることである。

従って、この場合「即」とは、同時即であり、意味的には、「転ず」との内容を持つ。

親鸞は『正信偈』に

惑染の凡夫、信心発すれば、
生死即涅槃と証知せしむ(78)〈原漢文〉

という。自身のすみずみまで、煩悩に染まり、生死にとらわれ、それに苦しむ凡夫が、ありのまま（如）の真実に目覚め、その虚妄を自覚したならば、そのままが、すでに涅槃に至る必然性を持つ、あるいは、そういうあり方に転ぜられるというのである。

さらに「転ず」について、親鸞は、『唯信鈔文意』で、

転ずといふは、つみをけしうしなはずして善になすなり。よろづのみづ大海にいればすなはちうしほとなるがごとし。(79)

と釈す。さらに、それについて、『浄土高僧和讃』で、

無碍光の利益より

威徳広大の信をえて

かならず煩悩のこほりとけ

すなはち菩提のみづとなる

罪障功徳の軆となる

こほりとみづのごとくにて

こほりおほきにみづおほし

さはりおほきに徳おほし(80)

と讃ずる。

つまり、罪障と功徳、煩悩と菩提は、体一つであり、罪障、煩悩はそのまま時剋の極促、つまり、信の一念に、功徳、菩提に転ぜられるとの立場である。転ずというのは、そのものを消し失わず、そのままの転換である。一念というのは、「信心をうるときのきわまりをあらわすことば(81)」（『一念多念文意』）である。つまり、次第々々にというのではなく、たちまち煩悩が菩提となり、悪がそのまま善となるのである。

このことは、論理を超えた論理である。論理的には不可能であり、むしろ、矛盾しているとさえ思われる。

しかし、このことは、主体的な立場で考えるべきである。対象（客体）を変換して、苦を超えようとするのではなく、主体、つまり、自己の価値観が転ぜられたと見るべきである。

苦であると認識している自己の価値観が普遍（真如）によって転ぜられると、その苦が苦でなくなる。苦の原因と考えられる煩悩や罪障もすでに、煩悩や罪障でなくなってくる。むしろ、如来の善、功徳とさえ見えてくる。対象（客体）が変わるのではなく、如来との出遇いによって自己がひっくりかえされるのである。自己が転換されると、煩悩は煩悩でなくなる。罪障が罪障でなくなってくる。従って、「転ず」とは、実は対象の「転」ではなく、自己の「転」と理解すべきである。それが仏教の救いである。

つまり、不思議な超能力を信じて奇跡を呼び起こして苦から解放されるのではなく、――奇跡は起こるはずもない――如来との出遇いによって、これらの苦に対する価値観が破られると、その時、われわれは、苦を苦と認識しない世界に立つことができる。本願に帰すれば、自我に基づいた立場が砕かれる。同時に、それまで描いていた妄想（自我に基づいた価値観の立場）を妄想と知らされてくるのである。

たとえば、『観無量寿経』に説かれる王舎城の悲劇の中で、わが子阿闍世に深宮に幽閉された韋提希夫人に対し、釈尊は脱出させて救おうとはしなかった。また、夫人もそれを求めず、

唯、願わくは世尊、我がために広く憂悩なき処を説きたまえ。我当に往生すべし。(82)〈原漢文〉

と、生死罪濁を超過する道を求めている。対象を転換して逃げ道を探すのではなく、罪障の自身を懺悔することによって、つまり、自らが転ぜられることによって、救われている。仏力によって、わが子を「悪子」と呼んでいた自己が破られ、深宮に幽閉されたままで生死を超えているのである。

阿闍世においても然りである。『涅槃経』の中で、「無根の信」を獲た阿闍世は、

我、常に阿鼻地獄に在りて、無量劫の中にもろもろの衆生のために苦悩を受けしむとも、もって苦とせず。(83)〈原漢文〉

といい、さらに、

その時に阿闍世王、耆婆に語りて言まわく、耆婆、我、今、未だ死せざるにすでに天身を得たり。短命を捨てて長命を得、無常の身を捨てて常身を得たり。(84)〈原漢文〉

と、対象を変えるのではなく、自らの主体的転換によって、苦を苦としない「常身」に目覚めている。生死の苦、それは、生死の長短、死に方の良し悪しという価値観にとらわれた自我による苦である。その価値観が、如来、真実（普遍）によって破られる。それゆえ、長短、良し悪しは、問題とならなくなる。本来のあるがまま、なすがままである。長短等のとらわれ、分別がなくなり、苦を苦と認識しなくなる。いわゆる、長くてもよし、短くてもよい、どんな死に方でもよしと落ちつける世界である。それが生死出離、生死解脱である。

如来真実に、自己の価値観が破られて、あるがまま、なすがままの世界に落ちつける。それを親鸞は、自然法爾という。もともと自然法爾の世界にありながら、私の思いが我執をはって力んでいたのである。

自然といふは、自はおのづからといふ。行者のはからひにあらず、然といふはしからしむといふことばなり。しからしむといふは、行者のはからひにあらず、如来のちかいにてあるがゆへに法爾といふ。法爾といふは、この如来の御ちかひなるがゆへに、しからしむるを法爾といふなり。（中略）すべて、ひとのはじめてはからはざるなり。このゆへに、義なきを義とすとしるべしとなり。(85)

自分で自分は破られない。如来真実に照らされて、つまり、本願との出遇いによって、はじめて「卯毛羊毛のさきにいるちりばかり」ほどの罪悪も見えてくる。自己が破られるのもひとえに、他なるものの力き《はたら》である。

それは、

行者のはじめて、ともかくもはからはざるに過去、今生、未来の一切のつみを善に転じかへなす。(86)

という力《はたら》きである。ひとたび善悪の価値観＝自我の価値観が砕かれると、過去・今生・未来に通じる一切の罪が、善に転じる。つまり、すべてが涅槃界のもの（善）、仏事となる。一切が如来のはたらきとなるのである。むしろ、そういう見方に転ぜられるのである。

人間である限り、「生死の苦海」にある。しかし、本願に出遇い、「常」であるという価値観、つまり、「三有虚妄の生」が破れ、無常が自覚されると、そのままの世界に落ちつける。それこそ、「常住の国」、すなわち「無生の生」に立っているのである。そこには、もはや、寿命の長短や死に方にとらわれ、苦しむ世界が断じられている。「無碍の一道」である。「横」に、つまり、如来のはたらきで、四流（生老病死）が、断じられているのである（「横超断四流」(87)善導）。身は死に逝くが、老いも恐くない。病も恐くない、死も恐くない。大安慰の世界である。そこに、絶対満足があるのである。それは、まったく如来のはたらきによるものである。凡夫の思議するところではない。

天親の『浄土論』の「能令速満足」（〈仏は衆生を〉能く速やかに満足せしむる）を解する中、曇鸞は「自体に満足す」(88)（『浄土論註』）と言い、それを親鸞は、「信ずる人のそのみ（身）に満足せしむるなり」(89)（『尊号真像銘文』）と言う。これは、どこまでも主体的な立場での満足であって、客観的に、何かで他者を測っていう満足ではない。もとより、それは、長短、善悪、一切の価値観そのものを否定した立場であり、決して、他者を短や悪に甘んじさせる論理でないことは言うまでもない。むしろ、他を測ろうとするあり方を問い、一切のものさしを破る論理である。

しかし、この価値観の転換とは、容易ではない。ましてや単なる気の持ちようなどと言うものではなく、そこには、自我が砕かれるための如来との出遇いと、厳しい苦闘がある。ものさしに流されつつも、ものさしにとらわれていることの自覚による苦闘である。「不如意」を自覚しつつも、「如意」と思う自己、ものさしにとらわれつつ、その悶々とした苦悩の果てに、やがて生かしめられていることを実感して、

なごりおしくおもへども、娑婆の縁つきて、ちからなくしておはるときに、かの土へはまひるべきなり(90)。（『歎異抄』）

という安らぎを得るのであろう。

さらに、仏は、

いそぎまひりたきこゝろなきものを、ことにあはれみたまふなり。これにつけてこそ、いよ〳〵大悲大願はたのもしく、往生は決定と存じさふらへ(91)。（『同』）

と、苦悩を抱くものに、いっそうの力《はたら》きを、慈しみを持ってかけてくるのである。「いかり、そねみ、ねたむこころ」のやまないわれわれにとっては、臨終の一念までの苦悶であろう。しかし、求めれば求めるほど、その求めたいものは遠くへ行くであろう。死を前にして、そのことをようやく知りえたとき、限りない虚妄が晴れて、大安慰と大平穏が現われてくるのである。

しかも、その確かさは、第十章、あるいは、巻末資料に掲げる先人たちの生き方の中に証明されている。このことは無量の諸仏方、多くの先達が行証するところである。文字どおり、「不如意」を自覚させ、さまざまな価値観を転ぜしめる如来のはたらきこそ、われわれに「いのちの満足」を与える「すえとおった」浄土の大慈大悲である。長短のものさしにとらわれて、延命を求める限り、永遠に安らぎと満足は得られない。

註

(1)『親鸞全』一―二七六。
(2)『同』一―二八九。
(3)『同』一―二九〇。
(4)『同』一―三〇九。
(5)『同』二、和讃篇―一八八。
(6)『同』四、言行篇―一三。
(7)(8)『真聖全』一―三一。
(9)『親鸞全』九、加点篇(三)―三。
(10)『同』一―一四一。
(11)『同』一―一四二。
(12)『同』一―九五。
(13)『同』三、和文篇―一二六。
(14)(15)『同』一―一三八。
(16)『同』一―一四三。
(17)『同』一―一五一。
(18)『同』二、和讃篇―一一五。
(19)『同』一―九六。
(20)『同』二、漢文篇―一三五。
(21)(22)(23)『同』一―三〇九。
(24)『同』一―三八一。
(25)『同』三、書簡篇―一九六。
(26)『同』三、書簡篇―一九五。
(27)『同』一―二六八。
(28)『同』一―二九三。
(29)『真聖全』一―一〇。
(30)『仏説無量寿経講義』で、深励が慧琳の所説として紹介している(『仏教大系』一―七六一)。
(31)『親鸞全』一―二九五。
(32)『同』二、和讃篇―四一。
(33)(34)『同』三、和文篇―一五六。
(35)『同』一―一七。
(36)顕智本『浄土和讃』第十四首左訓。
(37)『親鸞全』一―二九五。
(38)『同』一―二九三。
(39)『同』一―二九三。
(40)『同』一―二九五。
(41)『同』一―三〇九。
(42)『真聖全』二―四〇〇。
(43)国宝本『浄土和讃』第十五首左訓。
(44)『親鸞全』二、和讃篇―四〇。
(45)(46)『同』二、和讃篇―四一。
(47)『同』一―二九五。
(48)『同』一―三〇九。
(49)『真聖全』二―四〇七。
(50)藤原幸章「果遂のちかい」(『大谷学報』五九―四)。
(51)『親鸞全』九、加点篇(二)―一六二。

(52)『同』一—三〇八。
(53)『同』二、和讃篇—一一〇。
(54)『同』一—三〇八。
(55)『同』九、加点篇（二）—二五九。
(56)『同』九、加点篇（三）—二八七。
(57)『同』二、和讃篇—二〇〇。
(58)『同』一—三八一。
(59)『同』四、言行篇（二）—一一。
(60)『真聖全』二—二八二。
(61)『同』一—一五。
(62)『同』一—六七。
(63)『同』一—五〇。
(64)『同』一—四八九。
(65)『浄土宗全書』六—八三。
(66)『親鸞全』一—二七六。
(67)『同』三、和文篇—一六四。
(68)『同』三、書簡篇—七〇。
(69)『真宗聖典』（法藏館版）三六三頁。
(70)『親鸞全』九、解説三六頁。
(71)『同』九—二八六。
(72)『同』三、和文篇—九六。
(73)『同』三、言行篇（一）—一〇〇。
(74)『同』四—四。
(75)(76)『真聖全』一—二七〇。
(77)『親鸞全』二—九。
(78)『同』一—八九。
(79)『真聖全』二—六二三。
(80)『親鸞全』二—九六。
(81)『同』三—一二七。
(82)『真聖全』一—五〇。
(83)『親鸞全』一—一七四（「信巻」所引）。
(84)『同』一—一七五（「信巻」所引）。
(85)『同』三—七二。
(86)『真聖全』二—二六二。
(87)『同』一—四四一『教行信証』「信巻」に釈される（『親鸞全』一—一四二）。
(88)『同』一—二八八。
(89)『親鸞全』三—五〇、八九。
(90)『同』四—一二。
(91)『同』四—一三。

第九章　生死の迷いと方便

第一節　外道への迷いと方便――親鸞の神祇観――

一　神祇の「不拝」と「不捨」

仏教徒といえども、生死出離の道を求めつつも、さまざまな外教による迷いを生ず。対外教、対神祇の問題は、自らの信心を確立する上で大きな課題である。とりわけ、神祇が国家とのかかわりをもつ時、信教の自由、さらには非戦の問題をも含めて、課題としていかねばならない。

しかし、かかる立場で、仏教徒が、対外教、対神祇に接する時、それは勢い「勝他」、つまり、他に対する批判の論理、批判のための批判原理に陥る可能性がある。――今日のこの種の運動の行きづまりもそこに原因があるのではないだろうか。筆者自身、このような反省に立つのである。――

だが、それは親鸞の立場からすればまったく逆であり、そこには「自己の内面の外教性」「自己の内面の神祇性」を厳しく問うことにより、そのこと自体を自己の信心純化の原理として、見ていこうとするものがある。

ところで、親鸞の場合、その教義の中に鋭意な否定的表現をもって人間の思議を超えた世界を語ろうとするものが多い。たとえば、悪人正機や非行非善、非僧非俗、不回向といった立場である。われわれは、常識的な知的概念をまず、このように否定されることによって、逆に、弘願真実の世界を信知し、他力回向を受領することができる。つまり、われわれは、自己の思いを否定されることによって「無明」を知らされ、ここから新たに他力に生かされていく契機として、そのことを身証していくことができるのである。

しかも、親鸞の場合、その否定されるものを特に弘願の通路として見、単に非真実として否定するのでなく、真実への通入の否定媒介（方便）として、新たな価値を見出し、仰ぎ、讃嘆する独自の論理がある。

今、特に、そのような立場で、この神祇について考えてみたい。

親鸞における神祇に対する態度は、『教行信証』「化末巻」に、

夫れ諸の修多羅に拠って真偽を勘決して外教邪偽の異執を教誡せば、『涅槃経』に言はく、仏に帰依せば、終にまたその余の諸天神に帰依せざれ。(1)

と明確に表明されている。そして、その明証として、この『涅槃経』のほか『般舟三昧経』『大集月蔵経』『菩薩戒経』など多くの経釈が引かれる。

特に『論語』の、

季路問《フ》三事《ンコトヲ》二　鬼神《ニ》一、子曰不レ能レ事《ルコト》レ　人《ニ》焉《ゾ》能《ク》事《エン》二鬼神《ニ》一(2)

を、

子《ノ》曰《ク》不《ス》三能二事《コト》一人焉《イツクンゾ》　能《ク》事《ヘンヤト》二　鬼神《ニ》一(3)

と読みかえていることなどは、よくその立場を表わしているところである。一貫した親鸞のこのような態度は徹底しており、峻烈を極めている。弥陀一仏に帰投した親鸞の立場からすれば、それは当然のことといわねばならない。

同時に、親鸞の外教批判は、その本質が自己の悲歎であることにおいて、それが単なる外教批判に留まらず、自

己の内面、つまり主体的世界に問いかけられている。そのことは、

五濁増のしるしには　この世の道俗ことごとく、外儀は仏教のすがたにて　内心外道を帰敬せり(4)

とか、

かなしきかなや道俗の　良時吉日えらばしめ　天神地祇をあがめつつ　卜占祭祀つとめとす(5)

と告白していることで容易にわかる。

そこには、親鸞自身、念仏に帰していこうとすればするほど、逆に外道に心が動き、外道性のしのびよってくる自己の内面が赤裸々に見えてくる。そういう悲歎が見られるのである。それは、他に対してではなく、自身においてどこまでも厳しく信心を純化し、信仰の純粋性を求める立場である。

一方、親鸞には、このような立場とは一見、逆に思える立場がある。すなわち、神祇冥道を捨てず、諸神が念仏者を護念するとの立場である。「化巻」では、『大集経』『灌頂経』などにより、鬼神の念仏者護持を明かし、さらに「信巻」では現生十種の益の第一に、「冥衆護持の益」をあげる。また『現世利益和讃』でも、

南無阿弥陀仏をとなふれば　炎魔法王尊敬す　五道冥宮みなともに　よるひるつねにまもるなり(6)

天神地祇はことごとく　善鬼神となづけたり　これらの善神みなともに　念仏のひとをまもるなり(7)

と述べ、いずれも、天神地祇が「南無阿弥陀仏をとなふる」者を護念するとの立場である。

さらに、『親鸞聖人消息集』四の九月二日付「念仏の人々の御中へ」（以下『御消息集』第四通と記す）の消息には、

まづよろづの仏・菩薩をかろしめまひらせ、よろづの神祇、冥道をあなづりすてたてまつるとまふすこと、この事ゆめゆめなきことなり(8)

とまで記されている。

ここから、親鸞の神祇に対する立場は一見、矛盾したもの、もしくは妥協として読みとられるのである。たとえば、戸頃重基氏は、その著『鎌倉仏教』で、

一方では拒絶し、他方では妥協するような矛盾が親鸞の場合は、神祇観にも現われている。（中略）『正像末和讃』の神祇不拝の信仰が、建長四年（?）九月二日の「念仏の人びと」にあたえた消息文では……。

といって、『御消息集』四の本文を引き、続いて、

さきの神祇的信仰として有する非妥協的反神道観が、汎神論的仏教のひとつとして有する妥協的神道観へ移行しているのである。(9)

という。つまり、『御消息集』第四通を神祇に対する妥協と氏は主張する。果たして、親鸞は、神祇に妥協したのであろうか。

ところで、「不拝」と「あなづりすてたてまつるとまふすこと、この事ゆめゆめなきことなり」という一見あい矛盾する立場について、先学の所説を学んでみると、概ね次のようにまとめることができる。

すなわち、「不拝」が親鸞の基本的立場であり、「護念」（不捨）の立場は、信心獲得の後、

（一）「七箇条起請文」などに見られる法然の立場を踏襲して言われた。(10)

（二）「社会的現実論の問題として、宗義の許す限りにおいて、神祇不軽の道徳的立場を弁明したものである」(11)

（三）「法悦生活の余徳として自然にあらわれるものを示された」(12)

との説などが見られる。そして、この立場は「神々に護られる存在への転回」とか「自己解放」「批判的克服」「独立者の誕生」ということばでもって讃嘆される。これらの見解について、それが、妥協ではなくて、信心獲得の上でという点では大いに共鳴できる。しかるに、今一つそれに充分な説得力を与えるために、『御消息集』第四通お

よび五の本文を手がかりに再考してみたい。

二　神祇「不捨」と方便

さて、『御消息集』四には、

まづよろづの仏・菩薩をかろしめまひらせ、よろづの神祇・冥道をあなづりすてたてまつるとまふすこと、この事ゆめ〳〵なきことなり。世々生々に無量無辺の諸仏・菩薩の利益によりて、よろづの善を修行せしかども、自力にては生死をいでずありしゆへに、曠劫多生のあひだ、諸仏・菩薩の御すゝめによりて、いままうあひがたき弥陀の御ちかひにあひまひらせてさふらふ御恩をしらずして、よろづの仏・菩薩をあだにまふさんは、ふかき御恩をしらずさふらふべし。仏法をふかく信ずるひとをば、天地におはしますよろづの神は、かげのかたちにそへるがごとくしてまもらせたまふことにてさふらへば、念仏を信じたる身にて、天地の神をすてまふさんとおもふこと、ゆめ〳〵なきことなり。神祇等だにもすてられたまはず、いかにいはんや、よろづの仏・菩薩をあだにもまふし、おろかにおもひまひらせさふらふべしや。(13)

と、ある。すなわち、ここではまず、「すてたてまつるとまふすこと、この事ゆめ〳〵なきことなり」と述べ、その理由として、「仏法をふかく信ずるひとをば、天地におはしますよろづの神は、かげのかたちにそへるがごとくしてまもらせたまふこと」をあげる。

では、いったい「まもらせたまふ」とはいかなることであろうか。

親鸞のことばの中に、それを求めても明確な記述はない。ただ仏の摂護については、次のような記述がある。すなわち、『一念多念文意』と『尊号真像銘文』にそれぞれ、護はところをへだてず、ときをわかず、ひとをきらわず、信心ある人おばひまなくまもりたまふとなり。まもるといふは異学・異見のともがらにやぶられず、別解・別行のものにさえられず、天魔波旬におかされず、悪鬼・悪神なやますことなしとなり。(14)

つねにまもりたまふとまふすは、天魔波旬にやぶられず、悪鬼・悪神にみだられず摂護不捨したまふゆへ也。(15)

これらは、いずれも、仏が信心の人を護るということは、神祇に「みだられず」「おかされず」「なやますことな」きことであるとの意である、従って、神が「まもらせたまふ」の説明にはならない。

しかるに、今、私に一つの試解を提示してみたい。

さて、神祇の問題は、周知のとおり『教行信証』の「方便化身土巻」の中心テーマである。このことは、神祇といえども、それは、弘願真実に通入するための方便となりうるものであることを意味している。

「化身土巻」においては、概ね、「本巻」の始めから三願転入釈までが真仮対、それより「本巻」末までが聖浄対、「末巻」の始めより後序に至るまでは内外対と見ることができる。ここに「対」として出される「仮」「聖道」「外道」(神祇)は、いずれも「方便」としての働き、つまり、真実に非ざるものを真実に導く働きを担っているものである。外道といえどもその働きを担っているのである。されば、神祇を奉じていたものが、その不成就を信知して、ひとたび廻心によって弘願に通入したならば、それも、否定契機、否定媒介として、大悲の願海に包まれていたものであると言わねばならない。

『一念多念文意』には、

異学といふは、聖道外道におもむきて、余行を修し、余仏を念ず、吉日良辰をえらび、占相祭祀をこのむものなり、これは外道なり、これらはひとへに自力をたのむものなり。(16)

と記されている。ここでは、神祇的行為である吉日良辰、占相祭祀を「自力をたのむもの」とおさえている。親鸞の場合、「自力」とは常に方便としての意義をもっており、「逆悪もらさぬ誓願に方便引入せしめ」るものである。されば、親鸞においては、神祇的行為が、自力であるということにおいて、そのすべてが弘願に帰するための方便であったと領解できる。つまり真実信心を獲得したものからみれば、自らが神祇に迷っていたことまでが、大悲願海に包まれていたと知らされてくるのである。ここに外教までも方便として包みこんでいく願海の広さを感ずるのである。(17)

もとより、これは、「何でも方便だ」といって神祇を肯定する論理ではない。神祇の畏怖、呪縛から解放された者の信心の内景である。是認とか廃捨というところに立つ論理ではなく、主体的世界に立った時、それをふりかえって感知させられてくるところのものである。従って、神祇はあくまで外教であり、「偽」として否定されるべきものであり、いささかも「神祇不拝」をくつがえすものではない。

三　偽の仏弟子

されば、このことを次に「信巻」の「偽」批判からたずねてみたい。

親鸞は、「信巻」で真の仏弟子を問う中で、「仮」の仏弟子とともに「偽」の仏弟子について述べる。すなわち、

偽と言ふは、則ち六十二見、九十五種の邪道これなり(18)

との文である。真の仏弟子に対し、偽の仏弟子とは、まったく涅槃を求めることなく、吉日良辰、占相祭祀を好み、現世の禍福にのみ呪縛されるものである。

外儀は仏教のすがたにて　内心外道に帰敬せり(19)

と、歎かれるごとく、外相に仏教の姿をとりつつ、内面に、現世における禍福をのみ問題とする似非者こそ、「偽」の仏弟子である。内面が外道である似非者とは、外道に迷っている仏弟子である。すなわち、それでもなお仏弟子であるというところにおいて、外道に迷っていても捨てられず、なお救われていく道が残されていることを意味しているのである。

現世の禍福を問題とし、占相祭祀をこととするのは、偽の宗教であり、深い人間の苦を問題とし、あらゆる繫縛から解放していくものが真の宗教である。三宝に帰依し、繫縛から解放された者にとって、神祇あるいは、神祇的行為は要しない。「帰依せざれ」である。自らの外道性、神祇性を厳しく批判することにおいて、初めて、真実信心が獲得され、神祇にとらわれない世界に達するのである。ここにわれわれは、偽を真に転ぜしめる願海の広さ、つまり、自らを滅ぼす神祇が逆に、如来の願心により自らを真実に帰せしめる否定媒介となっていく広大さを感ずるのである。

それが偽であってもなおかつ、仏弟子の名を持つゆえんであろう。

ところで、親鸞の仏弟子釈の中に直接、「偽の仏弟子」の言は見当たらない。しかし、

真仏弟子と言うは「真」の言は偽に対し、仮に対するなり。(20)

とは、人についての判釈(21)であり、偽の仏弟子、仮の仏弟子に対して、真の仏弟子を明らかにしようとする親鸞の意図がうかがえる。従って、ここは、ほとんどの先学が領解してきたごとく、「偽の仏弟子」「仮の仏弟子」という意で、「偽」「仮」ということばが使われていると考えたい。

ところで、「偽」とは、六十二見、九十五種の邪道であり、それは、天を拝し、鬼神を祠り、吉日良辰を選ぶもの、いわゆる神祇である。それは、明らかに帰依三宝を忘れ、迷えるわれわれの姿である。われわれは、神祇に祈

ることが真剣であればあるほど、それとは逆に、その成就しがたきことと我欲にしばられ、ますます醜い姿に陥っている自己を思い知らされてくる。

すなわち、占相祭祀が除災招福の術であるということは、神祇が、自らの我欲の投影であり、迷妄の投影であることを、何よりも物語っている。従って、神祇の神祇性が、われわれの内なる神祇性に気づかせていくのである。されば、要するに神祇にたよることは、それが真剣であればあるほど、かえって、神祇自力行の不成就を導き、われわれをして、その功徳を積むことのできない限界を知らせ、自己の醜い現実を赤裸々に自覚させるよりほかにない。かくて、われわれは、ここから、神祇を祈る自力心をひるがえして「帰依三宝」の世界に廻入せざるをえないのである。ここに神祇を不拝して、三宝に帰するという宗教の主体的な選びが体験せられてくるのである。このことは、神祇によって、神祇を否定せんとする論理である。つまり、神祇が不成就の道であるがゆえに、逆に神祇が神祇そのものを否定せざるをえない。念仏は「すえとおりたる道」であるがゆえに、そのことが、われわれを念仏に帰せしめずにはおかないという論理である。

神祇の信仰も、それが無底の人間我執の上に成り立っている以上、やがては、自ら破滅せざるをえない。われわれが、神々の習合を常態とした日常に忠実である限り、やがて、それは、神祇の根底としての人間我執の全面否定へと、われわれを導かずにはおかない。すでに神祇は、本来的矛盾の上に成立しており、そのことが、「偽」の仏弟子に、死んで「真の仏弟子」に蘇生する契機としての意味を本来的に内在させていたのである。

神祇は、「偽」であり、それが真実ではないということにおいて、真実の世界からは、峻別され、厳しく否定されるべきものである。したがって、われわれは、どこまでも神祇不拝の態度でのぞむべきである。

しかし、如来の願心から見た時は、これまた方便として、つまり、否定契機としてのはたらきを持ち続けている。

すなわち、如来の悲願を根底としており、真実世界への通路となるのである。それゆえ、真実信心の人をして、「念仏を信じたる身にて、天地の神をすてまふさんとおもふこと、ゆめ〳〵なきことなり」と信ぜしむるのである。それは、あくまで、真実信心の人の不拝の内景としての言であり、如来よりたまわる利益である。従って、その世界は、仏教に帰依してもなおかつ、内面を襲い、寸分の隙をついて忍び寄ってくる神祇性、外教性に対して、厳しい批判の刃を向け、「無碍の一道」に立った時、初めて知らされてくる世界である。現世の禍福にとらわれない世界、つまり、天魔波旬におかされず、悪鬼悪神になやまされない信心の世界に生きるものに、現生の益として与えられるものである。

次に、このことを親鸞の行実の上から確認してみたい。親鸞の生涯において、神祇とのかかわりが切実な問題となってきたのは、善鸞事件である。

慈信房善鸞が関東にて引き起こした事件の本質は、すでに多くの先学が示すごとく、神祇に関してである。先に問題にした『御消息集』四の九月二日付「念仏の人々の御中へ」の消息も、一般には、建長七年に、門弟と善鸞宛てに送られたものであるとされている。(22) そのほかの消息類からしても、善鸞は、神祇に迷い、親鸞の立場とあまりにも異なっていたがゆえに、義絶されたといえる。

ところで、それに関して、『御消息集』七、正月九日付「真浄御坊宛」には、次のように記される。

慈信坊がまふすことによりて、ひと〴〵の日ごろの信のたぢろきあふておはしましさふらふも、詮ずるところは、ひと〴〵の信心のまことならぬことのあらはれてさふらふ、よきことにてさふらふ。(23)

と。つまり、ここでは、善鸞を含め、人々が信に迷ったことが「よきことにてさふらふ」と述べられている。もちろん、親鸞は、神祇に対して明確な態度を持っているが、その神祇に迷ったことによって、逆に、そのことに気づかされ、真実に帰する手だて（方便）になったとの立場である。善鸞と「ひと〴〵」の迷い、つまり「信のたぢろき（ぎ）」が、逆に「ひと〴〵」の「信心まことならぬ」ありさまを知らしめているのである。神祇の神祇性が、われわれの内面の神祇性に気づかしめたとの立場である。すべて、大悲願海の中にあるのである。神祇はどこまでも否定されるべきである。それゆえ、善鸞は義絶されたのである。しかし、それは親鸞の立場からすれば、善鸞とそれに追随する人々を、神祇の迷妄から救わんがためにあえて義絶したとも読みとれるのである。つまり、それは、神祇の不成就を示すためであり、その外道に迷っているという自覚が、弥陀に帰する否定契機になることを願ってのことである。「信のたぢろき」を「よきこと」と言われる文意からすれば、義絶が、「信のたぢろきあふ」人々を弘願に帰せしめるための方便となることを願っていたと、考えられるのである。

神祇による「信のたぢろき」そのものが、如来の願心から見た時、これまた、方便として、つまり、否定契機としての働きを持っていたのである。

以上、親鸞における神祇観を、御消息を手がかりとして見てきた。それは、厳しく神祇不拝の立場に立ちつつも、信心獲得の立場からすれば、それが「方便」として、否定契機、否定媒介となっている。その立場で、「天地の神をすてまふさんとおもふこと、ゆめ〳〵なきことなり」と言われたとの見方である。この試解によって、先の戸頃氏の妥協説を否定した先学の説に、いささかなりとも説得力をもたせたつもりである。

この問題をとおして学ばせられることは、仏教を学びつつも、寸分の隙をついて忍び寄ってくる自己の内面の外道性、つまり、内なる神祇性である。しかし、その批判を内面に展開していくことによって、つまり「信のたぢろき」を自覚することによって、それを唯一、否定契機（方便）として、真の仏弟子道が成立するということである。同時に、それまでも包む願海の広さを知らされるのである。

第二節　否定と方便――『歎異抄』を発端として――

「否定」ということばの持つ概念、あるいは意味合いは、微妙複雑で多岐にわたり、扱いにくくてたいへん難かしい問題である。それだけに洋の東西をとわず、多くの先学が種々の論議を展開してきた。その中で、特に「否定」というとヘーゲル哲学をあげることができようが、今ここで言う「否定」とは、いわゆる親鸞が自らを主体的に確立した時に見られたところの、他者もしくは自己の中に見られる「真実」との「差異性」「対立」を超えて、「真実」に自己自身を帰入せしめ、往生せしめたことを意味するものである。従って、西洋哲学でいうところのそれとは多少概念を異にすることを断っておきたい。

さて、親鸞においては、上述の「差異性」「対立」の具体的なものとして、「知性」と、知性を持ちうる者のみがなせる「定散諸善」とをあげることができる。

「定散」とは、

定は即ち慮を息めて以て心を凝らす。散は即ち悪を廃して善を修す。(24)〈原漢文〉　（『観経疏』「玄義分」）

と、善導が示すごとく、知性ある賢き者のみがなせる行である。

ところが、現実には、今日、人間知性によるところの驚くべき科学文明をもたらした合理精神の過信が、ともすれば宗教的信仰を不合理なものとして、否定さえしかねない。特に浄土教信仰が、そのような知性の批判に応えられない愚鈍の宗教であるとさえ見られかねないのである。

知性、もしくはそれに基づく賢き者の「定散行」を、如来真実と「異なるもの」として見た親鸞の見方を考察してみたい。

さて、親鸞における「定散行」の否定を最も平易に見るために『歎異抄』を見てみたい。そこには、非常に多くの否定的側面を持った表現がある。

(1)「本願を信ぜんには他の善も要にあらず……」(第一条)

(2)「念仏よりほかに往生のみちをも存知し、また法文等をもしりたるらんと、こころにくくおぼしめしておわしましてはんべらんはおおきなるあやまりなり。もししからば、南都北嶺にもゆゆしき学生たちおおく座せられてそうろうなれば……」(第二条)

(3)「善人なおもて往生をとぐ、いわんや悪人をや」(第三条)

(4)「聖道の慈悲というは、ものをあわれみかなしみ、はぐくむなり。しかれども、おもうがごとくたすけとぐること、きわめてありがたし」(第四条)

(5)「親鸞は父母の孝養のためとて、一返にても念仏もうしたること、いまだそうらわず……」(第五条)

(6)「念仏を回向して父母をもたすけそうらわめ。ただ自力をすてて……」(同)

(7)「師をそむきて、ひとにつれて念仏すれば、往生すべからざるものなりなんどいうこと不可説なり」(第六条)

(8)「如来よりたまわりたる信心」(同)

(9)「天神地祇も敬伏し、魔界外道も障碍することなし……諸善もおよぶことなきゆえに」(第七条)

(10)「念仏は行者のために非行非善なり」(第八条)

(11)「念仏には無義をもって義とす」(第十条)

(12)「すこしもみずからのはからいまじわらざるがゆえに、本願に相応して実報土に往生するなり」(第十一条)

⒀「そのほか、なにの学問かは往生の要なるべきや」(第十二条)

⒁「学問をむねとするは聖道門なり、難行となづく」(同)

⒂「持戒持律にてのみ本願を信ずべくは、われらいかでか生死をはなるべきや」(第十三条)

⒃「ひとえに賢善精進の相をほかにしめして、うちには虚仮をいだけるものか」(同)

⒄「滅罪の利益なり。いまだわれらが信ずるところにおよばず」(第十四条)

⒅「即身成仏……六根清浄……これみな難行上根のつとめ、観念成就のさとりなり、来生の開覚は他力浄土の宗旨、信心決定の道なるがゆえなり。……おおよそ今生においては、煩悩悪障を断ぜんことき わめてありがたきあいだ……」(第十五条)

⒆「断悪修善のここちか」(第十六条)

⒇「辺地の往生をとぐるひと、ついには地獄におつべしということ。この条いずれの証文にみえそうろうぞや」(第十七条)

(21)「施入物の多少にしたがいて、大小仏になるべしということ。この条、不可説なり、不可説なり」(第十八条)

(22)「如来よりたまわりたる信心(信心同一)」(後序)

(23)「煩悩具足の凡夫、火宅無常の世界は、よろずのこと、みなもって、そらごとたわごとまことあることなきに、ただ念仏のみぞまことにておわします(25)」(後序)

このように『歎異抄』は、そのすべてが否定的表現で綴られているといっても過言ではない。そして、そこで否定されている世界とは、定散二善の世界である。しかも、その中で最も具体的に示されているのが三福である。三福とは、当に三福を修すべし。一には、父母に孝養し、師長に奉持し、慈心にして殺さず。十善業を修すべし。二には、三帰を受持し、衆戒を具足し、威儀を犯さず。三には、菩提心を発し、深く因果を信じ、大乗を読誦し、行者を勧進す。(26)〈原漢文〉　（『観無量寿経』）

と『観無量寿経』に説かれるごとく、散善の内容とするところである。

親鸞はこのような立場を、

然に二善三福は報土の真因に非ず。(27)〈原漢文〉　（「化巻」）

と、あるいはまた、

定散三福三輩九品自力仮門なり。(28)〈原漢文〉　（「同」）

定没の凡愚定心修し難し、息慮凝心の故に、散心行し難し、廃悪修善の故に(29)〈原漢文〉　（「同」）

と否定する。

もとより、定散行というのは、世間一般、つまり、道徳的価値に従うならば、すべて「善」と認められる立場である。

しかし、それはその事を道として実践していくことが、逆に、われわれをして、その否定へと導くこととなる。つまり、われわれは、上述の諸問題を徳目として掲げ、向上心を起こし真剣に努力すればするほど、それのできない自己が逆に見えてくるのである。

たとえば、上に引用したごとく、あらゆる善根を積んで、すべてが納得した善人になることができるであろうか。また、ものをあわれみ、かなしみ、はぐくみ、思うがごとくたすけとぐることができるであろうか。あるいは、父母孝養のために念仏を回向して、それらをたすけとぐることができるであろうか。われわれは、それらの徳目を忠実に実践しようとすればするほど、逆に〝及び難い自己〟を発見せざるをえない。

そのことは、定散行そのものがわれわれ自身にとって成就し難く、及び難き道であることを知らしめると同時に、「いずれの行も及びがたき」無力さを自覚させずにはおかない。われわれが、定散二善の徳目の修道にあくまで固執する限り、それは、自我の崩壊をもたらし、自己自身の無力さ、穢悪汚染の姿、あるいは偽善的な姿を暴露する以外の何物でもない。自己の限界性と出離の縁あることなしという悲歎あるのみである。このようにして、人間がこの体験上の限界状況に立って、知性と定散を考える時、それを否定した『歎異抄』の表現に、うなずかざるをえない。それは、親鸞の体験をとおして、初めてわれわれの知りうるところである。

ところで、この定散行を説く意図は、何処にあるのであろうか。ただ、われわれに自力でもって実践を迫るだけであろうか。否、実は、これによって、人間的「我」の限界を示し、すべての自らの力の無効を信知させ、ここから弘願他力の救いに目覚めさせようとするところにある。すなわち、それは、自力に「命終」して、他力の「即生」を知らせようとするものである。されば、『歎異抄』における一一の否定は、他力弘願真実への入口としての意味を持つものである。その意味で『歎異抄』の所説、すなわち、その否定性は、「定」にも「散」にもいずれの行も及び難き自己自身の凡夫性とその「無明」を知らしめ、ここから新たに他力に生かされていく契機として、身証していくことを意味しているのである。従って、このような『歎異抄』における知性と定散否定の立場は、道徳的価値にそむくどころか、最もわれわれを救いうるところの唯一の通路である。

以上、親鸞における否定的側面を特に『歎異抄』に見て検討してきたが、それが親鸞の実践的身証においてなされたものであることは、上述のとおりである。

しかし、そのことは、すでに善導の『観経疏』における『観無量寿経』の理解と、軌を一にする見解である。現にそれは親鸞自身、『教行信証』「化巻」において、善導、法然の廃立釈と呼ばれる立場を根拠として、論を進めていることからすれば自明である。

すなわち、親鸞における否定の論理は、その源を、善導、法然の廃立釈に見ることができる。その理解はすでに先学が示すとおりであり、それゆえ今は略す。(30)

ところでこの思想的展開は『歎異抄』に、

弥陀の本願まことにおはしまさば、釈尊の説教虚言なるべからず。佛説まことにおはしまさば、善導の御釋虚言したまふべからず。善導の御釋まことならば、法然のおほせそらごとならんや。法然のおほせまことならば、親鸞がまふすむね、またもてむなしかるべからずさふらう歟《か》。

と示されるように、「弥陀の本願」―「釋尊の説教」―「善導の御釋」―「法然のおほせ」―「親鸞がまふすむね」という教示が示すとおりである。この流れこそ、「否定」から「方便」という信仰体験の原理を教示するものである。

結局、真実との「差異性」「対立」と見られる理性と知性をその内容とする定散は、その実践的行法のみならず、信にまで及んで鋭く否定されるが、そこから逆に、積極的に「如来の異の方便」として、つまり「否定的媒介」として、「欣慕浄土の善根」といわれるのである。定散は、本来、それ自体が否定的存在なるがゆえに、肯定への必然的通路として、逆に積極的に肯定されてくるのである。

つまり、理性とそれに向かわしめようとする知性は、本来、それが成就しがたき道であるがゆえに、逆に弘願真実への通入の門として、積極的に肯定されてくるのである。

従って、定散の行信は、もともと真実の世界から彰れて、真実に導き、真実に帰っていくものである。「唯仏是真」と言われるように「念仏」のみぞまことであり、「よろずのこと、みなもって、そらごとたわごとまことあることなし」(『歎異抄』後序)である。しかるに、一切は弘願真実から出て、一切を弘願真実に導くものである。実に、『歎異抄』における一一の否定的表現は、われわれの人間的我性を弘願に照らした表現であり、われわれの行為自体が「そらごとたわごと」である限り、それは否定せられ、ただ崩壊あるのみである。しかし、逆にそれだけが弘願真実に入る唯一の道である。

われわれの理性、あるいは知性——人間的我性——は、それが「無明」なるがゆえに、逆に真実に帰するもの——「方便」——としての意義を持ちえるのである。

第三節　否定と乗願——社会的立場における二種深信——

一　親鸞の〈善導三心釈〉理解

道徳的に〈至誠真実〉を求めて生きるとは清らかで美しいことである。それゆえ、われわれは、ややもすれば、その殊勝な行為に酔い、そこにある種の満足と自負心を感じ、その善行を誇る。そして、そこに留まろうとする。しかし、真に清らかに生きるとは、清らかでないという反省において、いよいよ自らを苦励して、高めていくことである。だが、その徳目を掲げ、向上心を起こして、それらの徳目を忠実に実践しようと努力すればするほど、逆に及び難い自己を発見せざるをえない。そのことは道徳的生き方そのものが、われわれ自身にとって成就し難い道であることを知らしめると同時に、われわれの「いずれの行も及び難き」無力さを自覚させずにはおかないのである。道徳的実践に対するある種の自負心と満足は、ここにおいて粉砕される。そのことが自力無効の信知である。

自己の限界性と、出離の縁あることなしという悲痛が感得されるのである。その時、初めて、われわれは如来の本願を素直に仰ぎ、法を信知することができるのである。

親鸞はこの様を『愚禿鈔』に、

本願を信受するは前念命終なり「即ち正定聚之数に入る」文

「即の時必定に入る」文

「又必定の菩薩と名くる也」文

即得往生は後念即生なり

他力金剛心なり、応に知るべし。[31]〈原漢文〉

と説く。いみじくも、それは先学によって「信に死し、願に生きる」と教えられる。そこには、自らの否定と、本願乗托が一つごととして体験されている。

思えば、このことは、すでに隋末唐初に生きた善導によって、機法の二種深信として、教示されているところである。

ところで、このような立場は、本来、個人の実存の問題であり、わが身一人の上に聞いていくものであって、自己自身の上に悪を自覚していくものである。そこに、五劫思惟の願との出遇いもまた、一人の上に信知されてくるのである。

しかしながら、親鸞におけるその立場は、「群萌」とか「群生」という言葉、さらには「いし、かわら、つぶてのごとくなるわれら」（『唯信鈔文意』）ということばが示すように、「われ」の集合体としての「われら」という立場へと広がりを見せている。

そのことは、個人的な悪の自覚から出発して、社会悪の自覚、さらには、個人的救済から出発して、個人の連帯としての社会的救済へと進み広がっているごとくである。もちろん、それは自己を含めた社会である。自己の救いが普遍であるがゆえに、社会性を伴ってくるのである。

「親鸞一人」は、全世界を荷負している「一人」である。そのことは、わが身一人の悪の自覚と法の出遇いが全世界に連帯することを意味している。それゆえ、小論では、特にそのことに視点をあてて、二種深信について考察してみたい。

深心というのは深信の心である。それゆえ二種深信とは、本願を「信」ずる「心」を説くものである。

善導は『観経疏』「散善義」に、それを次のように示す。

「二者深心」。「深心」と言ふは、即ち是れ深信の心なり。亦た二種有り。一には決定して、深く自身は現に是れ罪悪生死の凡夫なり、曠劫より已来《このかた》、常に没し常に流転して出離之縁有ること無しと信ず。二には決定して深く彼の阿弥陀仏の四十八願をもて衆生を攝受したまふこと、疑ひ無し、慮り無し。彼の願力に乗じて定めて往生を得と信ず。(32)〈原漢文〉

この解釈を親鸞は、ことさら深くたずねている。それは、まさに人間主体そのものを問うものであり、現にあるわが身の実践を起点としている。日常性の中に流され、停滞する自己の告発においてのみ、如来真実の世界が明らかにされるのであって、そこには、深い悲歎と讃嘆が渦まいている。

思うに機の深信とは、わが身そのものを否定する「闇の自覚」であり、わが身の存在と、わが身の歴史そのものに対する悲歎である。対する法の深信とは、わが身の罪悪生死を照らすものへの目覚めであり、闇を照らす「光の讃嘆」である。われわれは、悲しいかな自分で自分の罪悪生死には気づけない。自己を超えたものによって初めて気づかされ、頭の上げようのない自己を知る。その時、われわれは、自ずと頭を下げさせたものを仰ぎ信ずることができる。本願のまことに対し、深い讃嘆の意を持つのである。

親鸞の深信釈に対する領解は、自らの主体的自覚の上でなされており、まことに峻烈を極めている。それは、この深心釈の前後をなす、至誠心釈、廻願心釈でも同様である。むしろ、ここでは、疏文の読みかえという作業がなされており、いっそう鋭くそれがなされている。

すなわち、至誠心釈では、

「一者至誠心」。至と者、真なり。誠と者、實なり。一切衆生の身口意業に修する所の解行、必ず真実心の中に作《な》したまひしを須《もち》いむことを明さんと欲す。外に賢善精進之相を現することを得ざれ。内に虚仮を懐けばなり。貪瞋邪偽奸詐百端にして悪性侵め難し。事蚫蝎に同じ。三業を起こすと雖も、名づけて雑毒の善と為す。亦虚仮の行と名づく。真実の業と名づけざるなり。若《も》し此の如き安心起行作《な》す者は縦使《たとひ》、身心を苦励して、日夜十二時に、急に走《もと》め急に作して、頭燃を灸ふがごとくなる者の衆て雑毒の善と名づく。此の雑毒の行を廻して彼の浄土に求生せんと欲せむ者は、此れ必ず不可なり。(33)〈原漢文〉

と、読みかえられている。すなわちここでは、虚仮不実、貪瞋邪偽奸詐百端にして悪性侵めがたい自己が厳しく悲歎されている。日夜十二時に頭燃を灸うがごとく身心を苦励しても、かなわぬ自己、所詮、それが雑毒の善でしかないことを内省されているのである。つまり、賢善精進するわが身が「不可」として否定され、「真実」を須《もち》いるしかないことが鋭く読みとられている。厳しい機の自覚である。

一方、廻願心釈でも『愚禿鈔』では、

廻向發願して生るる者は、必ず決定して真実心の中に廻向せしめたまへる願を須《もち》いて、得生の相を作すなりと。(34)

〈原漢文〉

と読みかえられている。

まことに、「廻向せしめたまへる願を須《もち》い」ると領解され、本願力回向の立場が読みとられている。正しく、法の深信が再説されているかのごとくである。

親鸞の三心釈理解は、いずれも、自身の虚仮不実の身を傷み、回向される如来真実、本願のまことを信知すべき立場でなされているのである。その意味では、三心釈全体が、二種深信を基本的原理として領解されているのである。『教行信証』の「信巻」や「化巻」における信心の領解、もしくは批判も、この立場を中核として展開されている。

すなわち、「信巻」に記される『大経』三心釈の、

一切の群生海、无始より、已来、乃至今日今時に至まで穢悪汚染にして、清浄の心无し。虚假諂偽にして、真実の心无し。是を以て如来、一切苦悩の衆生海を悲憫して、不可思議兆載永劫に於て菩薩の行を行じたまひし時、三業の所修の一念一刹那も清浄ならざること无し。真実ならざること无し。如来清浄の真心をもって、円融無碍・不可思議・不可称・不可説の至徳を成就したまへり。(35)〈原漢文〉

のごとき文は、そのことを最もよく示している。

さらに、このことは、『愚禿鈔』においても同様である。ここでは、機法二種深信の疏文をあげ、続いて、特に、

今、斯の深信者は、他力至極之金剛心、一乗无上之真實信海也。(36)

と述べる。ここでは、他力信心の窮極として、二種深信を位置づけているのである。

それゆえ、親鸞は、日々「つねのおほせ」として、このことを語らいあっていたのである。

すなわち、『歎異抄』には、

聖人のつねのおほせには、弥陀の五劫思惟の願をよく〳〵案ずれば、ひとへに親鸞一人がためなりけり。されば、それほどの業をもちける身にてありけるを、たすけんとおぼしめしたちける本願のかたじけなさよ、と御述懐さふらひしことを、いままた案ずるに、善導の、「自身はこれ現に罪悪生死の凡夫、曠劫よりこのかた、つねにしづみ、つねに流転して、出離の縁あることなき身としれ」といふ金言に、すこしもたがはせおはしまさず。されば、かたじけなく、わが御身にひきかけて、われらが、身の罪悪のふかきほどをもしらず、如来の御恩のたかきことをもしらずしてまよへるを、おもひしらせんがためにてさふらひけり。まことに如来の御恩といふことをば、さたなくして、われもひとも、よしあしといふことをのみもうしあへり。(37)

と記され、日常に流されるわが身の実相を「つねに」信知し、本願のまことを仰ぐという信心の生活が語られているのである。これによって、われわれは、親鸞の信心が善導の二種深信を本質とすることを知ることができるのである。

二　二種深信

思うに、二種深信とは、わが身の罪悪生死を知らせる自身の信知と、仏願の大悲を知らせる法の深信とからなる。前者、すなわち、機の深信とは、単なる懺悔ではない。自身の分限を顧み「出離之縁」なしと知ることである。つまり、罪悪生死を離れることができない無辺の罪障の自覚であり、自身の否定である。従って、それは懺悔によって滅せられるごときものではなく、いよいよその深重なることを感知させられるものである。滅せられるどころか、仏にそむいていることの自覚である。むしろ、人間存在そのものが持つ、罪障の自覚である。このような罪障を照らし、その深重なるを知らせるものこそ如来の大悲心、すなわち、「他力至極の金剛心」そのものである。従って、「無有出離之縁」と信ずる信の中に、法の深信が顕現し、信知されるのである。その意味において、二種といえども一つといわねばならないのである。

さて、上述の二種深信の感知される「場」とは、われわれにおいては何によるのであろうか。それは言うまでもなく念仏そのものである。

親鸞は、「行巻」に六字の名号を釈して、

しかれば南无の言は帰命なり。帰の言は至也、又帰説《エチ》なり、説《エチ》の字悦音帰説《サイ》なり。説の字税の音、悦税二の音告ぐる也、述《ノブ》也、人の意を宣述《ノフ》るなり命の言は業也招引也教也道也信也計也召也是を以て帰命は本願招喚の勅命なり、発願回向といふは如来已に発願して衆生の行を回施したまふの心なり、即是其行と言ふは即ち選択本願なり、必得往生と言ふは、不退の位に至ることを獲ることを彰すなり。(38)〈原漢文〉

と記される。

それは、『尊号真像銘文』においても、

「言南无者」といふは、すなわち、帰命とまふすみことば也。帰命はすなわち、釈迦・弥陀二尊の勅命にしたがひてめしにかなふとまふすことばなり。このゆへに「即是帰命」とのたまへり。「亦是発願廻向之義」といふは、二尊のめしにしたがふて安楽浄土にむまれむとねがふこゝろなりとのたまへる也。(39)

と知らされるところである。

もとより、親鸞は、「命」に「信なり」と訓じる。阿弥陀仏の前に凡夫が、自己を凝視し、自己全体をあげて、南無し、如来の勅命を聞信するのである。しかれば、機の深信というも、念仏において自覚される自身の実相である。同時に、法の深信もまた、如来の「発願回向」を義とする「南無」において信知されるのである。法の深信といえども、念仏の心に感知される弥陀の大悲心である。

それゆえ、二種深信は念仏の上に成立するものであり、また、念仏の心において一体となっているのである。念仏は、他力の行として、業苦を感知するものの上に、それを縁としてあらわれ給う大悲の願心を聞信するのである。自ら行ずるのではなく、如来われに来って行ぜしめるのである、念仏は愚縛の身の自覚あるものの上にのみ感知され、道を開かしめるのである。その意味でわれわれをして自力に死せしめて、他力に蘇生するものである。『銘文』に、

「称仏六字」といふは南无阿弥陀仏の六字をとなふるとなり、「即嘆仏」といふは、すなわち南无阿弥陀仏をとなふるは仏をほめたてまつるになると也、また「即懺悔」といふは、南无阿弥陀仏をとなふるは、すなわち无始よりこのかたの罪業を懺悔するになるとまふす也。(40)

と教示される。念仏は法の深信として、如来の至徳を讃嘆（嘆仏）し、機の深信としてわが身の悲歎（懺悔）を信知させるものである。

結局、二種深信が「他力至極の金剛心」である限り、それは念仏を場として届いてくるのであり、また、念仏の心はそれしかないのである。われわれは唯一、正信念仏によってのみ自我を否定し、他力に生きることができるのである。

次に、二種深信の時間を考えてみたい。機の深信は、「自身は現に罪悪生死の凡夫にして曠劫より已来、常に没し、常に流転して出離の縁あることなし」と信知されている限り、過去、宿世を背負い、同時に未来永劫の出離の

縁なき身という未来永劫を背負っている。

自身の過去、未来の歴史性そのものが、「現に」という深さとして信知されている。つまり、過去・未来の暗さも今、現在の問題となっている。つまり、ここでは、「常没常流転」の過去を顧み、「無有出離之縁」の未来を透視した上で、「現に」今、存在する罪悪生死の自己を深信しているのである。その意味では〈常なる現在〉であり、自らの悲歎がある限り、いつまでたっても罪悪生死の現在である、機の深信は、常に現在に立って、不断に深信されるのである。

一方、法の深信については、特に『往生礼讃』に説かれるものに注目してみたい。

今、弥陁の本弘誓願は、名号を稱すること、下十聲一聲等に至るまで、定んで往生を得《ママ》と信知して、乃至一念も疑心有ること無し。故に深心と名ぐ。[41]〈原漢文〉

と、明確に、法の深信の現在性を語っている。つまり、過去でもなく未来でもなく、〈今〉弥陀の願力に乗托し、定得往生を信知せよというものである。この〈今〉とは、過去に対する今でもなく、未来に対する今でもない。〈常なる今〉であり、常に彼の願力に乗托せんとする時間を超えた今である。なぜなら、法とは、わが身の存在以前から用意されている常なるものである。それゆえ、わが身が問われてくる時は常に〈今〉である。

すなわち、この〈今〉とは、自らが虚仮として存在した無始曠劫已来の過去を内に含みつつ、それゆえ、現に如来真実を仰ぎ、やがて必ず救われるという成仏の確信に立った〈今〉である。

われわれは、〈現に〉〈今〉わが身が問題となり、〈今〉救われるのである。

いみじくも、そのことは、親鸞自身、獲信の体験である三願転入の上でも語っている。そのことはすでに上で確かめたとおりである。

従って、日々常に新たに、常に珍しく信心の浄化はなされ、二種深信、つまり否定と乗願は、曠劫の歴史と永劫の未来を背負って、まさに常なる現在の上に体験されていくのである。

親鸞における二種深信、とりわけ、機の深信は親鸞自身の宿業論の本質をなす。宿業はともすると、運命の甘受、すなわち、「あきらめ」の思想として受けとめられたり、最近では差別性を認容する論理と解されるむきもある。

しかし、宿業は『歎異抄』に、

本願をうたがふ、善悪の宿業をこゝろえざるなり。(42)

と示されるごとく、本願との上で信知されるものである。本願、つまり法によってわが身の上に知らされてくるものである。

聖人のつねのおほせには、弥陀の五劫思惟の願をよく〳〵案ずれば、ひとへに親鸞一人がためなりけり。さればそれほどの業をもちける身にてありけるを、たすけんとおぼしめしたちける本願のかたじけなさよと御述懐さふらひしことを、いままた案ずるに、善導の「自身はこれ現に罪悪生死の凡夫、曠劫よりこのかた、つねにしづみ、つねに流転して、出離の縁あることなき身としれ」といふ金言に、すこしもたがはせおはしまさず。(43)

（傍点筆者）

と示されるごとく、自らの過去、未来の上における闇の自覚が宿業の自覚である。決して他人によるものでもなく、個人の主体における問題である。つまり、他力の信心の体験の事実における信知であり、自覚である。その意味では、自己を破っていく原理といっても過言ではない。自己を肯定しようとする我執を破っていくものが宿業の自覚である。差別を認容するどころか、差別性を持った自己が破られていくものである。自らが否定されていくのは、ただ〳〵本願による「それほどの業をもちける身」の自覚によるものである。

自身が「現に」「悪性やめがたく」「ひと千人をも殺さん」とする身であることは、「さるべき業縁のもよほさばいかなるふるまひもす」るべき身としてあるからであって、それこそ、宿業の自覚において信知される立場である。「本願を疑う」身には、「ひとを千人ころす」ところの「悪性やめがたい」自己は見えてこない。それは、自由のない縛られた存在である。

『仏智疑惑和讃』に、

不了仏智のしるしには
　如来の諸智を疑惑して
　罪福信じ善本を
　たのめば辺地にとまるなり
転輪皇の王子の
　皇につみをうるゆへに
　金鎖をもちてつなぎつゝ
　牢獄にいるがごとくなり
自力諸善のひとはみな
　仏智の不思議をうたがへば
　自業自得の道理にて
　七宝の獄にぞいりにける(44)

と、讃われるがごとく、「金鎖」をもって、「七宝の獄」につながれているありさまである。いみじくも、至れりつくせりの豊かな社会の中にあって、真の自由を失っているわが身である。その世界を親鸞は「業繋」と言い、「繋縛」と言うのである。本願を疑うゆえに、法に出遇わぬ限り、胎生の生である。

本願に出遇ったものの深信が「自身は現にこれ罪悪生死の凡夫」という自覚であり、

無始より已来た一切群生海无明海に流転し、諸有輪に沈迷し、衆苦輪に繋縛せられて清浄の信樂无し。(45)〈原漢文〉

という悲歎である。

かくのごとき宿業を背負ったわが身を明らかに知らしめる根源は、すなわち、五劫思惟の本願そのものである。五劫思惟の本願によって照らされるわが身こそ、「それほどの業をもちける身」であることが知らされるのである。かかる宿業存在を深く信知した人ほど、必ずや他人の悲痛が共感できるのである。そこに、人間性回復の道としての二種深信の意義があるのである。

三　社会的立場における二種深信

これまで、二種深信についての一応の基本的領解について述べてきた。もとより、それが個人の主体的立場におけるものであり、わが身一人の上に信知されていくものであるとの確認をした。

しかし、それは果たして、そこだけに留まるものであろうか。親鸞には、自らの主体の「われ」と同時に、その自覚者の広がり、連帯としての「われら」という立場のあることに注目してみたい。

上にも引用したが「信巻」には「一切群生海……」と述べられる。「群生海」、つまり「群」のことばに群れなして生きる人々への広がりが見られる。このことは、「群萌」ということばを親鸞が好んで用いていることからも知られるところである。

また、『唯信鈔文意』の「愚縛の凡愚・屠沽の下類」の釈にも、

れうし・あき人さま〲のものは、みないし・かわら・つぶてごとくなるわれらなり。[46]

と、「われら」の立場における罪業の自覚がある。そこでは、「われ」としての罪業の自覚がそのまま「われら」の自覚として受けとめられている。単に「われ」の集合体としての「われら」ではなく、「親鸞一人」という主体で自覚することが、そのまま全人類の主体として受けとめられているのである。

もとより『歎異抄』第九条の唯円との共鳴、さらに、後序に示される信心同一の立場からすれば、それは当然といわねばならない。親鸞の「われ」の自覚は、全世界の「われら」を荷負しているのである。

親鸞が「同心」「同行」「同朋」のことばを好んで使われるのも、「われ」の自覚が「われら」という広がり、普遍的連帯を持つがゆえである。それは、単なる利害を共通するというのではなく、「われ」の主体の普遍性としてのものである。それゆえ、「同」じ「朋」（ともがら）と示されるのである。

されば、すでに『経』には「十方衆生」「諸有衆生」という。

十方衆生といふは、十方のよろづの衆生也、すなわち、われらなり。[47]（傍点筆者）『尊号真像銘文』

『論』には、「普共衆生」（『浄土論』）という。また、『釈』には「共発金剛志」（「玄義分」）という。そこには「共に」という眷属等無量の広がりがある。もっとも、そのことが大乗の大乗たるゆえんである。従って、「われ」の救いは、そのまま「われら」の救いとなり、同時に「われ」の罪業は、「われら」の罪業となり、「われ」の課題は、「われら」の課題となってくるのである。

しかるに、上に述べてきた二種深信も「われら」との立場で深信され、広がっていくものである。そのことを先学は「五濁の共業の身の発見」と教示する。すなわち、「われら」が課題となるとき、「共業」という点で普遍性もしくは社会性を持ってくるのである。親鸞の用いる「群」あるいは「海」には、かくのごとき普遍性、社会性が領解できるのである。

ところで機の深信には「自身は現に……」と「自身」と示され、法の深信には「衆生を摂受したまふ……」と「衆生」と示される。機の深信の文における「自身」は、確かに個人である。しかし、この場合、自身は他人ではないという自身にさえ領解できる。この自身こそ一切の衆生を代表するものであり、一切衆生の業縁において、一切衆生の内に見出されたものである。煩悩も罪悪も、人間関係なしではありえない。ゆえに、それは、社会的煩悩、社会的罪悪をも、自身の上に受けとめているのである。社会を他人事ではなく、自身の問題として受けとめるという立場の自身である。

われわれは、ともすると、宗教は個人の問題であり、社会的罪悪を非個人として、眼をそらしがちである。しかし、自身が問題となる時、自身を含む社会をも問題となってくる。個人も社会も一切において「自身は現に」と感知せずにはおられないところに機の深信の意義があるのである。そこに衆生を摂受するという法の深信がそそがれているのである。

「われ」の問題は、法が「われら」（一切衆生）を救うという限り、当然「われら」の問題となってくるのである。「われ」の身の否定は自ずと「われら」の身の否定とならねばならない。それゆえ、「われ」の乗願は、「われら」の乗願となるのである。

されば、上に述べた二種深信を覚知させる念仏も、またそれを自覚する時間についても当然、「われら」の問題に及んでくる。

すなわち、われわれは「南無」の自覚をとおして「われら」の社会が悲歎されてくるのであり、「阿弥陀」の救いは、「われら」一切衆生を正機としているのである。念仏を場として如来真実が届き、われらの社会的罪悪が自覚させられてくるのである。

それは、時間論においても同じである。社会的煩悩、社会的罪悪もまた、流れ行く今ではなく、〈常なる今〉にそれが課題となっていかねばならないのである。われわれは臨終の一念に至るまで本願の正機である限り、常に「現に」今ある「われ」・「われら」＝個人・社会＝の罪悪を悲歎しつつ、如来真実に問われ続けなければならないのである。

二種深信は、「われ」の深信から「われら」の深信へと、深さとともに広がりを持って展開されてくるのである。二種深信とは、本来かくのごとき普遍性を持っているのである。

ところで、上にも述べたごとく、わが身の宿業の信知とは、法との出遇いによって成り立つ自覚である。曠劫已来の宿業を背負う罪濁の身としての自身が全面的に否定されるということは、法との値遇を場として成就する事実である。されば「われら」の立場における機の深信は、そのまま「われら」における共業の感知である。現に親鸞自身、
うみ・かわに、あみをひき、つりをして世をわたるものも、野やまにしゝをかり、とりをとりて、いのちをつぐともがらも、あきなゐをし、田畠をつくりてすぐるひとも、たゞおなじことなりと。さるべき業縁のもよほさば、いかなるふるまひもすべしとこそ……。(48)

と、「われら」の立場で宿業を感知している。「われ」における宿業の感知は、その個々の主体的立場の連帯として

「われら」においてもなされる。その立場こそ「共発金剛志」である。

われわれは、ともすると宗教を個人の内面に留まるものとし、社会的諸問題と無縁のものと考えがちである。しかし、少なくとも真宗が「大乗の至極」と標せられる以上、最も大乗的であるはずである。その意味でも真宗の「信」が社会的・普遍的であらねばならない。

現に経文には、「共発」「同発」「一切」と偈っている。曠劫より流転を繰り返してきた人間社会そのものの上に宿業を感知し、社会の傲慢を愧じ、社会的罪悪の悲歎をとおして社会の救済を願わねばならない。そこに、社会の乗願があるのである。救済の社会性・普遍性を、二種深信の立場より以上のように領解するのである。

ところで、親鸞は「われ」（自身）の主体の自覚が「われら」（衆生）へと普遍化していく様を、「同心」「同行」「同朋」、さらに「親友」ということばで示す。

もとより、親鸞は、それを『大経』に学んでいる。『末灯鈔』四には、それについて、

もろ〳〵の如来とひとしといふは、信心をえてことによろこぶひとを、釈尊のみことには「見敬得大慶則我善親友」とときたまへり。また、弥陀の第十七の願には、「十方世界无量諸佛不悉咨嗟称我名者不取正覚」とちかひたまへり。(49)

という。獲信の人を「如来とひとし」とし、さらにその世界を十七願の諸仏の世界とみている。信心を同じくする「われら」を親友といい、諸仏に同ぜしめているのである。

ところで、親鸞は『唯信鈔文意』において、第十七願の心を「十方世界普流行」（『五会法事讃』・『唯信鈔』所引）に確かめている。

すなわち、

十方世界普流行といふは、普はあまねくひろくきわなしといふ。流行は十方微塵世界にあまねくひろまりてすゝめ行ぜしめたまふなり。(50)

と示されるごとく、第十八願の「乃至十念」の念仏は、第十七願の「諸仏称名」において、はじめて具現化し、普遍化される。第十八願における「われ」の自覚がそのまま、第十七願諸仏によって流行せられ、「われら」の自覚として普遍化されるのである。それが諸仏称名の願意である。親鸞における「われ」から「われら」への展開を、諸仏の思想の上に確認するのである。(51)

以上、二種深信の立場を、善導の『観経疏』に確認し、そして、親鸞の上に見てきた。それは、念仏を場とし、そして、常なる現在の上に信知されるものであった。親鸞の『歎異抄』においては、それは特に宿業の自覚という点にまで展開されている。限りなく自我を否定することによって得られる、本願乗托の立場である。

しかし、このような立場も、個人の内に留まるものではない。「群萌」といい「同朋」といわれるように、「われ」から「われら」へ普遍化されるものである。共業の身の自覚、さらには、社会的罪悪の自覚が、社会的救済を成就する。その普遍化こそ、大乗の大乗たるところである。まさに「共発金剛志」の立場である。すでに、その「われ」から「われら」への広がりは、親鸞の諸仏の思想に見られるところであり、十方世界に普く流行せしむる念仏の声に連帯する「われら」の救いがあるのである。二種深信が単に個人の内面に留まるものではないことを、以上のように確認するのである。

註

（1）『親鸞全』一―三二七。
（2）『論語』先進篇、一般には「未能事」となっているが、今は『教行信証』にあわせて「不能事」とした。
（3）『親鸞全』一―三八〇。
（4）（5）『同』二、和讃篇―二一一。
（6）『同』二、和讃篇―六三。
（7）『同』二、和讃篇―六六。
（8）『同』三、書簡篇―一三四。
（9）戸頃重基『鎌倉仏教』（中公新書）―一四六～一四七。
（10）多くの先学が述べるところである。たとえば柏原祐泉氏（『大谷学報』五六―一「真宗における神祇観の変遷」）、浅井成海氏（『真宗学』六二号「法然における神祇の問題」）など。
（11）寺倉襄『真宗教学の実践的研究』（法藏館）―一五二。
（12）山本仏骨『現世利益和讃の味わい方と扱い方』（永田文昌堂）―三三。
（13）『親鸞全』三、書簡篇―一三四。
（14）『同』三、和文篇―一三四。
（15）『同』三、和文篇―九八。
（16）『同』三、和文篇―一四一。
（17）もともと、この『御消息集』四には、「世々生々に無量無辺の諸仏・菩薩の利益によりて、よろづの善を修行せしかども、自力にては生死をいでずありしゆへに、曠劫多生のあひだ、諸仏・菩薩の御すゝめによりて、いままうあひがたき弥陀の御ちかひにあひまひらせてさふらふ御恩をしらずして、よろづの仏・菩薩をあだにまふさんは、ふかき御恩をしらずさふらふべし」と諸仏・菩薩による自力の行の無効の信知が、逆に弥陀に「あいまいらせる」「御恩」つまり、方便になったと記されている。文意からすれば、同じ意味での諸神の「御恩」も読みとれる。
（18）『親鸞全』一―一五三。
（19）『同』二、和讃篇―二一一。
（20）『同』一―一四四。
（21）山辺習学・赤沼智善『教行信証講義』「教行の巻」（法藏館）―八二七。
（22）赤松俊秀『親鸞』（吉川弘文館・人物叢書）―二九三。この書簡を『鎌倉仏教』（中公新書）で戸頃氏は、「建長四年（?）」と見ている。
（23）『親鸞全』三、書簡篇―一五〇。
（24）『同』九、加点篇―六。
（25）『同』四、言行篇（一）―三～四二。
（26）『真聖全』一―五一。
（27）『親鸞全』一―二七六。

(28)『同』一―二九〇。
(29)『同』一―二八九。
(30)藤原幸章「観経理解の立場」(『大谷大学研究年報』六)参照。
(31)『親鸞全』二、漢文篇―一三。
(32)『同』九、加点篇(三)―一七三。
(33)『同』九、加点篇(三)―一七〇。
(34)『同』二、漢文篇―三九。
(35)『同』一―一一六。
(36)『同』二、漢文篇―二六。
(37)『同』四、言行篇―三七。
(38)『同』一―四八。
(39)『同』三、和文篇―九三。
(40)『同』三、和文篇―九二。
(41)『同』九、加点篇(四)―一五六。
(42)『同』四、言行篇―二〇。
(43)『同』四、言行篇―三七。
(44)『同』二、和讃篇―一八八。
(45)『同』一―一二〇。
(46)『同』三、和文篇―一六九。
(47)『同』三、和文篇―九四。
(48)『同』四、言行篇―二二。
(49)『同』三、書簡篇―七一。
(50)『同』三、和文篇―一五七。
(51)拙稿「親鸞教学における「諸仏」の地位」(『真宗研究』第二十三輯)参照。

第十章　現生における死の受容と超越の種々相

第一節　蓮　如

一　無常の自覚と死別体験

日本の思想史において、〝死〟が大きくクローズアップされたもう一つのピークは、室町時代である。それは、南北朝の戦乱、さらには応仁の乱を経て、本格的な戦国乱世に入ろうとし、人々の上に、死が大きく意識されてきたからであろう。中世の文学が、無常の文学と言われることからしても、そのことは容易にうなずくことができる。

さて、その時代社会の中にあって、蓮如もまた多くの〝死〟に出遇い、それを信仰によって受けとめている。では、何よりも、親鸞に復古することを志願した蓮如において、死の課題は、どのように受けとられたのであろうか。

『帖外御文』九には、

善導曰「諸《ノ》衆生等久流《クレテ》㆓生死《ニ》㆒不㆑解《セ》㆓安心《ヲ》㆒」。この文のこゝろは、あらゆる衆生ひさしく生死に流転することはなにのゆへぞといへば、安心決定せぬいはれなり[1]。

と記される。生死の課題を蓮如は、安心決定の問題として受けとめ、自らの一大事としている。

このような立場で蓮如の『御文』を見るとき、その中には、死に対する積極的な受けとめ方がある。いわゆる無常の自覚である。

それは、真宗門徒が、葬儀の時、必ず拝読する「白骨の御文」に代表されるものである。そこには、釈尊以来の諸行無常の情感が切々と語られている。

今、その全文を引用してみたい。

> 夫人間の浮生なる相をつら〳〵観ずるに、おほよそはかなきものは、この世の始中終まぼろしのごとくなる一期なり。さればいまだ万歳の人身をうけたりといふ事をきかず。一生すぎやすし。いまにいたりてたれか百年の形躰をたもつべきや。我やさき人やさき、けふともしらず、あすともしらず、をくれさきだつ人はもとのしづく、すゑの露よりもしげしといへり。されば朝には紅顔ありて夕には白骨となれる身なり。すでに无常の風きたりぬれば、すなはちふたつのまなこたちまちにとぢ、ひとつのいきながくたえぬれば、紅顔むなしく変じて桃李のよそほひをうしなひぬるときは、六親眷属あつまりてなげきかなしめども、更にその甲斐あるべからず。さてしもあるべき事ならねばとて、野外にをくりて夜半のけふりとなしはてぬれば、ただ白骨のみぞのこれり。あはれといふも中々をろかなり。されば人間のはかなき事は老少不定のさかひなれば、たれの人もはやく後生の一大事を心にかけて、阿弥陀仏をふかくたのみまいらせて、念仏まうすべきものなり。あなかしこ〳〵。(2)
>
> （五―一六）

これが蓮如のいつの時代に書かれたかは定かではない。後述するごとく、少なくともあいつぐ肉親との死別によって、無常を感じた晩年の作であろう。

もとより、この文が、後鳥羽上皇の『無常講式』によるとはいえ、その流麗な文面の中に蓮如自身の人間観が表現され、「人間とは何か」「いのちとは何か」を考えさせるに充分なものがある。

人生は永遠であるとの妄想にさめやらぬわれわれに対し、『御文』は、いたるところで問いかけてくる。それが死苦の原因であるとも知らず、現実生活にあまりにも執着するわれわれに対し、実に悲哀をも含んだことばで語りかけてくる。それは、時には冷たい響きを持つが、それが事実であるとうなずくと、そこに仏智の憐愍の情を感ず。同時に、それは、何よりも蓮如自身が生死を超えていった心の軌跡でもある。

さて、その軌跡を細かく検証するに、蓮如における無常の自覚は、時代背景もさることながらすでに稲葉秀賢氏が指摘するごとく(3)、たび重なる肉親との死別がそうさせたことは、言うまでもない。

蓮如には、数多くの身近な死の体験があった。彼は本妻であった如了尼（平貞房女／康正元・十一・二十三寂／蓮如四十一歳）、次後、蓮祐尼（如了尼妹／文明二・十二・五寂／蓮如五十六歳）、如勝尼（家女房／文明十・八・十七寂／蓮如六十四歳）、宗如尼（文明十七寂／蓮如七十一歳）、蓮能尼（畠山政栄女／永正十五・九寂）と、いずれもその先妻の死別によって、次々に後妻として結婚し、結局、四人の妻と死別している。そして、それらの妻との間には、合わせて二十七人の子供がいた。むしろ、子が多かったがゆえに再婚し、またできたということだったのかもしれない。そして、その中、何人かは早世し、彼自身、数多くの死に出遇っている。

特に甚だしきは、文明二（一四七〇）年十二月から文明四（一四七二）年八月にかけて、わずか一年九カ月の間に、五回も肉親の死に出遇っている。

すなわち、文明二年十二月五日に第二室蓮祐尼が没し、文明三年二月一日には第十子妙意尼が十二歳で、同六日には第二子如慶尼が二十六歳で、翌文明四年には八月一日に第十四子了忍尼が七歳で、さらに同月十四日には、第四子見玉尼が二十五歳で往生している。

しかもこの見玉尼は、『大谷一流系図』や次に示す文明四年八月二十二日の帖外一一の『御文』によれば、幼い頃、禅宗の寺院に喝食として預けられ、さらにその後は、浄花院の門徒となっており、決して恵まれた人生ではなかった。それが、ようやく文明四年に吉崎に落ちついて間もない時の死であった。

その見玉尼往生について、蓮如は、次のように記す。

静におもんみれば、夫人の性は名によると申しはんべるも、まことにさぞとおもひしられたり。しかれば今度往生せし亡者の名を見玉といへるは、玉をみるとよむなり。さればいかなるたまぞといへば、真如法性の妙理、如意宝珠をみるといへるこゝろなり。これによりて彼比丘尼見玉房は、もとは禅宗の喝食なりしが、中比《(ママ)》は浄花院の門徒となるといへども、不思議の宿縁にひかれて、近比は当流の信心のこゝろをえたり。そのいはれは、去文明第二、十二月五日に伯母にてありし者死去せしを、ふかくなげきおもふところに、うちつゞき、またあくる同文明第三、二月六日にあねにてありし者同臨終す。一方ならぬなげきによりて、その身も病付てやすからぬ躰なり。つゐにそのなげきのつもりにや病となりけるが、それよりして違例の気なをりゐずして、当年五月十日より病の床にふして、首尾九十四日にあたりて往生す。

うち続く身近な人の死に対する上人の悲しみと、見玉尼に対する深い思いが読みとれる。そしてこの『御文』に続いて、

されば病中のあひだにをひてまふすことは、年来浄花院流の安心のかたをふりすてゝ、当流の安心を決定せしむるよしをまうしいだしてよろこぶ事かぎりなし。ことに臨終より一日ばかりさきには、猶々安心決定せしむねをまうし、また看病人の数日のほねおりなんどをねんごろにまうし、そのほか平生におもひしことどもをこ

とごとくまうしいだして、つゐに八月十四日の辰のをはりに、頭北面西にふして往生をとげけり。されば看病人もまた誰やの人までも、さりともとおもひしいろのみゑつるに、かぎりあるいのちなれば、ちからなく无常のかぜにさそはれて、かやうにむなしくなりぬれば、いまさらのやうにおもひて、いかなる人まで感涙をもよほさぬはなかりけり。（中略）しかればこの比丘尼見玉、このたびの往生をもてみな〳〵まことに善知識とおもひて、一切の男女にいたるまで一念帰命の信心を決定して、仏恩報尽のためには念仏まうしたまはゞ、かならずしも一仏浄土の来縁となるべきものなり。あなかしこ〳〵。（4）（帖外一〇）

とある。

ここでは、見玉尼が真宗の安心を得て往生したことをよろこんでいる。さらにその切々たる愛惜の情とともに、「无常のかぜにさそはれて、かやうにむなしくなりぬれば、いまさらのやうにおもひて、いかなる人まで感涙をもよほさぬはなかりけり」と、無常が実感されている。しかも、その無常は、単なる厭世ではない。むしろ、死を受けとめるための原理となっている。

翌文明五年、亡母の十三回忌と妙意尼、如慶尼らの三回忌、了忍尼、見玉尼らの一周忌が勤められた。この中で蓮如は、改めて死を見つめて、幾通かの『御文』を書いている。そのうち、「文明五年九月十一日」付、「文明五年九月中旬」付のものには、それぞれ次のように記されている。

信心をとり弥陀をたのまんとおもひたまはゞ、まづ人間はたゞゆめまぼろしのあひだのことなり。後生こそまことに永生の楽果なりとおもひとりて、人間は五十年・百年のうちのたのしみなり。後生こそ一大事なりとおもひて、もろもろの雑行をこのむこゝろをすて、あるひはまたものゝいまはしくおもふこゝろをもすて……。（5）（一一〇）

それおもんみれば人間はたゞ電光朝露のゆめまぼろしのあひだのたのしみぞかし。たとひまた栄華栄耀にふけりて、おもふさまのことなりといふとも、それはたゞ五十年乃至百年のうちのことなり。もしたゞいまも无常のかぜきたりて、さそひなは、いかなる病苦にあひてか、むなしくなりなんや。まことに死せんときは、かねてたのみをきつる妻子も財宝も、わが身にはひとつもあひそふことあるべからず。されば死出の山路のすゑ三塗の大河をばたゞひとりこそゆきなんずれ。これによりて、たゞふかくねがふべきは後生なり、またたのむべきは弥陀如来なり、信心決定してまいるべきは安養の浄土なりとおもふべきなり。(6)　（一―一一）

また同じく十二月には、二十二歳で亡くなった松長の道林寺慶順の死を悼み、次のような御文を書いている。

それ人間の為躰をしづかに安ずるに、老少不定とい丶ながら、つれなきものは我等ごときの凡夫なり。これによりて身躰は芭蕉葉におなじ、たゞいまも无常の風にあひなば、すなはち、やぶれなんことは誰の人かのがるべき。たゞふかくいとふべきは娑婆世界なり、またねがふべきは安養世界なり。このたび信心決定して仏法修行せずば、いつの世にかはうかむことをえんや。それについては、こゝにすぎぬる秋のころ、多屋人数の中に松長の道林寺、郷の公慶順は、としをいへば二十二歳なりしが、老少不定のいはれやのがれがたきによりて、ついに死去す。あはれなることなか〳〵いふばかりもなし。ことに仏法をこゝろにいれし間、おしまぬ人これなしとおもふ所に、今月四日に又福田の乗念も往生す。かの道林寺も同日にあひあたりて往生せしこと、まことに信心のとをりも一味せるいはれとおもひはんべるなり。抑乗念は満六十なり、松長の慶順は廿二歳なり。これすなわちわかきは老たるにさきだついはれなれば、あら道林寺やな、かれこれもおくれさきだつ人間界のならひは、たれものがれがたきなり。さりながら「同一念仏无別道故」の本文にまかせて、まことに一仏浄土の往生をとげんこと、本願あやまりあるべからず。あら殊勝哉〳〵。あなかしこ〳〵。(7)　（帖外二四）

このように、次後、蓮如においては、死をどう受けとめるか、あるいは、悲しみをどう超えていくかということが、仏教を立場として、ことさら深く問われている。そのことは言うまでもなく、「諸行無常」を自覚していく仏教本来の立場であり、「生死出離」という真宗の救いそのものの求道であった。

今、特に蓮如において強く無常観を読みとれる『御文』をあげてみると、別表のごとくになる。

○無常の『御文』と蓮如の死別体験

	蓮如年齢	五帖御文	帖外御文	死別体験（判明できるもののみ）
一四七〇（文明二）	五六			・十二月五日　第二室蓮祐尼死す（大津南別所住）
一四七一（文明三）	五七			・二月一日　第十子妙意尼死す（十二歳） ・二月六日　第二子如慶尼死す（二十六歳） （越前に赴き吉崎御坊建立）
一四七二（文明四）	五八		（外10）文明四・八・二十二　（見玉尼往生）	・八月一日　第十四子了忍尼死す（七歳） ・八月十四日　第四子見玉尼死す（二十五歳）
一四七三（文明五）	五九	（一―六）文明五・卯月二十五 （一―一〇）文明五・九・十一 （一―一一）文明五・九・中旬 （二―一）文明五・十二・八	（外11）文明五・八・二十八　（亡母十三回忌） （外24）文明五・十二　（慶順往生） （外27）文明五・十二・十三	・十二月　弟子道林寺慶順死す（二十二歳）
一四七四（文明六）	六〇	（二―五）文明六・二・十六 （二―七）文明六・三・三	（外38）文明六・九（吉崎炎上）	・三月二十八日　吉崎御坊炎上（死者を出す）

		(二—一二)文明六・六・十二 (三—四)文明六・八・十八		
一四七五(文明七)	六一	(三—九)文明七・五・二十八	(外42)文明七・五・二十 (粟田口を偲んで)	(吉崎を出て河内出口へ赴く)
一四七六(文明八)	六二		(外44)文明八・六・二	
一四七七(文明九)	六三	(四—二)文明九・九・十七 (四—三)文明九・九・二十七 (四—四)文明九・十二・二	(外47) 文明九・十	
一四七八(文明十)	六四		(外50)文明十 (山科盂蘭盆会) (外51)文明十・九・十七 (如勝尼往生)	・八月 第三室如勝尼死す(三十一歳) (出口より山科へ赴く)
一四七九(文明十一)	六五		(外54) 文明十一・十二	・十二月 弟子堅田法住死す(八十三歳)
一四八三(文明十五)	六九			・五月二十九日 第一子順如死す (四十二歳) (山科本願寺完成)
一四八八(長享二)	七四			・八月二十五日 弟子金森道西死す(九十歳)
一四八九(延徳一)	七五			・八月二十八日 山科南殿に隠居

一四九〇（延徳二）	七六		（外68）延徳二・九・二十五	・閏八月　第十二子祐心死す（二十八歳）
一四九二（延徳四）	七八	（四―九）延徳四・六（疫癘）		・十一月　第十一子如空死す（三十一歳）
一四九四（明応三）	八〇		（外70）明応三・霜月二十一	
一四九八（明応七）	八四	（四―一三）明応七・四・十一（病患）	（外90）「八十四歳書之」	・四月初より蓮如病む （一四九七　石山御坊完成）
一四九九（明応八）	八五			・三月九日　五子を集めて後事を託す ・三月二十五日　蓮如死す（八十五歳）
年次不明		（五―一一）（御正忌） （五―一六）（白　骨）	（外100） （外115） （外116）	

特に私的な事柄を混じえて編まれた『帖外御文』の中には、見玉尼往生の『御文』のごとく、具体的な記述が見られる。いささか長文にわたるが帖内、帖外、合わせて、その代表的なものを掲げ、その意図するところを考えてみたい。「文明六年三月三日」付の『御文』には、

静におもんみれば、それ人間界の生をうくることは、まことに五戒をたもてる功力によりてなり。これおほきにまれなることぞかし。ただし、人界の生はわずかに、一旦の浮生なり。後生は永生の楽果なり。たといまた栄花にほこり栄耀にあまるというとも、盛者必衰会者定離のならいなれば、ひさしくたもつべきにあらず。た

だ五十年百年のあいだのことなり。それも老少不定ときくときは、まことにもってたのみすくなし。これによりていまのときの衆生は他力の信心をえて浄土の往生をとげんとおもふべきなり。(8)（以下略）　（二―七）

とある。

また、同じく、「文明六年八月十八日」付には、

夫、倩人間のあだなる躰を案ずるに、生あるものはかならず死に帰し、さかんなるものはつゐにおとろふるならひなり。さればたゞいたづらにあかし、いたづらにくらして、年月をくるばかりなり。これまことになげきてもなをかなしむべし。このゆへに上は大聖世尊よりはじめて下は悪逆の提婆にいたるまで、のがれがたきは无常なり。しかればまれにもうけがたきは人身、あひがたきは仏法なり。たま〳〵仏法にあふことをえたりといふとも、自力修行の門は末代なれば、いまのときは出離生死のみちはかなひがたきあひだ、弥陀如来の本願にあひたてまつらずば、いたづらごとなり。しかるにいますでにわれら弘願の一法にあふことをえたり。このゆへにたゞねがふべきは極楽浄土、たゞたのむべきは弥陀如来、これによりて信心決定して念仏申べきなり。(9)

（以下略）　（三―四）

と記している。

また、この年の三月二十八日には、吉崎御坊南大門の多屋より出火し、炎上している。そのことについても、ことさら無常を感じ、九月に至って次のごとき『御文』を書いている。

夫文明第三、五月仲（ママ）旬比江州志賀郡大津三井寺のふもと南別所近松を風度思立て、於此方可居住不及覚悟、越前・加賀の両国を経廻して、其よりのぼり当国細呂宜の郷、吉崎といへる在所いたりておもしろきあひだ、誠に虎・狼・野干のすみかの大山をひきたいらげて、一宇をむすびて居住せしむるほどに、当国・加州の門下之

輩も、山をくづし、又柴築地をつきなんどして、家を我も〳〵とつくるあひだ程もなく一年・二年とすぐるまゝ、文明第三之暦夏比《(ママ)》より当年までは、すでに四年なり。しかれども田舎の事なれば、一年に一度づゝは小家なんどは焼失すと。いまだ此坊にかぎりて火難之儀なかりしかども、今度はまことに時尅到来なりける歟。当年文明第六三月廿八日酉尅とおぼへしに、南大門の多屋より火事いでゝ北大門にうつりて焼しほどに、已上南北の多屋は九なり。本坊を加てはかず十なり。南風にまかせてやけしほどに、時のまに灰燼となれり。まことにあさましといふも中々言葉もなかりけり。しかれば人間は何事もはや是なり。殊に「三界无安猶如火宅」といへるも今こそ身にはしられたり。依之此の界は有无不定の境なればいかなる家、いかなる宝なりとも久くもちたもつべきにあらず。たゞいそぎてもねがふべきは弥陀の浄土なり。今一時もとく心得べきは念仏の安心なり。されば身躰はばせうのごとし。風に随て破れやすし。かゝる浮世にのみ執心ふかくして、无常に心をふかくとゞむるは、あさましき事にあらずや。いそぎ信心を決定して極楽にまひるべき身になりなば、是こそ真実〳〵ながき世のたからをまうけ、ながき生をえて、やけもうせもせぬ安養の浄土へまひりて、命は无量无辺にして、老せず死せざるたのしみをうけて、あまつさへ又穢国にたちかへりて、神通自在をもて志すところの六親眷属を心にまかせてたすくべきものなり。これすなはち「還来穢国度人天」といへる釈文の心これなり。あなかしこ〳〵。[10]　（帖外三八）

『法華経』に説かれる「三界无安猶如火宅」、『法事讃』の「還来穢国度人天」を引き合いに出し、無常なるがゆえにいそぎ浄土に参り穢国に還れと説く。

また、老いていく自身にも無常を感じて、「文明九年九月十七日」付で老苦を超えるべく、次のごとき『御文』を記している。

夫人間の寿命をかぞふれば、いまのときの定命は五十六歳なり。しかるに常時にをひて年五十六までいきのびたらん人はまことにもていかめしきことなるべし。これによりて予すでに頽齢六十三歳にせまれり。勘篇すれば年ははや七年までいきのびぬ。これにつけても、前業の所感なれば、いかなる病患をうけてか、死の縁にのぞまんとおぼつかなし。これさらにはからざる次第なり。(中略)このゆえに、愚老が身上にあててかくのごとくおもへり。たれのひとびとも、この心中に住すべし。ことにもてこの世界のならひは老少不定にして電光朝露のあだなる身なれば、いまも无常のかぜきたらんことをばしらぬ躰にてすぎゆきて、後生をばかつてねがはず、たゞ今生をばいつまでもいきのびんずるやうにこそおもひはんべれ。あさましといふもなをろかなり。いそぎ今日より弥陀如来の他力本願をたのみ、一向に无量寿仏に帰命して、真実報土の往生をねがひ称名念仏せしむべきものなり。あなかしこ〳〵。(11)　(四―一二)

同様に、「文明九年十二月二日」付には、

夫秋もさり春もさりて、年月ををくること昨日もすぎ、今日もすぐ。いつのまにかは年老のつもるらんともおぼえずしらざりき。しかるにそのうちには、さりとも、あるひは花鳥風月のあそびにもまじはりつらん。また歓楽苦痛の悲喜にもあひはんべりつらんなれども、いまにそれともおもひだすこととてはひとつもなし。たゞいたづらにあかし、いたづらにくらして、老のしらがとなりはてぬる身のありさまこそかなしけれ。されども今日までは无常のはげしき風にもさそはれずして、我身ありがほの躰をつら〳〵案ずるに、たゞゆめのごとし、まぼろしのごとし。いまにをひては生死出離の一道ならでは、ねがふべきかたとては、ひとつもなく、またふたつもなし。これによりて、こゝに未来悪世のわれらごときの衆生をたやすくたすけたまふ阿弥陀如来の本願のましますときけば、まことにたのもしく、ありがたくもおもひはんべるなり。この本願をたゞ一念无疑に至心帰命したてまつれば、わづらひもなく、そのとき臨終せば往生治定すべし。もしそのいのちのびなば、一期のあひだは仏恩報謝のために念仏して畢命を期とすべし。これすなはち平生業成のこゝろなるべしと、たしかに聴聞せしむるあひだ、その決定の信心のとほりいまに耳のそこに退転せしむることなし。(12)（以下略）（四—四）

と記す。この年には、ことさら深く老いを感じたようであり、「文明九丁酉十月日」付（帖外四七）の『御文』にも、同様のことを述べている。

また、「文明十年九月十七日」付（帖外五二）の『御文』には、第三室如勝尼の死を悼んでいる。そこでは死期を感じとっていた如勝尼自身の死を迎えたありさまに、ことさら深く学んでいる。

また、病に対しても、「延徳四年六月日」付の『御文』には、

当時このごろことのほかに疫癘とてひと死去す。これさらに疫癘によりてはじめて死するにはあらず。生れはじめしよりしてさだまれる定業なり。さのみふかくおどろくまじきことなり。しかれどもいまの時分にあたりて死去するときは、さもありぬべきやうにみなひとおもへり。これまことに道理ぞかし。このゆへに阿弥陀如来のおほせられけるやうは、末代の凡夫罪業のわれらたらんもの、つみはいかほどふかくともわれを一心にたのまん衆生をばかならずすくふべしとおほせられたり。かゝる時はいよ〳〵阿弥陀仏をふかくたのみまいらせて、極楽に往生すべしとおもひとりて、一向一心に弥陀をたふときことゝうたがふこゝろつゆちりほどももつまじきことなり。かくのごとくこゝろえのうへにはねてもさめても南无阿弥陀仏〳〵とまうすは、かやうにやすくたすけましまする御ありがたさ御うれしさをまうす御礼のこゝろなり。これをすなわち、仏恩報謝の念仏とはもうすなり。あなかしこ、あなかしこ。(14)（四—九）

と述べられている。

さらに、「明応七年初夏仲旬第一日」付の『御文』には、病をもっと積極的に引き受けるべく、次のように記される。

夫秋さり春さり、すでに当年は明応第七孟夏仲旬ごろになりぬれば、予が年齢つもりて八十四歳ぞかし。しかるに当年にかぎりてことのほか病気にをかさるゝあひだ、耳目手足身躰こゝろやすからざるあひだ、これしかしながら業病のいたりなり。または往生極楽の先相なりと覚悟せしむるところなり。これによりて法然聖人の御ことばにいはく、「浄土をねがふ行人は病患をえてひとへにこれをたのしむ」とこそおほせられたり。しかれどもあながちに病患をよろこぶこゝろさらにもてをこらず。あさましき身なりはづべし、かなしむべきもの歟。さりながら予が安心の一途一念発起平生業成の宗旨にをひては、いま一定のあひだ仏恩報尽の称名は行住坐臥にわすれざること間断なし。これについてこゝに愚老一身の述懐これあり。そのいはれは、われら居住の在所々々の門下のともがらにをひては、おほよそ心中をみをよぶに、とりつめて信心決定のすがたこれなしとおもひはんべり。おほきになげきおもふところなり。そのゆへは愚老すでに八旬の齢すぐるまで存命せしむるしるしには信心決定の行者繁昌ありてこそ、いのちながきしるしともおもひはんべるべきに、さらにしかしかとも決定せしむるすがたこれなしとみをよべり。そのいはれをいかんといふに、そもそも人間界の老少不定のことをおもふにつけても、いかなるやまひをうけてか死せんや。かゝる世のなかの風情なれば、いかにも一日も片時もいそぎて信心決定して、今度の往生極楽を一定して、そののち人間のありさまにまかせて世をすごすべきこと肝要なりと、みなみなこころうべし。このおもむきを心中におもいいれて、一念に弥陀をたのむこころを、ふかくおこすべきものなり。あなかしこ、あなかしこ。(四―一三)(15)

すなわち、ここでは法然のことばを引いて、「浄土を願う行人は、病患をえて、ひとえにこれをたのしむ」といっている。しかし、続いて「しかれども、あながちに病患をえてよろこぶこころ、さらにもっておこらず、あさましき身なり。はずべし、かなしむべきものか」といっている。病を楽しめないわが身をはじながらも、それを願っている。ではいかにすればそうなれるのであるか。蓮如はさらに「かかる世の中の風情なれば、いかにも一日も片時も、いそぎて信心決定して、今度の往生極楽を一定して、そののち、人間のありさまにまかせて世をすごすべきこと肝要なりと、みなみなこころうべし」と言う。身体も、老いも、病も、死もすべてが意のごとくならなかったと、つまり、「人間のありさま」、ありのままに気づいて、それにうなずいている。信心獲得して、自我が破れたとき、つまり、いつまでも若い、いつまでも健康であるという妄想が破れたとき、開けてくる世界である。われわれは、その「人間のありさま」が受け入れられないから苦しむのである。我執に苦しめられているのである。そのことがわかったら、落ちつける。やはり、身体も、老いも、病も、生も、死も与えられたものである。他力の妙用である。この身のままで「浄土に遊ぶ」のである。病によって、そのことを知らされたかと思えば、病もまた楽しからずや。蓮如は今、そういう世界にいるのである。

このように、蓮如は、深い無常観に立って人間を観ている。そして、「ゆめまぼろし」「電光朝露」「浮生」「あだなる人間界」「老少不定」などといったことばで、空しく過ごすわれわれに対し、激しく宗教感情をかき立ててくる。そこでの論理は、いずれも、無常なるがゆえに信を獲て、つまり、常であるという妄想を破り、「永生」「常住」に目覚めよというものである。

ところで、ここに示される蓮如の無常観は、中世における「世捨て人」に見られる厭世的なものとは、まったく異質である。

蓮如の場合は、人間の持つ我執、とらわれを否定するものとしての無常である。一度得た人生は、永遠のものであると思うところの我執、あるいは、とらわれ、妄想を超えるものとしての無常である。従ってその背景には、「実機の自覚」がある。

蓮如は現実に対する妄想の繫縛を、無常の自覚によって超えているのである。

つまり、そこでは、形に執着し、生命に執着するわが身が徹底的に否定され、その自我否定によって、そこから解放され、普遍的世界に立っているのである。

従ってそれは、自我否定としての無常であり、苦悩の現実を引き受けていく原理として、むしろ、積極的な立場の無常である。

それゆえ蓮如の場合、無常を感じさせた出来事は、すべて、逆に宿縁の善知識として仰がれている。

たとえば、先に引用したごとく、第四子見玉尼、あるいは第三室如勝尼との死別に際し、

しかれば、この比丘尼見玉、このたびの往生をもてみな〳〵まことに善知識とおもひて……。[16]　（帖外一一）

このあへなさ、あはれさをまことに善知識とおもひなして……。[17]　（帖外五一）

と述べるがごとくである。死別そのものが善知識として受けとめられ、自らの報土往生の機縁とされ、その事実が積極的に引き受けられているのである。

老いもまた然り、病もまた然りである。

蓮如は、〝死〟をみつめることによって、あるいは、〝老〟や〝病〟の現実の「ありさま」を見つめることによって、そこから逆に充実した〝生〟を得ているのである。されば、次に、その論理を確認してみたい。

二　無常と常住

すでに述べたごとく、蓮如における無常は、厭世的、世捨て人的な無常ではない。それは蓮如自身が、終生、市井の俗中にあり、決して隠遁生活を送っていないことからしても明瞭である。その意味では、吉田兼好や鴨長明らの無常とは、根本的に違う。

蓮如の無常は、むしろ、苦の事実を積極的に引き受ける原理としての無常である。

蓮如は、人間の生を「浮生」といい、「不定のさかい」あるいは「有為の娑婆」と観る。それに対し、そこから出離した世界を「永生」といい、「常住の国」、「無為の浄土」という。

たとえば、『御文』には、

夫、人間の浮生なる相をつら〱観ずるに……。[18]　（五—一六）

人間の生はわずかに一旦浮生なり。後生は永生の楽果なり。[19]　（二—七）

人間は不定のさかひなり、極楽は常住の国なり。されば不定の人間にあらんよりも、常住の極楽をねがふべきものなり。[20]　（五—一一）

世間は一旦の浮生、後生は永生の楽果ならば、今生はひさしくあるべき事にもあらず候。[21]　（帖外一一六）

と述べられる。

浮生とは、分段生死に立った空しい人生である。生を実体視し、普遍的〝いのち〟に目覚めていない立場である。帰依処の定まらない「不定のさかい」である。

それに対し、永生とは、無生の生であり、不思議変易生死である。〝いのち〟の実体視を離れ、普遍的〝いのち〟に目覚めた立場である。それは、無常という自覚、つまり、「ありのまま」の自覚を経て気づかされた常住の世界である。〝常〟であるという妄想が破れ、〝無常〟を自覚したとき、自ずと開かれてくる立場である。そこでは、

〝ありのまま〟の救いであり、〝そのまま〟に一切を引き受けることのできる〝常住〟の世界である。それこそ、普遍に乗托し、普遍に生きる立場である。それゆえ、永生の楽果といい、『御一代記聞書』には、

无生の生とは、極楽の生は三界をへめぐるこゝろにてあらざれば、極楽の生は无生の生といふなり。[22]　（二七）

と、「無生の生」といわれるのである。極楽とは、普遍の世界である。すでに、その転換を機に、心は常住の国に住し、普遍の世界を遊戯しているのである。

今、その立場を蓮如は、「後生は永生の楽果」（二―七）（一―一〇）と述べているのである。

そして、その浮生から永生に目覚めることを「信心決定して（中略）今度の一大事の往生をよく〳〵とぐべきなり」（一―一）と、獲信あるいは信心決定として教示しているのである。後生を単に実体的な死後の世界ととらえてはならない。「後念即生」であり、三世を貫いたところの普遍に目覚めた世界である。それに目覚めれば、死後に迷う必要がない。このことが、蓮如における「後生の一大事」である。

「後念即生」が親鸞においては、現生正定聚を意味することはすでに述べたが、蓮如ももちろん、その立場に立っている。

すなわち、『御文』の基本的立場は平生業成であり、この〝いのち〟の目覚めも、平生になすべきことが強く説かれている。

たとえば、「文明四年十一月二十七日」付のものには、

抑　親鸞聖人の一流にをひては、平生業成の儀にして、来迎をも執せられさふらはぬよし、うけたまはりをよびさふらふは、いかゞはんべるべきや。その平生業成とまうすことも、不来迎なんどの儀をも、さらに存知せず。くはしく聴聞つかまつりたくさふらふ。

答ていはく、まことにこの不審もとももて一流の肝要とおぼえさふらふ。おほよそ当家には一念発起平生業成と談じて、平生に弥陀如来の本願の我等をたすけたまふことはりをきゝひらくことは、宿善の開発によるがゆへなりとこゝろえてのちは、わがちからにてはなかりけり。仏智他力のさづけによりて、本願の由来を存知するものなりとこゝろうるが、すなはち平生業成の儀なり。されば平生業成といふは、いまのことはりをきゝひらきて、往生治定とおもひさだむるくらゐを、一念発起住正定聚とも、平生業成とも、即得往生住不退転ともいふなり。[23]（一―四）

と述べられる。

もとより、平生業成とは、「即得往生住不退転」と述べられるように、親鸞の言う現生正定聚の立場である。覚如もしくは存覚において、浄土宗（西山・鎮西）の臨終業成（来迎）に対して、現生（平生）を強調して名づけられた名目である。その意味するところは、すでに第七章、第八章で述べたが、どこまでも死後ではなく、現生に死を超え、正定聚、つまり、往生成仏が定まった立場に立てとの教義である。死の積極的な受容あるいは超越である。

それゆえ、この『御文』では、続いて、死後往生の来迎を否定した「不来迎」が説かれるのである。

問ていはく、一念往生発起の儀、くはしくこゝろえられたり。しかれども不来迎の儀いまだ分別せずさふらふ。ねんごろにしめしうけたまはるべくさふらふ。

答ていはく、不来迎のことも、一念発起住正定聚と沙汰せられさふらふときは、さらに来迎を期しさふらふべきこともなきなり。そのゆへは、来迎を期するなんどまうすことは、諸行の機にとりてのことなり。真実信心の行者は、一念発起するところにて、やがて摂取不捨の光益にあづかるときは、来迎までもなきなりとしらるゝなり。

されば聖人のおほせには、来迎は諸行往生にあり、真実信心の行人は摂取不捨のゆへに正定聚に住す、正定聚に住するがゆへにかならず滅度にいたる。かるがゆへに臨終まつことなし、来迎たのむことなしといへり。この御ことばをもてこゝろうべきものなり。(24)

(一―四)

「臨終まつことなし、来迎たのむことなし」との親鸞のことばが引用され、徳を積んだものは、臨終に正念を得て、阿弥陀と聖衆が来迎するとの立場は諸行の機として、厳しく否定されている。もとより、それは「いずれの行も及びがたき身」という自力無効の自覚をとおしてのことである。いのちの所有化が破れ、生死が如来のはたらきと自覚された時、つまり、他力に目覚めた時、死にとらわれない普遍的世界に住するとの立場である。それを今、蓮如は「真実信心の行者は、一念発起するところにて、やがて摂取不捨の光益にあずかる」と教示する。

さらに、このことは、「明応三年霜月廿一日」付の『御文』では、

夫つら〳〵当流の宗義を案ずるに、鎮西・西山之両流にこえすぐれたり。そのゆへは、或は臨終往生を本とし、或は念仏の数篇をもて一・二・三・五の往生をゆるす家なり。されば此等の宗義にをひて各別にして、当流聖人の立義はすでに一念発起平生業成の義をたてゝ宗の本意とする条、他流には大にあひかはれるものなり。(25)

(帖外七〇)

と述べられ、その平生業成について、「文明四年二月八日」付の『御文』に、

平生業成事

抑宿善開発の機にをひて、平生に善知識のをしへをうけて、至心信楽欲生の帰命の一心他力よりさだまるとき、正定聚のくらゐに住し、また即得往生住不退転の道理をこゝろへなん機は、ふたゝび臨終の時分に往益をまつべきにあらず。そのゝちの称名は仏恩報謝の他力催促の大行たるべき条文にありて顕然なり。念仏往生には臨

終の善悪を沙汰せず、至心信楽欲生の帰命の一心他力よりさだまるとき、即得往生住不退転の道理を善知識にあふて聞持する平生のきざみに、往生は治定するものなりと。[26]（帖外九）

と、釈する。平生業成とは、決して臨終に救いを求めるのではなく、「平生のきざみ」に他力に目覚めて往生が定まるとする立場である。実体的な来世に救いを求めて、死を消極的に受容するのではなく、現生において、死を超える親鸞の立場がそのまま伝承されている。

また、先の『御文』では、救済の利益をどう受けとめるかの問いを立て、次のように答えている。すなわち、

問うていはく、正定と滅度とは一益とこゝろうべきか、また二益とこゝろうべきや。

答ていはく、一念発起のかたは正定聚なり。これは穢土の益なり。つぎに滅度は浄土にてうべき益にてあるなりとこゝろうべきなり。されば二益なりとおもふべきものなり。[27]（一―四）

とある。

つまり、ここでは、信心を獲て、正定聚に住するのは、穢土（現生）の益であり、滅度（煩悩を滅す）は浄土にてうべき益と教示する。正定聚は現生にあり、成仏は安養浄土に生まれて獲る益とされる。そのことは、正定聚は、現生に心にそなわり、成仏は、臨終の一念をまって、未来に身にそなわるとのあり方である。上に述べた親鸞の立場を蓮如は、このように理解しているのである。

ただ、親鸞においては、「住正定聚」について、「往生を得」という表現さえ、いくつか見られるが、蓮如には、そういった表現は、ほとんど見られない。しかし、住正定聚つまり、平生業成を「即得往生住不退転とも言う」という表現からすれば、蓮如もまた同様に理解していたといってもよい。

また、称名念仏についても、上掲の「文明四年二月八日」付（帖外九）の『御文』が示すごとく、決して死後往生を祈る自力の念仏ではない。

そこで示されるように、念仏とは「他力催促」の念仏であり、我執にとらわれるわれわれに、「如来招換の勅命」として、働いてくるものとして受けとめられている。いわゆる、親鸞の言う大行としての念仏行を確認している。そして今、蓮如においては、特に信後は、「仏恩報謝の称名念仏」としてのあり方が示される。いずれにしろ、念仏とは来世を祈る手段としてのものではない。いのちを私有化し、死にとらわれているわれわれを破る如来の呼び声として理解されている。

三　六字の理解

当時、念仏とは一般に来世を祈るものとして誤解されていたがゆえに、ことさら、善導の六字釈を引用し、念仏のいわれを強調している。六字釈の引用とその解釈は、『御文』のいたるところに見られ、それが『御文』の根幹となっている。ひとえに、それは他力大行としての念仏行であることを広く知らせんがためであった。

まず、蓮如は『御文』で六字のこころを説くにあたり、善導の「玄義分」の解釈を簡明に示して、それでもって、念仏理解をしているものがほとんどである。

具体的に示せば、直接、六字釈をあげたものに、

（三―六）（三―八）（四―八）（四―一四）（五―一一）（五―一三）

がある。そのほか、六字のこころを釈しているものに、

（二―一四）（二―一五）（三―二）（三―四）（三―五）（三―七）（四―六）（四―一一）（五―五）（五―八）

（五―九）

があり、合わせて十七通がある。

親鸞の名号釈によらず、ことさら善導の六字釈によるがゆえに、「善導ずわり」の印象を持つが、果たしてそうか。『御文』では、特に、六字釈から、他力回向、二種深信、機法一体の立場を六字のこころとして摂めて説く。すなわち真宗における最も重要な教義的立場の一つは、他力回向の義である。まず第一にこの立場を、蓮如は念仏のいわれを尋ねる中で、説き示している。

もともと親鸞は、「行巻」で、他力について、

何《い》かに況んや、十方群生海、斯の行信に帰命すれば、摂取して捨てたまはず。故に阿弥陀仏と名づくると。是れを他力と曰ふ。(28)〈原漢文〉

と述べる。

そして、善導の六字釈からさらに、

是を以て帰命は本願招喚《セウクワン》《マネク》之勅《オホセ》命也。発願回向と言ふは如来已に発願して衆生の行を回施したまふ之心也。即是其行と言ふは即選択本願是也。(29)〈原漢文〉

という。これは、まったく法のはたらきとして示し、若不生者の願力を意味している。他力回向の根拠を発願回向に求め、帰命も本願からの衆生に対する摂取の呼び声と教示する。

そして、『選択集』に依りつつ、

明に知ぬ是凡聖自力之行に非ず。かるがゆえに不回向之行と名る也。大小聖人、重軽悪人、皆な同じく斉しく選択大宝海に帰して念仏成仏すべし。(30)〈原漢文〉

と不回向の義を述べる。

今、これらの立場に基づいて、それを蓮如は、南無阿弥陀仏の六字の解釈の中で説き示す。

たとえば、

一念に弥陀をたのむ衆生に无上大利の功徳をあたへたまふを、発願回向とはまうすなり。[31]　（五—一三）

帰命の一念をこるとき、かたじけなくも遍照の光明を放ちて行者を摂取したまふなり。このこゝろすなはち阿弥陀仏の四つの字のこゝろなり。又発願回向のこゝろなり。[32]　（三—六）

と。さらに、このことを即是其行でも示す。

阿弥陀仏のその衆生をよくしろしめして、万善万行恒沙の功徳をさづけたまふなり。このこゝろすなわち阿弥陀仏即是其行といふこゝろなり。[33]　（四—八）

回向といふは、弥陀如来の衆生を御たすけをいふなり。[34]　（『蓮如上人御一代記聞書』三七）

と、つまり、光明摂取、功徳回向を、六字の解釈で説いているのである。

もっとも、発願回向に即是其行の意を含めて、ただ発願回向だけの釈で即是其行の解釈のないものもある（五—五）（五—一三）。

逆に、即是其行に発願回向を含めて、ただ即是其行だけの釈がされている場合もある（四—八）。

二義とも同じ意として釈されている場合もある（三—六）（四—一四）。

さらに、不回向についても、善導の六字釈の引用解釈の後、

其意いかんぞなれば、阿弥陀如来の因中に於て、我等凡夫の往生の行をさだめ給ふとき、凡夫のなす所の回向は自力なるがゆへに、成就しがたきによりて、阿弥陀如来の、凡夫のために御身労ありて、此回向を我等にあ

たへんがために、回向成就し給ひて、一念南无と帰命するところにて、この回向を我等凡夫にあたへましますなり。故に、凡夫の方よりなさぬ回向なるがゆへに、これをもって如来の回向をば、行者のかたよりは不回向とは申すなり。此いわれあるがゆへに、南无の二字は帰命のこゝろなり。また、発願回向のこゝろなり。(35)（三—八）

と述べ、続いて、

此いはれなるがゆへに、南无と帰命する衆生を、かならず摂取してすてたまはざるがゆへに、南无阿弥陀仏とは申すなり。(36)（同）

と、摂取不捨のいわれを説く。

ようするに他力回向を六字釈の発願回向と即是其行のことばに見出し、念仏のいわれの解釈で説き示している。まさに、南無阿弥陀仏に他力の意味がこめられており、そのいわれをたずぬれば、自ずと他力回向の教えが解かる、と説いているのである。

第二に、『御文』に説かれる念仏のいわれには、真宗の救済の根本原理である二種深信が説かれる。もとより、親鸞は『尊号真像銘文』に智栄の善導讃を釈し、

称仏六字といふは、南無阿弥陀仏の六字をとなふるとなり。「即嘆仏」といふは、すなわち南無阿弥陀仏をとなふるは、仏をほめたてまつるになると也。また、「即懺悔」といふは、南無阿弥陀仏をとなうるは、すなわち無始よりこのかたの罪業を懺悔するになるとまふす也。「即発願回向」といふは、南無阿弥陀仏をとなふるはすなわち安楽浄土に往生せむとおもふになる也。また、一切衆生にこの功徳をあたふるになると也。(37)

と説く。「即嘆仏」とは法の深信であり、「即懺悔」とは機の深信である。すでに親鸞自身、善導によって、南無阿

弥陀仏に二種深信の立場を領解している。

さらに、同じく『尊号真像銘文』には、善導章に、

言南無者といふは、すなわち帰命とまふすみことば也、帰命はすなわち釈迦・弥陀二尊の勅命にしたがひて、めしにかなふとまふすことばなり。このゆへに即是帰命とのたまへり。亦是発願回向之義といふは、二尊のめしにしたがふて安楽浄土にむまれむとねがふこころなりとのたまへる也。言阿弥陀仏者とまふすは、即是其行となり、即是其行はこれ、すなはち、法蔵菩薩の選択の本願也。安楽浄土の正定の業因なりとのたまへるこころ也。(38)

と、帰命と発願回向を衆生の信心つまり、機の方で受け止め、阿弥陀仏はその機を助ける本願の法であるとする。

このことを『御文』では、

南无の二字は、衆生の阿弥陀仏を信ずる機なり。次に阿弥陀仏といふ四の字のいはれは、弥陀如来の衆生をたすけたまへる法なり。(39)（三―七）

と随所で示す。

もっとも、南無の解釈の帰命を機、発願回向を法として、阿弥陀仏の義を略している場合もある（五―五）（五―一三）。

また発願回向と阿弥陀仏を同一に衆生を助ける法としている場合もある（三―六）（四―一四）。

いずれにしろ、南無阿弥陀仏のいわれを説く中で、二種深信を説き示している。

さらに、『御文』では一歩進んで、機法一体の南無阿弥陀仏と説く（三―七）（四―八）（四―一一）（四―一四）（帖外六五）（帖外六六）（帖外八二）（帖外八九）（帖外一二九）。

たとえば、前に引いた（三―七）には、続いて、

このゆへに機法一体の南无阿弥陀仏といへるはこのこゝろなり。(40)

といい、また（四―八）では、

このゆへに、南无と帰命する機と、阿弥陀仏のたすけまします法とが一体なるところをさして、機法一体の南无阿弥陀仏とはまうすなり。(41)（四―八）

という。

ところで、この機法一体という言い方は、親鸞にはない。『安心決定鈔』に見られる。そこでは、

十方衆生の願行円満して、往生成就せしとき、機法一体の南无阿弥陀仏の正覚を成じたまひしなり。かるがゆへに、仏の正覚のほかは、凡夫の往生はなきなり。十方衆生の往生の成就せしとき、仏も正覚をなるゆへに、仏の正覚なりしと、われらが往生の成就せしとは、同時なり。（中略）仏の正覚は衆生の往生より成じ、衆生の往生は、仏の正覚より成ずるゆへに、衆生の三業と仏の三業とまったく一体なり。(42)

と説かれる。つまり、本願の若不生者と不取正覚の関係から、仏の正覚は衆生の往生成就したところにおいてかなう。従って、仏の正覚成就そのままが、衆生の往生成就であるとの理解である。そして、その正覚のみ名であるから、そのまま機法一体であるというのである。いささか、十劫安心に近い理解になるが、それもそのはずで、慧空の『安心決定鈔翼註』によれば、西山の書と断定されている。(43)

真宗において機法一体という用語が最初に用いられているのは、覚如の『願々鈔』であり、続く、存覚の『六要鈔』にも用いられている。

真宗の場合は、『安心決定鈔』の理解とは異なり、機とは仏をたのむ信心をいい、この信心は衆生の方にあるの

で、信ずる機とか、たのむ機といわれる。法は、その機を助ける仏の力、はたらきをいうのである。この仏を信ずる機とその機を助ける法は、光と闇の関係で表裏一体であり、それが、仏の正覚のみ名の上に成就されているというのが、機法一体の南無阿弥陀仏ということである。南無は仏を信ずる信心であり、阿弥陀仏の四字は衆生をたすける力と受け止められる。機も法も同一体で、仏願の成就するところである。それゆえ、凡夫はただ南無阿弥陀仏を申すのみである。

かくして、蓮如は難かしいことはいらない。ただ南無阿弥陀仏だけだといい、その六字に真宗の救済原理の根本を見出した。そして、門徒に「六字のこころ」「六字のいわれ」を尋ねよと勧め、そうすれば、そこからすべてが流れいずると示したのである。文字どおり「当流の安心の一義といふは、たゞ南无阿弥陀仏の六字のこゝろ(44)」(五—九)であった。徹底した念仏為本である。

しかし、同時に、

なにの分別もなく、くちにたゞ称名ばかりをとなへたらば、極楽に往生すべきようにおもへり。それはおおきにおぼつかなき次第なり(45)。 (五—一一)

といい、そして、

信心をもて本とせられ候(46)。 (五—一〇)

と示す。諸行に対しては「念仏為本」であり、その上でさらに心の有様として「信心為本」であったのである。しかも、その信は、

他力の信心をとるといふも別のことにはあらず。南无阿弥陀仏の六つの字のこゝろをよくしりたるをもって信心決定すとはいうなり(47) (五—一一)

とか、

六字のこゝろをよく〳〵こゝろうるものを他力の大信心をえたるひと。[48]　（五―一三）

といわれるように、六字のこころを心得ることが信心を獲ることであるとさえ言う。すなわち、信心も別の心ではなく、「南无阿弥陀仏のうちにこもりたるもの」[49]（四―八）として領解されている。蓮如は「われら一文不知の尼入道」と同じ所に身を置き、教え示すために深広な真宗の教えの枝葉を省き、精要を煎じつめた。その結果、残ったものがただ念仏のみであった。南無阿弥陀仏の六字をいかに説き、いかに一緒に称えるかであった。従って、『御文』では、この六字の解釈に真宗の救済原理のすべてを根拠づけている。つまり、六字にすべてが凝縮されているといっても過言ではない。蓮如はそういう念仏理解をしている。それが、当時の人々には最も「わかりやすい」真宗理解であったのであろう。

かくして、蓮如においては、無常なるがゆえに平生に念仏による信心獲得をせよと説く。しかも彼自身も、無常ということをとおして、我執（自我）を離れ、普遍に目覚めているのである。しかも、それは死後ではなくて、現生においてである。つまり、それが現生なるがゆえに、厭世的ではないのである。どちらかと言えば、親鸞が厳しい罪障の自覚において、我執を離れたのに対し、蓮如は、深い無常の自覚において、我執を離れている。いずれも、他力の念仏によるところのそれらの自覚をとおして、現生に〝いのち〟の私有化を脱し、自然法爾に目覚めていることは同じである。

つまり、蓮如においては、死をみつめることによって、死が超えられている。〝いのち〟に執着するわが身が主体的に厳しく問われることにおいて、それを否定契機として、逆にそれを超えた仏心が自覚されているのである。凡夫の執着が自覚されればされるほど、逆に、いよいよそのことによって、普遍が信知されているのである。正しく、仏心と凡心が一体となり、死に逝く身のままで救われているのである。

そのことを、蓮如は「信心獲得による後生の一大事」と表現し、その後生の一大事とは、正しく、〝死〟をとおして、まことの〝生〟に目覚めることにほかならない。安心して後生へ行ける今のあり方が問われているのである。蓮如の『御文』は、その意味で死を正面から課題にして、逆に最も現実的な人生を教示しているものと言える。

第二節　清沢満之

一　死生均しくす

結核という当時不治の病を患い、わずか四十一歳で他界した満之の生涯もまた、生と死を問い続けた生涯であった。それは、西洋哲学から親鸞思想へという学的道程もさることながら、何よりも彼自身が、いつも死に直面し、死の不安に絶え間なく襲われ、生を脅かされていたことによる。

彼の発病は、三十歳過ぎである。もちろん、もともと真宗の門徒であり、また、西洋哲学を学んでいたのであるから、発病以前から生や死の問題は、一応課題になっていた。しかし、発病後ほど、真剣かつ切実ではなかった。

一八八六（明治十九）年、二十四歳、文学部哲学科在学中の彼の思索のメモの断片には、

万法是真如
真如是万法 ｝凡神論
煩悩即菩提　一即一切、一切即一
生死即涅槃[50]

ということばがあり、さらに、その年の『見聞随載録』には、
死は生の母なり。是れ必然の理なり。如何となれば、生は勢力なり。故に勢力の諸則に順はざる可からず。而して、宇宙に存する諸種の勢力の総計は、決して変化するものに非ずとは、是れ勢力保存の大則なり。然らば即ち、勢力は一定量の者にして、若し、一方に之が増すことあれば、必ず他方に滅ぜざる可からず。是れ則ち、生あれば死ある所以なり。此に由って之を観れば、仏者の所謂生死流転。(51)（以下略）
との一文がある。「勢力」とはエネルギーである。エネルギー保存の法則の立場から、相対として生と死が考えられている。

また、この時代の思索を後にまとめた『宗教哲学骸骨』（一八九二年発行）には、ソクラテスの霊魂不滅の説を紹介している。

謂く「哲学は死を研究する学也。哲学者は毎日死する用意をなしつゝあり。即ち哲学を研究する者は、非常の勇気を以て死の用意を為しつゝある也。其の死するは、徒に死するに非ず。此の世界にも、本来神の支配はあれど、此の世界の外に更に勝れたる世界、即ち善人のみ住する世界あり。哲学者は、此の勝れたる世界に往かんと思ひて死して可也。哲学者は何を求めつゝありや。通常人の如く衣食住粧飾を求むるか。否、哲学者はかゝる事を求めずして、此の身を離れて自由の生活を為さんことを求めつゝある也。眼に見、耳に聞く、皆な確かならず。然れば何によるか。常に道理によりて真理を求めつゝある也」。其の正しく道理を以て、真理を求むと云ふに就いて、正義の勇気はいかにして求むべきかを説けり。かく種々の説明をなして後、「哲学者は将来此の身体の束縛より離れて、高等の世界に行くもの也」と決せり。此の時弟子の一人曰く、「死は身体より分るゝことなれば死すれば、精神は最早消滅するにあらずや。然るに死後勝れたる他界に趣くといふは如

何」と、これより正しく霊魂不滅の論は起れり。ソ氏曰く、「昔より人は死して地獄に行くといひ、幽霊界に行くといひ、又特に還り来ると云ふ。これより見れば、生存するものは死者より出世せし也。さにあらずや。尚ほ之を確めんには総て物の生ずるといふ事を考へざるべからず。而して反対のあるものは反対より生ずといふ事を見ざるべからず。小は大より、生は死より、清は濁より生ずといふ如くに論ずる也。かくて、今、生は反対の死より生じたる也。之を確かむる為に広く比較し見よ。正は不正より、清は濁より起る也。而して、反対は必ず反対を生ずるが、其の必然の関係なりや否やを考へよ。或る者が大になりしと云へば、小なりしこと必然也。強は弱より起ること亦た然り。更に云へば、正しくなれりと云へば、そのものは、先に不正なりしなるべし。故に反対より生ずという事明らか也。（中略）ソ氏曰く、「余は真に再生なるものありて、生は死より生じ、死者の霊魂は皆な存在し、其の中の善き霊魂は、悪しきものよりも、善き報酬を得べしと確信す」[52]

正しく、それは、前の一文の背景となっているものである。そして、そこでは、「哲学は死を研究する学也」と言われているが、それはあくまで、哲学としての学的な立場で生と死が課題となっているのみである。すなわち具体的に自身における生死の課題として問われているとは思われないし、また、それほど深められてもいない。文字どおり、若き苦闘の一コマであった。

しかし、それらの知的素養が、その後、自らが病に冒され、死に逝く身を自覚したとき、その苦を超える力強い支えになったことは言うまでもない。

一八九三（明治二十六）年、彼は自坊の報恩講に説教一講を行い、その内容を日記に記している。

偶〻春陽の日和に遇ふも、花静ならんとすれば風之を散し、秋天の清夜にも月明らかならんとすれば雲之を蔽ふ。実に有為転変の世界なり。甚だしきときは海嘯地震の家屋を倒覆し財命を損傷する事あり。それ天下太平日月清明の時と雖も、露の命は無常の風にさらはれて出る息入るを待たぬならひ、其の時に臨んでは娑婆のむつび当にならず。六親眷属も朋友親戚も一人として相伴ふ事なく、独生独死独去独出の山路の末三塗の大河をば唯一人こそ行なんずれ。真闇夜陰も、たどりたどりて三悪道へ随ち込む事、是に到って附従ふものは、只後悔悲歎の涙のみ。されば誰の人も早く後生の一大事に心をかけて、他力の大信心を決定するより外はない。其の信心と云ふは、南無と衆生が如来に帰命して後生の一大事御助け給へとたのみ奉れば、やがて阿弥陀仏のたのむ□□（ママ）の機をしろしめして助け給ふ心なり。実にようもいらぬとりやすき安心なり。此の安心を決定したるものは、娑婆にあり乍ら遍照摂取の光明にをさめとられ参らせて、一期の間は光明の胸に住む身の上となり、やがて娑婆の縁つくれば目出度く安養浄土の往生を遂げ、無量永劫果尽のなき楽づくめの果報を得奉る事、有難しと云ふも中々おろかなり。[53]（以下略）

内容は、言うまでもなく『御文』を基本としたものである。無常の立場より獲信を勧めている。これが「御文法話」という慣例からきたものであるか、あるいは、彼の自発から、『御文』に内容が及んだものであるかは定かでない。

しかし翌年、結核がひどくなり、後に述べるがごとく、垂水へ転地療養していることからすれば、すでにこの頃からそのような関心があったとも思われる。

『御文』に、無常観から、生死出離のことが説かれていることは、彼自身、幼い頃から篤信の母に育てられた経歴からして、よく知られるところであったはずである。不治の結核になった身で、ことさら『御文』が身近になったのかもしれぬ。しかし、この後、彼の著述の中に『御文』は、時折は出てくるものの頻繁には出てこない。

しかし、「永住の楽果」「後生の一大事」に目覚めよという『御文』の無常の論理は、病を見つめ、死を見つめ、絶対無限の他力の妙用に目覚めよという彼の論理と本質的には同じである。ともに、表現こそ違えど、死へのとらわれを離れ、自然法爾なる無碍、自在に目覚めよという論理である。その意味では、彼の思索の根底に蓮如の『御文』があったことは、あながち否めないことである。

一八九四（明治二十七）年、結核が発病したため、彼は教職を辞し、兵庫の垂水に転地療養した。そして、その年の九月六日の『保養雑記』には、沢柳政太郎の書に接した後、「抑々宗教なるもの吾人にありて最重要たらんか」と起筆し、次のごとく記している。

抑〻宗教なるもの吾人にありて最重要たらんか、曷ぞ此の地の民の如き此の事に冷淡なるものあるべけん。否、啻だ此の地方民のみならず、都会の名士にして宗教の事を念ぜざるもの転た繁々たらんとするが如きは、此れ将に末法の常相か、豈に一片の疑なきを得んや。此の朴民彼の賢士の執るところ、誠に真理なるか。或は彼等は共に不覚の故に然る乎。（中略）而して宗教の定義数ありと雖も、其の最も簡適なるものは「宗教は死生の問題に就いて安心立命せしむるもの也」と云ふにあり。彼の宗教に冷淡なる民士は、此の定義に対して如何に自ら処せんとすらん。（中略）乞ふ彼の冷淡家の極論たる所謂無宗教家其の人の言を取れ。宗教は蒙昧時代の遺物に過ぎずと。夫れ然り、夫の死生の事と同じく然り。吾子今宗教を蒙昧時代の遺物なりと云うて之を廃棄せんとする乎。乞ふ死生の事も蒙昧時代の遺物なれば亦た之を廃棄せよ。否、死生の問題は自主自立の問題にして、寧ろ吾子其の人を廃棄するも決して吾子のために廃棄せらるゝものにあらず。何となれば、吾子の廃棄するも、せざるも共にこれ生中の行為なり。死中豈に廃棄不廃棄あらんや。而して生中の事は只で死生の一偏に過ぎず。一偏の力を以て全体を左右せんとす。豈に得べけんや。（中略）果して然らば死生の関門を守護する宗教其の物は、是ぞ吾人の尤も慎重討尋せざる可からざるものたるや論を待たざる也。

生は苦なり（沢氏の言略ゝ之に似たり）。

然らば死は楽なり。

生は有為なり。

故に死は無為なり。

故に極楽無為の言あり。

極楽は無量寿なり（イムモルタリチー）。

何となれば有限量は有為の世界に属し、無為の域には時効の限量なければ也（時劫は限量によりて存す、時の限量は物の運動によりて計量す、運動は有為転変の一端なり）。

極楽は常住（無常に対する仮名）なり、不変なり。

然れども亦た還相回向あり（必然的なり）（流転門）。

死生は相代法なればなり。

往還あればとて無量寿が尽くるにあらず、楽が苦になるにあらず。

何となれば死は死にして生にあらず、生は生にして死にあらざれば也。苦は苦にして楽にあらず、楽は楽にして苦にあらざれば也。有為は有為、無為は無為、有量は何処迄も有量、無量は何処迄も無量なれば也。(54)

いささか長文にわたったが、この一文が端的に示すがごとく、彼の宗教に対する認識が一変している。つまり、それまでの学的、あるいは知的要求としての〝宗教学〟から「吾人にありて」という主体的立場の宗教に転じている。「死」が単なる観念上の問題から、自身の生き方における課題として、主体的に問われている。死に直面して、初めて「宗教は、死生の問題に就いて安心立命せしむるもの也」と言い切れるようになったのである。そのことは、自らの死の不安からの解放が、宗教しかないことの実感であり、ここから宗教が、つまり、生と死の問題が、予断を許さぬ切迫した中で必死に求められ、深められていったのである。

『雑記』の中では、さらに、

点茶。○生死は相代の法なり。有限無限、可思議不可思議等も亦た然り。故に生は有限なり可思議なり。死は無限なり、不可思議なり。

生や有限なり、以て限定し得べし。(Determinable)

死や無限なり、以て限定し得べからず。(Indeterminable)

生や可思議なり、以て思測し得べし。

死や不可思議なり、以て思測し得べからず。

果して然らば死を限定し思測せんとするも決して能はざるなり。

是れ死事の幽冥なる所以なり。

大人の心は死生を一にすと、如何なる意なりや。

曰く死生相代の理に達せずして偏に生を愛し死を憎む。是れ常人の通迷なり。然るに死生もと相代の法なる故に、愛しても生に尽くる時あり、憎みても死に来る期あり。只だ夫れ大人は二者相代の理に達す。故に生と聞くも強ちに着せず、死と報ずるも強ちに避けず、死生に対し其の情を均しくす。其の極や生即死、死即生、生死無差別、即ち涅槃那の妙境に住す。是れ之を死生為一の玄廊と云ふ。(55)

その後も、しばしば同様のことが述べられている。もちろん、哲学的素養に裏付けされた思索であるが、そこには、切実さと、ある種の緊張感がある。そして、そこで述べられることは、概ね、生を有限、死を無限と見、われわれは生を愛し、死を憎むが、それぞれにその情を均しくすべきであると。また、生即死、死即生、死生為一と記している。

そのことは、一八九六（明治二十九）年四月の「釈尊降誕会に就いて」の一文の中で、さらに具体的に述べられる。すなわち、

釈尊が此の世へ出現になりたるのが喜ばしきことであるので、今日のもの迄が、此の降誕会を挙行することでありませうが、乍併、仏法の上で申しますると、此の世へ生れ出るばかりが、善きこと喜ばしきことゝは、一寸申されませぬ。何となれば、元来生れる死ぬると云ふことは、迷と申して、仏法では厭ひ嫌ふべきことゝ申します。此の世界を娑婆世界と申すのは、此の世界は苦しみ悩みの場処にて、其の苦しみ悩みを忍ばねばならぬ場所、実に厭ひ嫌ふべき世界、迷の娑婆と申すのであります。此の世界へ生れ出たるのは、決して善きこと喜ばしきことゝは申されませぬ。此の世界を去りて、浄土へ往生するのが、真の善きこと喜ばしきことであります。生れたり死したりする迷を離れて、生れもせぬ死にもせぬ悟りに入るのが、真の善きこと喜ばしきことであります。(56)

と。

誕生のみを祝うのではなく、死も同様に、均しく見るべきであり、むしろ、無生無滅を自覚すべきとの立場である。

この立場は、一八九九（明治三十二）年の『有限無限録』に、「死生均しくす」と題して、次のごとく述べられている。それは、その後も彼の一貫した考えであった。

死生を均しくするの人は、現在に苦を感ぜざるべし。其の未だ苦を脱せざるは、未だ死生を均しく了らざるが為なり[57]。

一方、このような満之の死生観の中で、しばしば、霊魂についての見解が見受けられる。

たとえば、一八九六（明治二十九）年の『心識不滅論』の「無限平等と有限差別」の中には、

霊魂の生起を論ずるは、更に一大問題に属するを以て、今は大体に生滅を概論すべし。そも〳〵生滅を論ずるには身体と霊魂とを別立して云ふべきや、或は別立せずして言ふべきや、之れ考ふべきことなり。然るに、若し身体と霊魂とを別立せずして論ずるものとせば、身体の生死は即ち霊魂の生滅也と云ふ得べし。然れども、已に心識滅否の問題を掲げたる以上は、且らく身体上のことを擱き、霊魂のみに就いて云ふものと可知し。而して霊魂に就いて考究し得たるところが、身体及び其の他のものに適用され得るや否やは、別の問題として可なり（自らは適用され得るものと思考す）。さて霊魂の生起は如何。其の死滅は如何。之を定めんとするに、先づ霊魂は有限なるものなりや、無限なるものなりや。霊魂にして有限なる者ならば、此の生存の際限あるべきが故に、生あり、滅ありと云はざるべからず。之に反して、霊魂は無限なるものとせば、其の生存の際限あるべからざるが故に、生なく滅なきものと云はざるべからず。故に霊魂の滅否は、其の有限なると無限なるとに依りて、之を決するを得べし。然るに、今無限有限の関係を案ずるに、無限なるものは、其の体、其の相、其の用共に無限なりと云はざるべからず。即ち無限者は円満完全にして、一法を漏らさゞるものならざるべからず。故に一切万法は皆な無限者の中に在りて存するものにして、無限者を離れて有限の法体何物もこれ有るべからず。換言すれば、有限諸法の体相用は、皆な悉く無限者の体相用を離れて存する能はざるなり。即ち有限者の体相用は、無限者の体相用と全く不二と云はざるべからず。然れども、已に有限法と無限者との区別あ

り、故に其の体相用は又不一なりと云はざるべからず。之を要するに、有限法の体相用と、無限者の体相用とは、不一にして又不二なりと云べし。(58)

とある。もちろん前に紹介したソクラテスの立場に影響されたものと思われるが、ここでは、肉体の滅否と同様の視点で、霊魂の滅否が論じられているのみである。

このように、これまでの立場からすれば、満之の生死観は基本的には「死生均しくすべし」との立場である。前の降誕会のことばにあったように、生も死も同じである。死を厭うべきではない。死も生と同じように見て、受け入れるべきとの見方である。やがて、訪れて来る死を、誕生と同じように考えてそれを受け入れたいと、そうして、死の不安を除こうとしている。しかしそれは、積極的な死の受容ではない。やはり、死はどこまでも厭われるものとして見られている。

だが、病の進行とさし迫る死の不安は、彼をしてさらに、生死を見つめさせ、主体的な自己の確立へと導いた。

二　如意と不如意

一八九八（明治三十一）年一月から三月にかけて、彼は『阿含経』を読誦している。さらに、同年九月十九日、沢柳政太郎氏宅に滞在した折、目にとまった『エピクテタスの語録』の思想に、深い出遇いをしている。それらは、生死を問いつめていた彼に、それを超えるべく、一つの方向を与えた。

ところで、それに先立って、彼は『無尽燈』第一号に、

仏陀と一闡提との中間にあるものは、各〻幾分真理を覚了し、幾分真理に昏昧なるものなり。而して迷や、悟や、染や、浄や、仏陀や、一闡提や、固より皆な真理の現象にして、更に是非す可きにあらず。真理の絶対門

より之を観れば、迷悟、染浄、仏陀闡提等、皆な悉く一味平等にして、仏教に所謂生死即ち涅槃、煩悩即ち菩提也。断ず可き煩悩もなければ、証す可き菩提もなく、厭ふべき生死もなければ、欣ぶ可き涅槃もなし。歓楽、悲苦、栄枯、盛衰、皆な悉く真如実相にして、所謂世間相常住なり。(59)

と述べ、真如実相の生死即涅槃の立場について思索している。

さらに、同年八月二十二日の日記（『朧扇記』）に、苦楽と苦楽の原因が考察されている。

苦楽（苦諦）
- 空間的
  - 差（苦）別 ｛貧富・貴賤・上下｝ 有限
  - 平（楽）等 ｛無貧・無富｝ 無限
- 時間的
  - 変（苦）易 ｛生老・病死｝ 有限
  - 不（楽）変 ｛不生・不死｝ 無限

苦楽原因（苦諦）
- 空間的
  - 差別（身見） ｛我此・他彼｝ 有限
  - 平等 ｛無我・無彼｝ 無限
- 時間的
  - 変易（辺見） ｛断見・常見｝ 有限
  - 不変（中道因果） ｛非断・非常｝ 無限(60)

空間的、時間的に差別と変易の有限なるものを、それ自体が虚妄、妄想であるとして了らず、それに妄執して、平等、不変の無限に目覚めないところに、一切の苦が存在し、その源があることが示されている。その虚妄と妄想の破れた世界が、涅槃である。有限、生死とは、その虚妄に覆われた仏智疑惑の世界である。しかし、その有限の生死はもともと、無限の中にあり、虚妄が破れば、そのまま涅槃の世界である。それが、いわゆる生死即涅槃である。

このような思索の中で彼はエピクテタスに出遇ったのである。そして、その感動をまず、十月七日に月見覚了、清川円誠両氏に伝え、そして、十月十日には、さらに詳しく、草間氏に次のように伝えている。

Take away the fear of death, and suppose as many thunders and lightnings as you please, you will know what calm and serenity there is in the ruling faculty.

蓋し、死生命あり富貴天にあり、の真意に体達せしめんとするもの歟。尚一節を加へ候。

Of things some are our power, and others are not. In our power are opinion, movement towards a thing, desire, aversion; and in a word, whatever are our own acts: not in our power are the body, property, reputation, offices, and in a word, whatever are not our own acts. And the things in our power are by nature free, not subject to restraint nor hindrance; but the things not in our power are weak, slavish, subject to restraint, in the power of others.

此の如く、万事を如意と不如意の二者に区分し、己自ら為し得る善悪是非に対する判定や、願望や厭棄やの外は、一切不如意のもの（仮令自己が幾分の力を之に加へ与ふとも、他人他物等の之を妨害左右し得るものは尽く不如意のもの）と観念し、官爵名誉財産は勿論、身体すらも（故に生死も亦）不如意のものと観却し去るを

以て安心場裏に逍遙せんとするが、右ェ氏哲学の大要に有之候。(61)

さらに、十月十二日には、稲葉昌丸氏宛てに、

今回、沢（註、沢柳氏）氏方にて、羅馬の大哲ェピクテタス Epictetus 氏の遺著借来読誦致居候。（中略）「死の恐怖を除去せよ。思ふまゝに雷電光りはためくと想へ、斯くて爾は、気静神間の主宰才能中に存するを知るなるべし。

虐主は何をか鎖がんとする。脚のみ。渠何をか奪はんとする、首のみ。渠の鎖ぐを得ず奪ふを得ざるものは何ぞ。意念是なり。是れ即ち古聖人の、「自己を知れ」の格言を訓ふる所以なり。

如意なるものと、不如意なるものとあり。如意なるものは、意見動作及び欣厭なり。不如意なるものは、身体財産名誉及び官爵なり。己の所作に属するものと否らざるものとなり。

疾病死亡貧困は不如意なるものなり。之を避けんと欲するときは、苦悶を免るゝ能はじ。

疾病は、身体の障害にして意念に関するにあらず。事の起る毎に、冥想一番せよ。是れ或る物に対する障害にして、爾自身に対するに非ざるを知るなるべし。」

激励的の語句頗る圭角あるが如しと雖も、我等が胸底の固疾を療治せんには、其の効能決して尠からざるものと存候。死生命あり富貴天にあり、是れェ氏哲学の要領に有之様被思候。此は大兄に対する東京みやげの積りに有之候。呵々。(62)

と伝えている。

結核がいよいよ悪化し、死に直面して、そこで出遇ったことばが、「Take away the fear of death, ……」であった。「死の恐怖を除去せよ」とは、彼の叫びでもあった。そして、そこで、行きついたことは、自己自身の中

に何物によってもさまたげられることのない静かな一境を自覚して、その恐怖を乗り越えることであった。その心境が「死生命あり、富貴天にあり」だったのである。

その日の彼の日記（『臘扇記』）には、エピクテタスの教訓の大要が十箇条に亘って記されている。

○　如意なるものと不如意なるものあり。如意なるものは、意見、動作、及び欣厭なり。不如意なるものは、身体、財産、名誉、及び官爵なり。己の所作に属するものと、否らざるものとなり。如意なるものに対しては吾人は自由なり、制限及び妨害を受くることなきなり。不如意なるものに対しては吾人は微弱なり、奴隷なり、他の掌中にあるなり。此の区分を誤想するときは、吾人は妨害に遭ひ、悲歎号泣に陥り、神人を怨謗するに至なり。如意の区分を守るものは、抑圧せらるゝことなく、妨害を受くることなく、人を謗らず、天を怨みず、人に傷つけられず、人を傷つけず。天下に怨敵なきなり。

○　疾病死亡貧困は不如意なるものなり。之を避けんと欲するときは、苦悶を免るゝ能はじ。土器は破損することあるものなり。妻子は別離することあるものなり。

○　我が職務を怠慢すれば我が口を糊する能はざるべしと思ふは、修養を妨害するの大魔なり。

○　奴隷心にして美食せんよりは、餓死して脱苦するに如かじ。

○　無智と云はれ無神経と云はるゝを甘んずるにあらずば、修養を遂ぐる能はざるなり。

○　自由ならんと欲せば、去る物を逐ふべからず、来るものを拒むべからず。（他に属するものを欣厭すべからず。）

○　天与の分を守りて、我が能を尽くすべし。分を守る者は徴兆を恐れず。（常に福利を得るの道を知ればなり。）

○　必勝の分（如意の範囲）を守るものは争ふことなし。
○　誹謗を為し、打擲を加ふるものゝ我を侮辱《凌》するにあらざるなり。是等に対する我が意見が我を侮辱《凌》するものなり。
哲学者たらんと欲するものは、人の嘲罵凌辱を覚悟せざるべからず。
○　人を楽しましめん（迎合）として意を動かすものは、修養の精神を失脚したるものなり。(63)

エピクテタスの思想の中で、渇いた彼の心に浸みていったものは、如意と不如意の論理であった。つまり、彼自身、その時、生死如意の妄想が破れ、生死不如意の事実に気づかされたのである。無限、不如意の世界に目覚めている。その瞬間、彼は何かをつき破ったように、静かな一境に落ちついている。落在したのである。まさしく、死の恐怖が超越されたのである。「自己を知れ」との教えに自己を見た時、不如意なる自己のあり方が見えてきたのである。つまり、業縁のままにやってくる「疾病、死亡、貧困は不如意」である。「病は身体の障害にして意念に関するにあら」ざるがゆえである。そして、これを「避けんと欲するときは、苦悶を免るゝ能はじ」である。

本来、不如意なるものに、如意という妄想を持ち、それを避けようとするがゆえに、苦が生ずるのである。我執こそ苦の根源である。彼にそのことを目覚めさせたのが、「死生命あり、富貴天にあり」ということばであった。正しく、彼はこのことば一つで、エピクテタスの思想のすべてを把握している。そして、このことばに、親鸞の「他力」を見ているのである。

言うまでもないが、このことばによって絶筆『わが信念』は結ばれている。親鸞の「他力の世界」がエピクテタスのこのことばをとおして、彼にうなずかれたのである。

もちろん、それは、喀血を繰り返し、死に直面し、死に瀕した彼の機と縁が熟してのことである。彼自身がひるがえされたこの出遇いこそ、彼に新しい心境を開かしめ、自在の世界を与えている。

その死闘のごとき、思索の続いた十二日後の十月二十四日、彼はさらに次のような文を日記に誌している。

如何に推考を費すと雖も、如何に科学哲学に尋求すと雖も、死後（展転生死の後）究極は、到底不可思議の関門に閉ざさるゝものなり。

啻に死後の究極然るのみにあらず。生前の究極も亦た絶対的不可思議の雲霧を望見すべきのみ。是れ吾人が進退共に絶対不可思議の妙用に托せざるべからざる所以。

只だ生前死後、然るのみならんや。現前の事物に就いても其のダス、ワス　Das Was、デス、ワルム　Des Warum に至りては、亦た只だ不可思議と云ふべきのみ。

此の如く四顧茫々の中間に於いて、吾人に亦た一団の自由境あり。自己意念の範囲即ち是なり。γνωθιχυτου "Know Thyself is the Motto of Human Existence" 自己とは何ぞや。是れ人生の根本的問題なり。

自己とは他なし。絶対無限の妙用に乗托して、任運に法爾に此の境遇に落在せるもの、即ち是なり。

只だ夫れ絶対無限に乗托す。故に死生の事、亦た憂ふるに足らず。死生尚ほ且つ憂ふるに足らず。如何に況はんや、此より而下なる事件に於いてをや。追放可なり、獄牢甘んずべし。誹謗擯斥、許多の凌辱、豈に意に介すべきものあらんや。否な之を憂ふると雖も、之を意に介すと雖も吾人は之を如何ともする能はざるなり。我人は寧ろ只管絶対無限の吾人に賦与せるものを楽しまんかな。[64]　（『臘扇記』）

人事を尽くし、進退極まったところに開かれた境地を、最も簡潔に記している。それは、正に生死と凌辱を超えて目覚めた「無碍の一道」であった。科学の限界、分別の限界から「不可思議」に目覚めた彼は、そういう存在である自己を、改めて「自己とは何ぞや」と問わずにおれなかった。しかし、それは、主体の問題である。それゆえ、

「自己とは他なし」と、まず、主体的なあり方が教示される。任運法爾が他人事ではなく、「わが一人」という立場に立った時、開かれてくるものであることを極めて端的に示す。死は、他でもなく、自己に迫ってくる事実である。神仏を祈り、他に願ってもどうにもならない。ゆえにそのことばは、まず、〈自己の究極の課題たる死に対し、真向きになれ〉、〈死を自分の死として見つめよ〉との自己確認とも受けとめられる。死を真直に凝視し、わが身の実相を尋視した結果、覚知されてきたことが「絶対無限の妙用に乗托して、任運に法爾に此の境遇に落在せるもの」という自己の発見である。死にとらわれる思いが破れたら不可思議の妙用、他力の妙用が現前するのである。「任運」とは、分別が間にあわないことを自覚した世界である。我執が破れたことを示す。すでに、不可思議、他力、無限、絶対の中に自分がいたことに気づかされたのである。自己が、もともと他力無限の世界に存在していたにもかかわらず、有限、我執の中に居て、その疑網に蔽いつつまれ、その世界を見ることができなかったのである。今、彼はその絶対無限との出遇いを果したのである。すなわち、分段の生死から、不思議変易生死に目覚めたのである。それゆえ、「死生の事また、憂うるにたらず」であり、また「追放可なり」「獄牢甘んずべし、誹謗擯斥、許多の凌辱、豈に意に介すべきものあらんや」というのである。死の問題を超えれば、他の一切の事は、それに及ばないのであるから、それに甘んずることもできよう。それどころか、逆に「絶対無限の吾人に賦与せるもの」として、「楽しまんかな」である。死生を超え、一切を超え、無碍自在の世界に帰している。正しく、自然法爾の世界に落在しているのである。その楽しむところに、真の「満足」と「自在」が、内的に開かれているのである。

死に対して、無力なわれわれが、それを超える唯一の道は、無限絶対に出遇うこと、つまり、ただ如来に目覚めゆくことしかないのである。業縁存在であるところの死も生も、われわれにとっていかんともしがたい。それを超える道は、不老不死を願って、その状況を変えることではない。わが身のそれに対するとらわれ、価値観が破れることによって、それを引き受けることのできる世界に立たされるというあり方によらねばならない。

このことは、正しく上に述べた曇鸞の浄土教との出遇い、親鸞の自然法爾の目覚めが、最も具体的に満之の上に体験されているのである。

その自覚は、一カ月後の十一月十九日の『日記』に記された「(死)」と題する短篇に次のようにまとめられている。

死に対しては吾人は無能なり。吾人は之を防止する能はず。吾人は死せざるべからず。吾人は死するも尚ほ吾人は滅せず。生のみが吾人にあらず、死も亦た吾人なり。吾人は生死を並有するものなり。（正反対のものを並有するは大矛盾なり）。吾人は生死に左右せらるべきものにあらざるなり。吾人は生死以外に霊存するものなり。（是れ死生を外にする云々の根基也）。然れども、生死は吾人の自由に指定し得るものにあらざるなり。生死は全く不可思議なる他力の妙用によるものなり。（而して生死は只だ吾人以外の身体に関するものなり）。然らば吾人は生死に対して喜悲すべからず。生死尚ほ然り。況んや其の他の転変に於いておや。吾人は寧ろ宇宙万化の内に於いて彼の無限他力の妙用を嘆賞せんのみ。(65)　（『臘扇記』『絶対他力の大道』第三節に収載）

不如意なる死に対し、われわれは無力である。かといって、生のみでなく死もまたわれらである。生と死を並有する。しかし、「吾人は生死に左右せらるべきものにあらざるなり。吾人は生死以外に霊存するものなり」と彼は言う。われわれが、本来、生死を超えた宇宙的存在、無限の存在であることを彼は「霊存」と表現したのである。これが実体的な霊魂観でないことは言うまでもない。むしろ、理知を超えて、知りうるものであることをそう表現したのである。生死にとらわれた小世界にいるわれわれに、本来、無限世界の存在であることを、つまり、自力の小世界に居るわれわれが、本来、他力世界の存在であることを、今、彼は、「生死以外に霊存するものなり」と、明解に言ってのけたのである。

彼は、「生死は全く不可思議なる他力の妙用によるものなり」と、生死をとおして、他力に出遇っている。その意味では、前に見た蓮如と同じと言えよう。

『日記』には、この文に続いて、

生死は人界の最大事件。如何なる人事と雖も、一死此が終を為さゞるはない。故に吾人若し死に対して覚悟する所あらば、般百の人事決して吾人を苦しむるものなし。何となれば、彼の般百の人事は皆な一死以て之を終ふべければなり。「人皆な只だ此の一死を恐怖す。故に恐怖煩悶止むことなし。」是れ死に対する観索の人界に必要なる所以なり。[66]

という一文が添えられている。

生死は人生の最大事件である。だがこの意は、生死を超えることが人界の最大事件であるとの意である。そのことは、自己そのものを明らかにすることにほかならない。

つまり、「生死以外に霊存する自己」を見出すことにほかならない。彼が常に口にした命題であるところの「自己とは何ぞや」も、正しく「死生とは何ぞや」との意にほかならないのである。

かくて、満之においては、「死生が如意である」との虚妄に目覚め、その不如意を自覚し、無限の妙用、他力に目覚め、死の不安、死苦を超えていった。それは、生死不如意の自覚において開かれた立場である。

しかし、この崇高な、しかも、明晰な論理も、ただ一つ陥りやすき点があった。それは、何を不如意とするかという問題である。

彼はそれについて、

意の如くなるものあり、意の如くならざるものあり。意の如くなるものとは、意見、発動、欣厭、是なり。意の如くならざるものとは、身体（病気は之に属す）、財産、名誉、官爵、是なり。（畢竟）自に属するものと、然らざるものとなり。如意なるものに対しては、吾人は自在なり、制限及び妨害を受くることなきなり。不如意なるものに対しては、吾人は脆弱なり、奴隷的なり、他の掌中にあるなり。此の区分を誤想するときは、（即ち不如意なるものを如意なりと思ひ、之に対して煩悩するときは）吾人は妨害に遭ひ、悲歎号泣に陥り、神人を怨謗するに至るなり。如意の区分を守るものは、抑圧せらるゝことなく、妨害を受くることなく、人をも誇らず、天をも怨みず、人に傷つけられず、人を傷つけず、天下に怨敵なきなり。疾病、死亡、貧困は不如意なるものなり。之を避けんとするときは、苦悶を免るゝ能はじ。(67)　（『有限無限録』）

と述べる。

つまり、満之は、意のごとくなるものとして、意見、発動、欣厭をあげ、不如意なるものとして、身体（病気は之に属す）、財産、名誉、官爵をあげる。さらに「疾病、死亡、貧困は不如意なるものなり」と、貧困を加える。ところで、財産、名誉、官爵、貧困が不如意であろうか。財産、官爵、貧困、名誉も、文字どおり娑婆の問題であり、人間の分別、人間によって作られたものである。人間の作ったものを不如意と受けとめることは、それを作り出した者に、徒らに従うことである。満之には、財産、官爵、貧困、名誉が人間の範疇にあり、人間によって作られたものであるとは、思えなかったのだろうか。——病弱の身で、それすらもいかんともしがたく、不如意なるものと見、受け入れなければならない精神状況は察せられるが——論理としては矛盾する。また、それを認めれば、人間心に基づいた非真実なる世俗の体制を認める論理、あるいは、社会的諸課題を、蔽いかくす論理として、転用されていく危険がある。それでは、崇高な論理もかえって傷ついてしまう。

不如意とは、やはり、死生、いのちなど人間心の混じらぬものについて、主体的な立場に立って初めて言えるものである。

不如意の自覚とは、どこまでも生死を出離していく論理である。それゆえ、そこから逆に、改めて、〝いのち〟の尊厳、人間の尊厳が見えてくるのである。生死という視点、生死という課題から社会そのものが、〝いのちの問題〟として〝私〟の上に問われてくるのである。

三　生死巌頭に立つ

着実に死に近づきつつある彼の死に対する思索は、いよいよ純化し、深まっていった。

死を迎える二年前の一九〇一（明治三十四）年五月発行の『無尽燈』に、次のような二つの短篇を発表している。

不調と調和

世間より出世間を見れば、到底不調を脱せず。出世間より世間を観ずるに至りて、始めて調和することを得るなり。世間は生の一方を欲して、死の一方を欲せず。出世間は生と死との両方を一視するなり。生を欲して死を欲せざるは、是れ不調なり。生と死とを一視するは、是れ調和なり。世間が出世間に対して不調なるは、其の実世間が自ら不調なるなり。出世間が世間を観じて調和し得るは、其の実出世間自ら調和し居るなり。不調なるものは自家撞着して、終に自滅すべく、調和あるものは、自家齋整して必ず自存すべし。生あるものは終に死に帰し、生死を脱するものは必ず不滅なるなり。然れば則ち、生を以て第一義とする世間の人事は、変遷撞着して終に其の帰所を得ざるべく、生死を一視する出世間の解脱は、不変不動に成立すべきなり。(68)

解脱

解脱とは生の一方に執着する妄念を解脱するなり。生に対する執念を解脱せしむるは死に若く者なし。真正の解脱は死後未来にありとするの教旨は、蓋し這般の根拠より出づる者なり。故に吾人が生中にありて、幾分解脱の妙致を観取せんには、吾人は所謂生死巌頭大死一番底の心地に臨まざるべからず。所謂臨終をとりつめて信心をよろこぶと云ふ者、即ち是なり。然れども、解脱は常に死の中にありと誤る勿れ。解脱は決して死の中に限らるゝ者にあらず。解脱は常に生の中にもあるなり、精しく言へば、解脱は生に執着せず、死に執着せず、生死を超越したる所にあるなり。但、吾人の現在は、余りに生に偏執し居るが故に、先づ其の反対なる死を以て、其の執念を打破し去り、而して後始めて以て、生中解脱の妙味を観取し得べきのみ。故に知るべし。生は決して解脱の妨害にあらずして、生の一方にのみ偏執する妄念が、即ち解脱の障碍なることを。然るに翻って現代を観察せば如何。唯だ生を愛して死を憎むの妄念のみにあらずや、吾人にして若し真に解脱を思ふの志あらんか、吾人は断じて這裡に一個明確なる決着なかるべからざるなり。吾人は生命を第一義とする世間を超絶せざるべからず。吾人は名誉を第一義とする世間を超絶せざるべからず。吾人は権利義務を第一義とする世間を超絶せざるべからず。吾人は優勝劣敗を第一義とする世間を超絶せざるべからず。要するに吾人は、人生のみを以て第一義とする所の世間を超絶せざるべからざるなり。(69)

前者は、生死を一視する不変不動の出世間に目覚め、そこから、わが〝いのち〟を見ている。

また、後者は、生死巌頭大死一番に立って、つまり、臨終をとりつめて「今」、信心をよろこんでいる。そして、その解脱とは、生に執着せず、死に執着せず、生死を超越したる所にあると確認する。しかし、それでも生に執着するわれわれに対し、「先づ、其の反対なる死を以て、其の執念を打破し去り、而して後始めて以て、生中解脱の妙味を観取し得べきのみ」と言う。いわゆる、蓮如が、生の執着を離れるために無常を自覚し、そこから「常住」「永生」に目覚めよという立場と基本的に同じである。しかも、そのことは、ほかならぬ仏教本来の立場であるといってもよい。

そして、彼は、同年十月発行の『精神界』に収載する「真正の独立」と題する短篇の中で、

我々が通常最も必要とする衣食の如きはありてもなくても差支えない。あればあるで之を用ゐて生きて居る。なくて、飢寒に迫りて体力尽くれば、死して行く。生死は固より是れ物化の自然法、我が精神は快く此の自然法に従ひて満足すると云ふ決着に至るのである。此が物質に随順して、物質の繫縛を解脱するのである。然るに、我々は常に生死の中に就きて、生を愛して死を憎み生のみに随順して、死に反抗せんとし、惑乱迷倒して、終に開悟の時機を得ざるは、歎ずべきの至りである。

真個の独立を欲するもの、如何にして生死を解脱すべきかの終極問題を決着せんとならば、前顕の如き事理を考察するが一法である。(70)

と記している。つまり、物質の繫縛を離れ、生死の執われを離れたものこそ、「真正の独立」であり、「満足する」ということであると述べる。喀血を繰り返す毎日の中で、彼自身すでに、「満足」しているのである。

一九〇二（明治三十五）年六月発行の『精神界』には、日記『臘扇記』より抜粋、再編された『絶対他力の大道』が発表されている。それは、彼の生死観の精髄である。上来述べてきたことがその短篇に凝縮されているといっても過言ではない。

そして、この短篇の最後の節は、

独立者は常に生死巌頭に立在すべきなり。殺戮餓死固より覚悟の事たるべし。

既に殺戮餓死を覚悟す。若し衣食あらば之を受用すべし。尽くれば従容死に就くべきなり。

而して若し妻子眷属あるものは、先づ彼等の衣食を先とすべし。即ち我が有る所のものは我を措いて先づ彼等

に給与せよ。其の残る所を以て我を被養すべきなり。たゞ我れ死せば彼等如何して被養を得んと苦慮すること勿れ。此には絶対他力の大道を確信せば足れり。斯く大道は決して彼等を捨てざるべし。彼等は如何にして被養の道を得るに到るべし。若し彼等到底之を得ざらんか、是れ大道彼等に死を命ずるなり。彼等之を甘受すべきなり。ソクラテス氏曰く、我セサリーに行きて不在なりしとき、天、人の慈愛を用ゐて彼等を被養しき。今我れ若し遠き邦に逝かんに、天、豈に亦た彼等を被養せざらんやと。(71)

との文で閉じられている。

生死について、その思索の究極といっていいほど、昇華された文である。一切をまかせ切り、自然の世界に遊戯する者の文である。彼の中では、世の一切が、すべて生死の問題（死活問題）をとおして考えられている。

国家問題と云ひ、社会問題と云ふ、其の要義を何れにありやと問はゞ、蓋し生活問題と云ふの外なきが如し。(72)

と。

思うに、死を迎えている者、あるいは、心理的に死を問題化している者にとっては、やはり、生死出離（信心獲得）が第一である。しかし、それは、国家、社会を問題にしないということではない。国家、社会も、生死（いのち）に立って考えるべきであり、遂に、国家、社会もそのためのものである。ただ、いたずらに個人の内面にこもってしまうことではなく、〝いのち〟に共感し、共鳴し、その共有する〝いのち〟を獲るために、実践として発動されていかねばならない。そのための国家問題、社会問題ならば、それもまた、（私にとっては）「仏事」である。彼の言は、そう受けとめるべきであり、また、そう受けとめたい。

病床の満之は、絶筆、『わが信念』の末尾に、次のように述べている。

如来の能力は無限である。如来の能力は無上である。如来の能力は一切の場合に遍満してある。如来の能力は十方に亘りて、自由自在無障無礙に活動し給ふ。私は此の如来の威神力に寄托して、大安楽と大平穏とを得ることである。私は私の死生の大事を此の如来に寄托して、少しも不安や不平を感ずることがない。「死生命あり、富貴天にあり」と云ふことがある。私の信ずる如来は、此の天と命との根本本体である。(73)

この前年の六月、長男信一を失い、同じく十月には、やす子夫人を失い、そして、この年の四月九日、三男広済が先立っている。

加えて、今、自身もまた喀血を繰り返し、命尽きんとする身である。「生とは何か」「死とは何か」、生死巌頭に立っての学びがあった。その結果、行きついたのが「死生命あり、富貴天にあり」のことばであった。すなわち、「如来の威神力に寄托して、大安楽と大平穏とを得ること」であった。そして、その果てに、彼自身、「私は、私の死生の大事を此の如来に寄托して、少しも不安や不平を感ずることがない」と言い切っているのである。そして、この一週間後の六月六日、彼は命終している。彼の四十一歳の人生は、決して、長命ではなかった。では、何が、彼に「満足」なる人生と、「満足」なる死を与えたのか。「此の天と命の根本本体」たる如来にほかならない。

現在における如来との出遇いが、一切を「憂うるにたらず」「意に介するものにあらず」という「落在せる境遇」を彼に与えたのである。「落在せる境遇」とは、「無生の生」にほかならない。満之もまた、絶対他力に目覚め、「無生の生」を獲て、普遍（涅槃界）に帰っていったのである。

付　節　蓮如の願成就文領解――『御文』の綱格――

一　『御文』の綱格

蓮如における死の受容と超越については上に述べたが、もちろんそれは本願による救いであった。そして、その基本は第十八願の成就文理解であった。今、『五帖御文』からそのことをたずね、本章の付論としたい。

さて、『五帖御文』の編者については、実如説、円如説、蓮如説、とさまざまに論じられているが、近時、実如判『五帖御文』が発見されてから、がぜん実如説が有力になってきた。(74)『五帖御文』は、編者の意図によりつつも、もちろん、そこには、蓮如の真宗理解が最もよく表れている。

古来、『御文』は、願成就文を経《たていと》に、善導の六字釈を緯《よこいと》に織り成した錦織であると言われるように、その両文を基本として綴られている。もちろん、そのことに異論を挟む余地はないが、幾分、私見が許されるとすれば、筆者は、成就文が根本となり、そこから、六字釈も不回向論も平生業成も一念帰命も流出していると考える。もっといえば、蓮如の成就領解が『御文』であるといっても過言ではない。そのことを主題として管見を述べてみたい。

さて、蓮如上人においては、教化を先とし、教えを何よりも、簡潔、平明に伝えることに心掛けておられる。その意味では、

信心獲得すといふは、第十八の願をこゝろうるなり。この願をこゝろうるといふは、南无阿弥陀仏のすがたをこゝろうるなり。(75)（五—五）

とか、

夫於当流之念仏行者、先弥陀如来他力本願の之趣を令存知、真実信心を発起せしむべし。それについて、第十八願意を、能々分別せよ。(76)（帖外六〇）

浄土の法門は、第十八の願、能々こころうるにほかなきなり。第十八の願を心得といふは、名号を心得なり。(77)

（帖外六〇）

といわれるように、第十八願のみに立っている。親鸞聖人のように、十八願を根本としつつも三願、五願、八願と分相する立場ではなく、むしろ、法然上人のように、第十八願を王本願ととらえ、一願該摂門の立場と同じである。しかも、蓮如上人の場合は、願文についてはあまり述べず、成就文にことさら深い意味を見る。

いうまでもないが、第十八願の成就文とは、『大経』第十八願の成就を示した一文である。すなわち、

諸有衆生　聞其名号　信心歓喜　乃至一念　至心回向　願生彼國　即得往生　住不退転　唯除五逆　誹謗正法。(78)

との文を指し、この文こそ、『御文』のいたる所に引用される。

たとえば、

①「経には「聞其名号　信心歓喜」ととけり。その名号をきくといへるのは、……」

と、二句を引用して六字のいわれを説くものに……（一―一五）（三―六）（五―一一）（帖外一七）

②「第十八の願にとりては、また願成就をもて至極とす、「信心歓喜　乃至一念」をもって他力の安心とおぼしめさるゝゆへなり」

と、次の「信心歓喜　乃至一念」を引くものに……（帖外九）

③「さればこの信をえたるくらいを「経」には、「即得往生　住不退転」ととき、「釈」には、……」

と、下の二句を引くものに、……（一―二）（一―四）（四―九）（帖外九）

などが、それぞれある。そのほか随所に、成就文の意をとって表現したところがある。

このような、成就文重視の意図は、「聖人一流の御勧化のおもむきは、信心をもて本とせられ候(79)」ということばによく示されるように、信心主義の徹底にある。そして、信心に具するところの念仏（名号）のいわれが説かれて

いる。

ところで、『御文』の中心課題については、古来、先達も種々に論じている。たとえば、吉谷覚寿は、他力信心、平生業成、報恩称名といい（『御文講述』）、稲葉円成は、信心為本、一念帰命、報恩称名という（『御文講要』）。今、私に考えるとすれば、六字釈、信心獲得（他力信心）、不回向（他力回向）、平生業成（不来迎）、掟（謗法闡提回心皆往生）をあげたい。そして、その『御文』の述べる中心課題は、いずれも、成就文から展開しているとみることができる。

聞其名号　信心歓喜……………六字釈
信心歓喜　乃至一念……………信心獲得（他力信心）
至心回向　願生彼國……………不回向（他力回向）
即得往生　住不退転……………平生業成（不来迎）
唯除五逆　誹謗正法……………掟（謗法闡提回心皆往生）

次に、その一々を見てみたい。

二　聞其名号

蓮如における「名号のいわれ」は、六字釈として示される。しかも、それは善導の釈によりつつも、もちろん、親鸞の名号釈に基づいている。

すなわち、『御文』には、

されば、経には、聞其名号　信心歓喜ととけり。その名号をきくといへるは、南无阿弥陀仏の六字の名号を无名无実にきくにあらず。善知識にあひて、そのをしへをうけて、この南无阿弥陀仏の名号を南无とたのめば、かならず阿弥陀仏のたすけたまふといふ道理なり。これを経に、信心歓喜ととかれたり。これによりて、南無阿弥陀仏の体は、われらをたすけたまへるすがたぞと、こゝろうべきなり。(80)（一—一五）

とか、

願成就の文には、聞其名号　信心歓喜ととかれたり。この文のこゝろは、その名号をきゝて信心歓喜すといへり。その名号をきくといふは、たゞおおようにきくにあらず。善知識にあひて、南无阿弥陀仏の六つの字のいはれをよくきゝひらきぬれば、報土に往生すべき他力信心の道理なりとこゝろえられたり。かるがゆえに、信心歓喜といふは、すなはち信心さだまりぬれば、浄土の往生は、うたがひなくおもふてよろこぶこゝろなり。(81)（三—六）

などと示される。

蓮如は、如来の大悲心が、衆生の内面に現行するありさまを、成就文の「聞其名号　信心歓喜」のことばに読み取っている。「その名号を聞きて」と名号のいわれを心得ることが、そのまま如来の願心の領受である。つまり、六字釈がそのまま如来の願心を表現するものであるとの解釈である。従って、名号は、単なる口業ではなく、救済の原理、救済の原体験がまどかに成就したものとして受け止められている。聞かれるところの名号が聞く側に願心を発起させるのである。それゆえ、「聞其名号」がそのまま、六字釈であり、それによって、「信心歓喜」、つまり、他力の信心が喜べるのである。

このように蓮如においては、成就文から六字釈へと展開し、名号のいわれを心得ることが、信心獲得となり、信心歓喜となる。

すなわち、

この南无阿弥陀仏の六つの字のこゝろをくわしくしりたるが、すなわち、他力信心のすがたなり。[82]（三―二）

一流安心の体という事、南无阿弥陀仏の六字のすがたなりとしるべし。[83]（四―一四）

と、いわれているのがそれを示す。

如来の大悲心を表す名号の字句的意義――つまり、そこに如来によって先験された救済の道理と内面的意義が示されているが――を明らかにすることが、私の救われて行く道、私の信心獲得であるという。

蓮如は、「六字のいわれ」を善導の六字釈によりつつ克明に釈す。そして、そこに真宗の救済原理のすべてを集約させる。そして、そのいわれを心得ようという。蓮如の名号理解については、前に述べた[84]ので今は略すが、それを心得ることが他力の大信心を得ることとされるのである。

名号のいわれを聞くとは、知的に解釈することではない。名号は、非情な記号でも、不可思議な呪文でもない。また超越的な法体でも現実的な偶像の名前でもない。悩める衆生を、本願に目覚めさせるよび声（弥陀招喚の勅命）であり、信の自覚の中に働く法の活動相にほかならない。だから、獲得されたとき、歓喜が起こってくるのであろう。真如一実の功徳宝海から苦悩する私のところに至りとどいてくる法のはたらき、つまり、大行そのものである。そこに、願心が領受されるのである。

信心歓喜の念仏を、蓮如は、「信心歓喜　乃至一念をもって他力の安心とおほしめさるゝゆへなり」（前掲）と成就文の上に確認する。

『御文』の根幹は、聞其名号による信心歓喜乃至一念であり、願成就文を基調とした信心為本、つまり、信心中心主義である。

「聖人一流のご勧化のおもむきは、信心をもって本とせられ候う」[85]（五―一〇）というものも、この願成就文からのことばであることは、いうまでもない。

三　至心回向

成就文の「至心回向」を親鸞が、「至心に回向したまえり」と読み変えられたことは、周知のとおりである。蓮如ももちろん、そう解釈している。しかし、『御文』で、「至心回向」が直接、解釈されることはほとんどない。しかし、そのことは、六字釈の「発願回向」の解釈で示されている。

其意《そのこころ》いかんぞなれば、阿弥陀如来の因中に於て、我等凡夫の往生の行をさだめ給ふとき、凡夫のなす所の回向は自力なるがゆへに、成就しがたきによりて、阿弥陀如来の凡夫のために御身労ありて、この回向を我等にあたへんがために、回向成就し給ひて、一念南无と帰命するところにて、この回向を我等凡夫にあたへましますなり。故に、凡夫の方よりなさぬ回向なるがゆへに、これをもて如来の回向をば、行者のかたよりは不回向とは、申すなり。[86]（三―八）

と示されるように、蓮如は、法然の不回向論に立ち返って、至心回向の解釈をしている。そして、それを、

このいわれあるがゆえに、南無の二字の帰命のこころなり。また、発願回向のこころなり。（同）

と、善導の六字釈に戻している。文脈としては、六字釈の「発願回向」から解釈した方が、流れはよい。同時に、また、そうすることによって、成就文の六字釈を関係づけることができ、他力回向論の普遍性を示すことができる。

もともと法然は、『選択集』において、正雑二行の五番の相対を説く中で、回向不回向対をあげ、善導の六字釈を引き、ついで、正行について、

縦令《たとひ》別に回向を用ひざれども自然に往生の業と成る。[87]〈原漢文〉

と説く。

つまり、そこでは、願行具足の南無阿弥陀仏を示さんとするわけであるから、発願回向にその引用の中心意図がある。そこでは、必ずしも本願力回向、他力回向の意を明確に示しているわけではないが、法然があえて、六字釈を引用して、発願回向のことばに注目するのは、他力回向をいわんがためである。帰命の信が、自力ではなく、願力より発起するものであることを表し、他力回向の信心であることを見られたからである。従って法然の念仏理解は、それを回向する心をまったく否定し、選択本願の名号がそのまま衆生に働き現れたものである。

そのことを親鸞は、「行巻」の名号釈で追釈し、

是を以て帰命は、本願招喚之勅令也[88]〈原漢文〉

発願回向と言ふは、如来已《ニ》発願《シテ》　衆生の行を回施したまふ之心也[89]〈原漢文〉

と述べ、衆生がみ名を称えるところに、阿弥陀の願行が、まったく、衆生の願行となると願行具足を理解した。親鸞も他力回向を、六字釈の上に確認しているのである。

同趣のことを『尊号真像銘文』には、

帰命はすなわち、釈迦・弥陀二尊の勅命にしたがひ、めしかなふとまふすことばなり。このゆえに、即是帰命とのたまえり。亦是発願回向之義といふは、二尊のめしにしたごふて安楽浄土にむまれむとねがふこころなりとのたまへるなり。言阿弥陀仏者といふは、即是其行とのたまへり。即是其行はこれすなわち法蔵菩薩の選択本願なり。[90]

と示す。

蓮如は、親鸞のこの立場を受けて、六字釈が如来の願心を表現したものとして、救済の原体験を名号に見たのである。それは、親鸞のいわんとするところとまったく同じである。信心は、如来の願心の働く相であり、六字釈は、念仏が信心として現れるいわれである。だから信心の上にこそ、念仏が具されるのである。それゆえ、

爾者は、若は行、若は信、一事として阿弥陀如来の清浄願心の回向成就したまふ所に非ざること有ることなし(91)〈原漢文〉

といわれるのである。

四　即得往生

ついで、「即得往生　住不退転」から、平生業成が展開されるのは、最もよく解る。いうまでもないが、親鸞の現生正定聚の立場は、この文からの展開であり、その展開の根拠を龍樹の「即時入必定」(『易行品』)と曇鸞の「入正定聚之数」(『論註』)に求めたものである。それを、さらに、覚如(『改邪鈔』『執持鈔』『口伝鈔』)、存覚(『真要鈔』)が西山、鎮西の臨終業成に対して、平生業成と言い、今、蓮如もその伝統から、平生業成といっているのである。

それゆえ、『御文』には、

されば、この信をえたるくらゐを、『経』には、「即得往生　住不退転」ととき、『釈』には、「一念発起　入正定之聚」ともいへり。これすなはち不来迎の談、平生業成の義なり。(92)(一―二)

おほよそ当家には、一念発起　平生業成と談じて、平生に、弥陀如来の本願の我等をたすけたまふことはりをきゝひらくことは、宿善の開発によるがゆへなりとこゝろえてのちは、わがちからにてはなかりけり。仏智他力の御さづけによりて、本願の由来を存知するものなりとこゝろうるが、すなわち、平生業成の義なり。されば

ば、平生業成といふは、いまのことはりをきゝひらきて、往生治定とおもひさだむるくらゐを、一念発起住正定聚とも平生業成とも即得往生　住不退転ともいふなり。(93)　（一―四）

などと示される。

当然のことながら、臨終業成の来迎についても、

一念発起住正定聚と沙汰せられさふらふときは、さらに、来迎を期しさふらふべきこともなきなり。(94)　（同）

と否定し、不来迎の立場を示す。

しかしながら、平生業成と、親鸞の現生正定聚の立場とは、若干の性格の違いもある。蓮如の場合、前述のごとく、平生業成とは、臨終業成に対することばであり、臨終ではなくて平生に往生の業事成弁するということであるが、往生の果は、いずれも、未来往生、臨終往生の立場に立つ。しかも、

問うていわく、正定聚と滅度とは、一益とこころうべきか、又、二益とこころうべきや、答えていわく一念発起のかたは正定聚なり。これは、穢土の益なり。つぎに、滅度は、浄土にてうべき益にてあるなりとこゝろうべきなり。されば、二益なりと思うべきものなり。(95)　（一―四）

と、正定聚を穢土の益、滅度を彼土の益とする。

従って、

即得往生は、信心をうればすなわち往生すという。すなわち往生すといふは不退転に住するをいふ。不退転に住すといふは、すなわち正定聚のくらゐにさだまるとのたまう御のりなり。これを即得往生とはまふすなり(96)　（『唯信鈔文意』）

という現実的救済、つまり、「信心獲得すなわち往生」という親鸞の積極的解釈からすれば、幾分、未来往生に重

きがおかれ、未来的救済の性格であることは否めない。

つまり、平生業成とは、平生に信心獲得して往生は定まるが、往生はあくまで、臨終である。もちろん、親鸞にも、

浄土へ往生するまでは、不退のくらゐにておはしまし候へば……(97)（『真蹟書簡』）

と、信心獲得をそのまま「往生」とはいわない表現もあるが、上の解釈に比べれば、やはり、未来的理解である。それが後生という表現の多用にもなっているのであろう。

宗教は悩む人のためにあり、悩みを超えていける受け止め方が許されて当然である。平生業成も後生も、未来に希望を持つことによって救われる人にとっては、そのような理解もなされて当然である。さもなくば、教義の硬直化を招き、宗教のいのちを失うことになる。蓮如も、経典の即得往生、親鸞の現生正定聚を上のごとく受け止め、それに、当時の人々が救われていったのである。文字どおり、宗教が生きていた証である。

五　唯除五逆

『御文』の中には、掟と称して、念仏者の宗教生活のあり方を示したものが多い。今、掟を内容としたものをあげれば、一―九・一二・一四、二―一・二・三・六・一三、三―一〇・一一・一二・一三、四―一・六・七・八、帖外二四・三一・四四・五五・六八・七一・七二・七四・一三三・一八〇などがあげられる。掟が必要とされた背景には、蓮如の教団が日増しに大きくなり、社会的に影響を与えるものになっていたこと、それに、真宗の教義が、純粋で、「無宿善の機」には誤解されやすく、造悪無碍に走りやすい特質を持っていたこと、などが考えられる。

しかし、その掟の精神は、否定や排除ではなく、「唯除五逆　誹謗正法」にみられる「抑止」の心と解される。

たとえば、

三つには、諸宗・諸法を誹謗することおほきなるあやまりなり。そのいはれすでに、浄土の三部経にみえたり。[98]
（三―一〇）

ここでいう「浄土の三部経」とは、抑止門をさすことはいうまでもなく、さらに、五逆の悪人の救いを「謗法闡提廻心皆往の御釈にもあひかなひ[99]」（四―五）と言い、さらに、

釈迦、韋提・調達・闍世の五逆をつくりて、かゝる機なれども、不思議の本願に帰すれば、必ず安養の往生をとぐるものなり。[100]
（四―三）

と説く。

つまり、「開山聖人のさためをかれし御掟のむね[101]」（三―一一）は、掟を守るというよりも、掟に背いている悪人としてのわが身の自覚にその意味があり、「五逆をつくりて、かゝる機なれども」本願に帰して救われていくことを旨としているのである。そこに、「一切我等女人悪人[102]」（五―六）の救いの道が開かれてくるのである。謗法闡提の調達・闍世に代表される私が救われていくところに真宗の面目がある。叡山より「いやしきもの」として蔑まれていた当時の民衆が蓮如に救いをもとめたのも、そこに理由があったのであろう。

以上、『御文』を大きく見ると、その内容が、本願成就文から開かれてきたものであり、それが成就文の注釈書であるといっても過言ではないと確認できた。とりわけ、真宗の綱格を成就文に見た蓮如の択法眼には、敬服せざるをえない。

「聞其名号　信心歓喜」から六字釈を導き、六字のいわれを説く、ついで、「信心歓喜　乃至一念」から信心獲得（他力信心）を説く、その「念仏もうさんとおこる心」を「至心回向　願生彼國」と見、他力回向（不回向）を意

味づける。そして、その救いである「即得往生　住不退転」を平生業成（不来迎）と表現した。しかもその内実は、「唯除五逆　誹謗正法」の抑止の心として「掟」で示す。もちろんその旨は「謗法闡提廻心皆往生」である。すべてが、成就文から開かれ、成就文に納まっていく。

『御文』そのものは、一冊の著書ではなく、諸方に書き送った書簡を編纂したものである。従って、内容が体系的とはいえない。しかし、仮にそれを材料として書き下ろしたならば、さしずめ、「願成就文大意」とでも題されよう。

註

(1)『真聖全』五―三〇一。
(2)『同』三―五一三。
(3)『蓮如上人の教学』（一九七二年、文栄堂）―四九。
(4)『真聖全』五―三〇六。
(5)『同』一―四一七。
(6)『同』三―四一七。
(7)『同』五―三二九。
(8)『同』三―四三四。
(9)『同』三―四五五。
(10)『同』五―三五二。
(11)『同』三―四七六。
(12)『同』三―四七九。
(13)『同』五―三七七。
(14)『同』三―四九二。
(15)『同』三―四九六。
(16)『同』五―三〇八。
(17)『同』五―三八〇。
(18)『同』三―五一三。
(19)『同』三―四三四。
(20)『同』三―五〇七。
(21)『同』五―四五八。
(22)『同』三―五四二。
(23)『同』三―四〇七。
(24)『同』三―四〇六。
(25)『同』五―四一九。
(26)『同』五―三〇一。
(27)『同』三―四〇七。

(28)『親鸞全』一―六八。
(29)『同』一―四八。
(30)『同』一―六七。
(31)『真聖全』三―五〇。
(32)『同』三―四五九。
(33)『同』三―四九〇。
(34)『真宗聖典』八六二。
(35)(36)『真聖全』四―四六三。
(37)(38)『親鸞全』三、和文篇―九二～九三。
(39)(40)『真聖全』三―四六一。
(41)『同』三―四九一。
(42)『同』三―六一五～六二五。
(43)『真宗全書』四四―四二一。
(44)『真聖全』三―五〇六。
(45)『同』三―五〇八。
(46)『同』三―五〇七。
(47)『同』三―五〇八。
(48)『同』三―五一一。
(49)『同』三―四八四。
(50)『清沢満之全集』(法藏館版)一―四四五(岩波書店版四―一六〇、括弧内以下同じ)。
(51)『同』一―四四五(一―八五)。
(52)『同』二―一五七。
(53)『同』三―四九六。
(54)『同』五―三五。
(55)『同』五―三九。
(56)『同』四―一七一(六―一七六)。
(57)『同』七―四九(二―一三九)。
(58)『同』四―三一(二―三四一)。
(59)『同』四―四七。
(60)『同』七―三四八。
(61)『同』八―二二。
(62)『同』八―二三。
(63)『同』七―三七一。
(64)『同』七―三八一。
(65)『同』七―四一八。
(66)『同』七―四一九。
(67)『同』七―一二(二―一〇九)。
(68)『同』六―三四二(七―二五五)。
(69)『同』六―三四三(七―二五六)。
(70)『同』六―一四〇(六―七二)。
(71)『同』六―五二(六―一一二)。
(72)『同』六―五三(六―一一四)。
(73)『同』六―二三四(六―一六四)。
(74)同朋大学仏教文化研究所編『実如判五帖御文の研究』(一九九九、法藏館)参照。
(75)『真聖全』三―三〇二。
(76)『同』五―四〇一。

(77)『同』五—四〇二。
(78)『同』一—二四。
(79)『同』三—五〇七。
(80)『同』三—四二三。
(81)『同』三—四五九。
(82)『同』三—四五二。
(83)『同』三—四九七。
(84) 本章第一節及び拙稿「『御文』における六字のこころ」(『同朋仏教』第三三号、一九九八)参照。
(85)『真聖全』三—五〇七。
(86)『同』三—四六三。
(87)『同』一—九三七。
(88)(89)『親鸞全』一—四八。
(90)『同』三、和文篇—五三。
(91)『同』一—一一五。
(92)『真聖全』三—四〇四。
(93)(94)『同』三—四〇六。
(95)『同』三—四〇七。
(96)『親鸞全』三、和文篇—一六〇。
(97)『同』三、書簡篇—二九。
(98)『真聖全』三—四六七。
(99)『同』三—四八三。
(100)『同』三—四七八。
(101)『同』三—四六九。
(102)『同』三—五〇三。

結　章　真宗とデス・エデュケーション（〝いのち〟の教育）

一

われわれは、死に逝く身である。誕生の瞬間から、すでに死への旅路が始まっている。しかし、死をタブー視し、いのちを所有化する限り、それは、あきらめを伴った暗いものとなる。

たとえ、客観的な学問、つまり医学や生物学の追究によって延命を勝ち得たとしても、あるいは、それで、一時的安らぎを得たとしても、死の不安の完全解消にはならない。なぜなら、現に、人生五十年から、人生八十年に延びて、われわれの死の不安が、幾分でもやわらいだかと言えば、決してそうではなかった。むしろ、逆にその不安はますます大きくなっている。この先いくら延びても同じであろう。

同時に、そこには、生命を人間の手によって操作するという、非尊厳的で、かつ生命をモノ化した新たな問題を生ずることは、言うまでもない。

また、そうかといって、息災延命を神仏に祈っても、奇跡は起こるはずもない。万一、その奇跡が起きて、延命がかなったとしても、やがてまた死はやってくるわけであり、その完全解決にはならないし、同時に、命はいっそう軽視されるであろう。

では、残された命をどう生きればよいのか。〝残された〟ということ自体が、消極的かつあきらめの思いによるものである。趣味やゲートボール等の健康増進運動によって、生きがいを見出し、安らいだ豊かな老後を、と言う。しかし、それで、真にわれわれの心が安らぎ、豊かになるであろうか。ただ、死を待つだけの暗い人生であることに変わりはない。

行政が、いくら多額の予算を費やして老人施設を作り、あるいは、末期患者のための施設を作っても、その問題の完全な解決にはなっていかない。だが、筆者は、それを否定しているのではない。それは大切なことであり、積極的に進めていかなくてはならないことに変わりはない。

しかし、それと同時に、〝いのち〟の教育（デス・エデュケーション）がなされなければ、その立派な施設そのものが、無意味となるのである。日本で、先行してできたホスピスのかかえている問題点もそこにある。――キリスト教のホスピスであるが、もちろん仏教徒も収容している。しかし、キリスト教のチャプレンはいても、仏教の僧はいない。そこに収容されている患者にしてみれば、立派な施設に居ながらも、空しく死を待つだけである。――他の老人施設においても同様の課題をかかえている。

〝いのち〟の教育、それは、主体的な学びである。つまり、死の不安を延命によって解決しようとする方向を根本的に転じ、いのちに対する見方、価値観を転換するということによって、それを超えていこうとするものである。その転換は、自我を破ることによってなされるわけであるから、自我以前の普遍、宇宙（涅槃・如来）との出遇いによらねばならない。自我を超えた出来事、つまり、生老病死をとおして、初めてわれわれは、自我以前のものに出遇えるのである。

たとえば、われわれ自身が、生まれ、そして死に逝く身であるから、自身の誕生や死を見つめることによって

――身近な者の誕生や死をわが誕生、わが死と思うことによって、あるいは、自身の病いの体験や老いを見つめることによって――自我以前つまり、〝いのち〟の本源に出遇える。そのことは、ほかならぬ〝いのち〟に目覚めるということである。その出遇いが、逆に〝いのち〟の尊厳と充実した〝生〟を与えてくれるのである。つまり、〝満足した生〟と〝満足した死〟を与えてくれるのである。

――日本の場合、公教育、公的機関から、いのちを問う普遍宗教までが排除されていることは、この問題の解決をますます遠ざけている。同時に宗教が、単なる〝老いの癒やし〟や〝死の慰め〟程度に見られているのも、またこうした宗教教育の不備からくるものと思われる――。

それゆえ、小論では、〝満足した生〟〝満足した死〟を獲る道理を、そのことを最も直接的に課題としている浄土教の思想の上に見てきたのである。

二

浄土教とは、釈尊の生死解脱の世界である。浄土を求めることを究極の課題として、展開してきた仏教である。それは、上に縷々述べてきたように、外に延命を求めるのではなく、内を見極め、主体的な立場で〝いのち〟に対する価値観の転換をはかり、普遍への目覚めによって自己変革していくものであった。そして、その目覚めを、共感、共鳴し、外に広げていくものであった。

すなわち、生と死を分段し、長短で測る価値観から、現実の生死を見つめ、普遍を感得して、その長短を超えた〝無限のいのち〟（阿弥陀＝無量寿）に目覚めることである。生死を長短の価値観で測り、同時に、死なないとの妄想の世界にいるわれわれが、死を見つめることによって、「あすありともわからぬ身」を自覚し、その妄想から破られていくことである。そして、「いつ死んでも不思議でない私」が、生きていることの尊さを実感していくことである。つまり、普遍（如来）との出遇いによって、自己が破られ、同時に、無生無死の普遍の世界（浄土）へ帰って行くことである。そして、いのちを私有化し、わがものとしている私の我執の殻を破ってくる普遍からのよび声が、念仏であったのである。

この立場は、決して実体的にとらえる立場ではない。そうとらえる限り、浄土は死後の形ある世界ととらえられ、その世界にとらわれ、その世界に迷ってしまう。はたまた、霊魂の存否、大霊界の存否という論議になってしまう。しかも、そこには、死にたくないという願望から、生の続きとしての見方も加わり、ますます複雑になる。未だ、だれしも見たことのない死後の世界なるがゆえに、その存否を論議しても、所詮、戯論でしかなく、迷いである。文字どおり、迷界、迷宮であり、少しも死を超える原理とはなっていかない。

そもそも、そのことは、生死を実体化してみることの誤謬からくるものであり、その「有無を離れ」（龍樹）、とらわれを離れるところから出発しなければならない。それがほかならぬ、先に述べたところの価値観の転換である。平安浄土教の来迎思想というのも、基本的には、来世を実体視した立場であり、死後にすばらしい世界（浄土）がある。だから、平生に徳を積み、臨終の正念と来世からの仏の来迎を祈れとの立場である。これもまた、どこまでも〝有〟にとらわれた消極的な死の受容である。

親鸞は、現生にその転換（廻心）をなし、死を超える道理を示す。現にその道理によって、蓮如も満之も死を超えている。その道理は、正しく、小論の中心課題として述べてきたところである。

そして、そのような死のとらわれを離れた立場を、すべてよろづのことにつけて、往生にはかしこきおもひを具せずして、たゞほれ〴〵と弥陀の御恩の深重なること、つねはおもひいだしまひらすべし。しかれば、念仏もまふされさふらう。これ自然なり。わがはからはざるを、自然とまふすなり。これすなはち、他力にてまします。(1)

と言い、さらに、

自然といふは、自はをのづからといふ、行者のはからひにあらず、然といふはしからしむといふことばなり。しかしむといふは、行者のはからひにあらず、如来のちかひにてあるがゆへに法爾といふ。(2)

と言う。

絶対他力に帰し、普遍に目覚めた世界である。一切を、如来の本願にまかせきっている。一切が如来のはたらきである。生も死も、病も老いも、如来から「たまわったもの」（本願力回向）である。死を見つめるがゆえに、「弥陀の御恩の深重なること」が感知できるのである。

死を見つめた彼方に、如来よりたまわった充実した生が広がっているのである。

本願力にあひぬれば
むなしくすぐるひとぞなき
功徳の宝海みち〳〵て
煩悩の濁水へだてなし(3)

とは、正しく、この立場を讃じたものである。「功徳の宝海」とは、われわれに〝いのち〟を目覚めさせる一切の徳用《はたらき》であり、「煩悩の濁水」とは、〝いのち〟をわがものとしているわれわれのありのままの姿である。

われわれは、「今」死んでも不思議ではない。それゆえ、逆に「今」生きていることの不思議さが思われる。老少不定なるがゆえに、「今」死を見つめ、「今」死を超えていかねばならない。
デス・エデュケーション（〝いのち〟の教育）は、死を告知された人、あるいは末期患者だけの問題ではない。生きるものすべての課題である。同時に、何よりもその教化と実践が望まれる。

◇

死を見つめることは
生をより充実させることである。
自らの人生を充実させるためにも、
さらに、死に直面している人に共感し、
ともに死の苦しみを超えていくためにもわれわれ一人一人が
主体的に死そして生を考えていかねばならない。

註

（1）『親鸞全』四、言行篇―三一。
（2）『同』三、書簡篇―七二。
（3）『同』二、和讃篇―八二。

付章　事例で見る「真宗」デス・エデュケーション

事例1　鈴木章子さんの場合

鈴木章子著『癌告知のあとで—私の如是我聞』（一九八八年・探求社）、鈴木真吾著『見直し人生ヨーイ・ドン』（一九八九年・具足舎）による。

一九四一（昭和一六）年、北海道生まれ。真宗大谷派西念寺坊守。元幼稚園長。家族は住職である夫のほか、三男一女の子供たち。

一九八四年、四十二歳の時、乳癌を告知され、左乳房切除。一九八七年（四十五歳）肺に転移・左肺上葉部摘出。一九八八年（四十六歳）各所に転移。四年五ケ月死を見つめ、同年十二月三十一日命終。

彼女においては、癌によって、いのちに対する見方が大きく変わり、四十六歳の人生は満足した人生に変わっていった。彼女の生き方は癌との〝戦い〟ではなく、それをありのままに受けとめていた。

癌との出あいを彼女は、

癌は、私の見直し人生の　ヨーイ・ドンのＧＵＮでした。

私、今スタートします。

と言う。死に直面して、本当の生がスタートしている。

彼女は、真宗の寺院の坊守であり、念仏信仰があった。しかし、それは、あったと言うより、その身になったからこそ、真に念仏に出遇えたのである。

つまり、癌によって、疑いが除かれ、自己のうぬぼれ、〝死なない〟という妄想と、いのちをわがものとする我執が破られている。

癌

癌といわれて
死を連想しない人がいるだろうか
医学の進歩した現在
死と直面できる病いに
仲々出会うことができない
いつ死んでも不思議でない私が
すっかり忘れて　うぬぼれていたら
ありがたいことに
癌という身をもって
うぬぼれを砕いてくれた

どうしようもない私をおもって
この病いを下さった
おかげさまで　おかげさまで
自分の愚さが
少しずつ見えてきまして
今現在説法の法座に
座わらしてもらっています

彼女は癌を自分のものではなく、むしろ、如来（仏）からの賜りものとしてみている。

突然の死を賜ることなく
自分の生き方や死を
とわずにはいられない
ガンという病気を賜ったことを
感謝しております。
むしろ、死を見つめ続けたおかげで
病に導かれ、
身のまわりから説き示して下さる

「今現在説法」（仏が今、現に法を説きたもう）の法座に
座らせて下さったこの幸せを
如来摂取不捨の
不思議なご利益と
身をもっていただいています

という。

念仏によって、癌もまた如来より賜ったものと気づかされたのである。文字どおり、癌が南無阿弥陀仏のはたらきと受けとめられている。

だが、それは、単なる気の持ちよう、思い込みではない。そこに、自己のうぬぼれを砕くものとの決定的な出遇いがある。自我が砕かれているのである。それゆえ、一切が、尊く見え、あらゆる〝いのち〟が輝いて見えるのである。それゆえ、

四十六歳

死の問題は
今　始まったのではない
生まれたときから
もう　始まっていたのです

点滴棒をカラカラ押して
青白い顔に
幼さを残して歩く
九歳の少年に……
母親に抱かれ
乳も吸う力もない
赤ン坊の
さげられた管の数々に……
気がつけば
私　今四十六歳
ありがたい年齢だったのです

と、詠んでいる。

彼女のそれまでの四十六歳の人生すべてが〝満足〟した人生に変わっている。死を見つめることによって、彼女は、普遍、つまり、永遠のいのち（無生の生）に目覚めている。その目覚めを、

私の歴史
私の今迄の生活歴史に

自我の歩みの歴史と
弥陀の歩みの歴史と
二通りの歴史があると思います
命終とは自我の歴史の終止符であり
弥陀の歩みは
そのまま続くものであると思います

という。そして、死をその永遠の世界、いのちのふるさとに帰ることと受けとめている。

死

死ぬということは
消滅してしまうことではなく
いのちのふる里に
帰るだけのことなのですが……

そして、いのちの営みを、

何も思い残すことはない

もう充分
啓介も……大介も……慎介……
マミも……あんたも、
みんな南無阿弥陀仏
今度は、
南無阿弥陀仏の諸仏になって
あなた方を育てましょう

私は
私は真弥の南無阿弥陀仏になります。
私は啓介の南無阿弥陀仏になります。
私は慎介の南無阿弥陀仏になります。
私は大介の南無阿弥陀仏になります。
私は真吾さんの
南無阿弥陀仏になります。
（中略）
門信徒の方有縁の方々の
南無阿弥陀仏になります。

思い出したら
南無阿弥陀仏と呼んで下さい
私はいつもあなた方に南無しています。

と詠い、逆に、死を忘れ〝いのち〟に気づかない空しい人生を、彼女は、

忘れもの
盲腸の患者さんが
今日は抜糸
明日は退院と
喜んでいる
少しも変わらぬ
死ぬ身を忘れている
この忘れものが
ベットにウヨウヨある

とも言う。そして、死を自覚することこそ、〝生〟を充実させることであると述べる。

生死

死というものを
自覚したら
生というものが
より強く浮上してきた
相反するものが
融合して
安らげる不思議さ……

しかも、その学びは、単に定まったところで聞くだけではない。むしろ、死を見つめるところ、〝いのち〟が課題になるところ、一切が、聞法の場であるという。

ベット

説法はお寺で
お坊さまから
聞くものと思ってましたのに……
肺癌になってみたら
あそこ　ここと

如来さまのご説法が
自然にきこえてまいります
このベットの上が
法座の一等席のようです

〃いのち〃に目覚めることは、あらゆるものの尊厳性に目覚め、平等の世界に目覚めることである。〃いのち〃というところで、人は絶対平等に立てるのであるという。

仲間

死という
絶対平等の身にたてば
誰でも
許せるような気がします
いとおしく
行き交う人にも
何か温かいおもいが
あふれでます

死の三ケ月前、次の詩に記されるように、彼女は、一切を、

思い残すことなし
思い残すことが
こんなになくて
良いのでしょうか
元気だった頃
今までは思い出すことができぬような
いろんな思いで
胸や頭がはちきれそうでしたのに……
思い残そうとしても
不思議なことに
何もでてきません
確かな方
大きな方に
大慈悲心に

子供のことも

主人のことも
おまかせしておりましたことに
気づかせていただきました
安心……
満足……

と、まかせ切っている。絶対他力にすべてをまかせ切り、りきみのとれた世界に安住している。
彼女は、癌によって、つまり、死に直面して、四十六歳の〝満足した人生〟を終え、〝満足した死〟を迎えることができたという。〝いのち〟に対する価値観が転換され、我執が破れたがゆえであろう。

事例2　竹下昭寿さんの場合

遺著『死の宣告をうけて』(竹下哲編・一九八八年・光雲社)による。
一九二八(昭和三)年、長崎県生まれ。父は、国鉄(当時)職員であったが、一九四四(昭和十九)年に死別。四人兄弟の第三子。福岡県糸島郡正入寺住職より、家族ぐるみで聞法。一九四三(昭和十八)年、海軍に入隊。終戦後、一九四五(昭和二十)年、彼も当時の国鉄に勤務。一九五八(昭和三十三)年九月発病(胃癌)。一九五九年一月、胃の切開手術。癌が胃の全面を侵し、食物が通るように、吻合手術のみをする。退院後は、往診の際、主治医、高原憲医師の法話を聞く。母、兄とともに聞法し、金子大栄、藤秀璻、塩尻公明、八木重吉等の本に出会う。同年三月二十五日、癌を告知される。同年四月十七日、三十歳五ケ月で命終。

癌を告知された日、彼は日記に次のように記している。

〈昭和三十四年三月二十五日〉

久しぶりに字を書く。なんだかうまく書けないな。「死の宣告」、今までに何回も聞きなれたこの言葉だが、自分自身が本物の「死の宣告」を聞かされようとは。

今日は朝からすばらしい春日和だった。朝は食欲がなかったけれど、お昼ごろから気分は良い方だった。午後一時間ばかり眠ってちょうど目が覚めたとき、高原先生が往診された。一昨日の往診のとき、何か不安なことはないか、包み隠さず体裁ぶらずに、その不安を聞くから――と言いおいて帰られたので、今日は病状がちっとも快方に向かわない、逆に退院当時より疲労度は増してくるようだと言った。先生は、待っていたように、私の真の病気が何であるかを明らかにされた。

「胃ガン」――信じられないような病名。致命的な病状の進み。すべてはもはや手遅れだったのだ。それとは知らず、日が経つにつれて焦っていた私。母や兄たちが入院当時から深刻な表情をしていたのを、むしろ不思議に思っていたのだ。

何も知らなかったのは私だけだったのだ。みんなは、私の姿を見ながら深く悲しんでいて下さったのだ。先生から「死の宣告」を聞かされたときは、何だかぼっとしていた。興奮状態だったのだろう。

あと何日いのちがあるかわからない。三十数年の宿業が、残り少なくなっているということだけ。明日までかも知れないのだ。「今日一日をありがたく大切に」――高原先生のこの言葉が、実感となってひびいてくる。これからさき、どんな病苦にのたうちまわるかも知れない。果たすべき宿業は自分で果たして、この世を去る以外にないのだ。しかし、その宿業の果てには、親鸞聖人や唯円房が渡っていられる処があるのだ。そして、十五年前に往っておられるお父さんも。

この世の人間の愛情の、なんと濃やかな中に、自分は生かされていたことだろう。三十年間の愛の火の中で。しかも何よりも仏縁に恵まれていたことの良かったこと。すべては大慈悲の唯中に、いまでもいまも生かされているのだ。

夜一〇時半、疲れてまとまらないが、今夜も休ませていただこう。

「ただ念仏して」

（一一頁）

そして、その時のようすを兄の哲氏は、彼自身の日記に次のように記している。

〔三月二十五日〕

弟の心身の経過を静かに見守っておられた高原先生は、ついに三月二十五日、病気は胃ガンであること、回復の見込みはないこと、やるせないお母さんの姿をとおして如来の慈悲を仰ぐべきこと、この世は「よろずのこと、みなもて、そらごと、たわごと、まことあることなき」こと、「汝一心に正念して直ちに来れ、我よく汝を護らん」という如来の喚び声をそのままいただいてお念仏申すべきこと――を、こんこんとお諭しになりました。まばたきもせず聞いていた弟は、この瞬間からあざやかな転回をとげました。顔からは苦悩の色がたちまち消え去り、如来のお慈悲を讃嘆し、有縁の方々のご恩を感謝して、静かにお念仏を申すようになりました。まことにあざやかな転回です。あまりのあざやかさに、私どもは、ただただ如来の大悲の広大さに打たれ、しみじみとお念仏申したことでした。

彼は、主治医の高原憲医師をとおして、親鸞に学び『歎異抄』に死を超える道を見出していた。そして、帰るべき浄土に目覚めていた。そして彼から

何もかも我一人のためなりき
今日一日のいのちたふとし

という歌をいただき枕辺に飾っていた。

すでに記した如く、彼の一家は、聞法一家であった。このことについて、兄の哲氏は、次のように述べている。

もともと私たちの家庭は、深い仏縁にめぐまれていました。若い時から仏縁のあった母は、幼い私たちを背中にせおい、あるいは手を引いて、お寺の法座にかけつけました。私が中学生だった昭和十三年ごろは、福岡県糸島郡の正入寺住職波多教英先生とご縁が開け、懇切なお育てを受けました。

山本晋道先生とのめぐりあいもこのころです。先生の情熱的な、そして鋭いご説法は、根底から私たちの心を揺すぶりました。菜の花で黄一色の糸島平野を汽車に揺られながら、福岡の山本先生のお座に通った思い出は、一生忘れ得ないことでしょう。戦後諫早に移ってからは、山本先生との結びつきもますます密となり、県

内の僧侶の方々とのご縁も開けてきました。県下各地で開かれる仏青大会には、よく兄弟二人で出かけたものです。ほんとに夢のように楽しい、そのころの生活でした。

また、兄弟で盛んに仏書を読むようになりました。金子大栄先生や藤秀璻先生の諸著を特に愛読しました。兄弟が集まりさえすれば、仏法のこと人生のことを話し合い、語り合って、夜のふけるのも忘れてしまう有様でした。

神戸大学の塩尻公明先生のご本にめぐりあったのもこのころです。先生のご著書のすべてを、ほんとに貪るように兄弟で読みました。入院中、弟が繰り返し読んだのは、先生の「病苦について」という一文です。「病気で苦しみながらこの本を読むと、しみじみと深い味わいがわかるなあ。」と、しばしば弟は述懐していました。

八木重吉の詩も兄弟で盛んに愛誦したものです。この孤独な、薄命な詩人のつぶやきは、何か私たちの心の奥底にしみとおるような響きを持っていました。

（四七頁）

彼の聞法はさらに深まり、告知の翌日から病床にて、兄より『歎異抄』を読んでもらっている。そのいきさつを哲氏は、次のように記す。

〔三月二十六日（木）晴〕

昭寿の要望で、今日から、枕許で『歎異抄』の拝読をする。本文一回、梅原真隆先生の現代語訳を二回、さらに本文を一回という順序に読む。今日は第三条まで。感慨が胸にあふれ、涙が出て、時々中断しながら読む。

第一条の「――往生をばとぐるなりと信じて、念仏もうさんとおもいたつこころのおこるとき、すなわち摂取不捨の利益にあずけしめたまうなり。」というところを喜ぶ。「すなわち」ということばが、解説では「そのときもはや」となっている。「すばらしい訳ね。」と言う。（五七頁）

枕辺での『歎異抄』の学習は、同時に、家族のグリーフ・エデュケーション（悲歎の教育）でもあった。家族一人一人が、彼の病いを〝わが事〟として受けとめ学んでいる。その一人一人の主体的な目覚めが、家族の悲しみをも超えさせているのである。

彼自身は、死に直面し、いよいよ〝いのちの尊厳〟と〝帰るべき浄土〟に目覚めている。そのことを臨終までの彼の日記の中から学んでみたい。

〔三月二十九日午前〕

昨夜午後、大内先生がおいでになる。とってもいいお話をして下さる。

『歎異抄』第九条の「なごりおしくおもえども、娑婆の縁つきて、ちからなくしておわるときに、かの土へはまいるべきなり。」――みなさんからよくしていただけばいただくほど、ほんとに「なごりおしい」この世ではある。人間の愛情の最大級のものを、注いでもらっているのだもの。

でも、娑婆の縁がつきれば、そのまんま、かの土にまいらせていただけるのだから、こんな幸福なことがあろうか。この世でもあらん限りの愛情に包まれ、そして「ちからなくしておわるとき」にも、また即座に摂取不捨の利益にあずけしめたまうとは。（一五頁）

〔三月三十日朝〕

昨夕、大阪のおばさんが帰阪された。さようならをした。忙しいのに二十日余りも看病して下さって、お礼の申しようもない。心のやさしい情愛に溢れたあの眼ざし。いいおばさんに恵まれて幸福だった。身体を大切に、できれば仏縁に近づいて下さい。お念仏の世界こそ、寂しいこの人生の明け暮れの中での落ち着ける場所ですから。ほんとに人生とは寂しいところ、名残おしいところです。「愛別離苦」という言葉もしみじみと味わわされます。でも、なつかしいお浄土が用意されてあるのです。限りなくなつかしいお浄土――。（一八頁）

〔四月九日朝〕

白道を歩いていく
お母さんや兄ちゃんたちの
やるせなき愛情を総身に浴びて
それでもひとり白道を歩いていく
いつかその道がつきたとき
そこにはお浄土が開けている
多くの仏さまたちが待っていて下さる
おお御苦労だったと如来さまが
抱きとって下さろう
もうそのときは仏の一員
病、衣、食、住の執着のないところ
無執着の世界――「浄土」
そこでほんとうに大切なことだけを

無限にやらせていただけるのだ
〔四月二一日午後〕
本願の船には乗れど煩悩の
船のともづなはなしかねつも
昨日高原先生から頂いた歌。まことにもっとも。

でも、本願の船に乗せて頂いているという、大安心の上でのやっさもっさだ。大いにじたばたしても、往生は間違いなし――。如来の願船のびくともしないことのありがたさ。（二一頁）

かくして、彼もまた、死を正面から受けとめ、如来の願船に乗じて、満足した生を尽くし、浄土へ帰っていったのである。

事例3　花田正夫さんの場合

花田正夫著『生死巌頭を照らす光』（一九八七年・樹心社）による。

一九〇四（明治三十七）年、岡山県生まれ、岡山医大三年で中退。その後京都大学文学部に入学し、哲学科（仏教学専攻）卒業。西本願寺の僧籍を持ち、別院関係、保護観察所などの仕事に従事。雑誌『慈光』を発行（一九四九～一九八六）。一九八六（昭和六十一）年一月、膀胱癌が腎臓に転移し、腎臓摘出手術を受ける。その後、四回入退院を

繰り返し、一九八七（昭和六十二）年九月二十六日命終。

病との出会いを次のように記す。

本年の二月である。突然多量の血尿に驚いて検診をうけると膀胱に悪性腫瘍があるとのこと、幸いに度々の電気焼灼でこのたびは一応の処置はすんだけれど、一時、入院して手術と言われた時、今まで自分の問題にならなかった死が前をふさいで消えない。かといって別に今度は駄目とまで思ったわけではないが、死ということが放っておけない問題となってきたのである。たとえ病気がよくなってもこの問題が解けないでは何処にも安住所がない。ここ一つが人生の一大事となったのである。これはまことにありがたいことであった。

実は私は三十四歳で結核、四十六歳で心筋障害による狭心症になった。その時、病気とそれに随伴する種々の苦悩は痛感したが、愚鈍の身には、死は問題にならなかった。だから、どうしたら早くよくなれるか、今後の生涯をどうしようということばかり考えていた。

また、親兄弟、師友なども死別したが、愛別離苦の悲しみはそれぞれ感じても、自分が死ぬとは思えなかった。

ところが六十過ぎて今回の難病となると、さすがに死が自分の問題となって山の様に行く手を塞いだ。その刹那、呼べば応える山彦のように、直ちに私の心に響き、私を支え、障り破る光りをもたらしたのは『歎異抄』である。

「いささか所労（やまい）のこともあれば、死なんずるやらんと心細くおぼゆることも、煩悩の所為なり。久遠劫より今まで流転せる苦悩の旧里はすて難く、いまだうまれざる安養の浄土はこいしからず候こと、まことによくよく煩悩の興盛に候にこそ。名残りおしくおもえども、娑婆の縁つきて、ちからなくして終るときに彼の土へはまいるべきなり。いそぎまいりたきこころのなきものを、ことにあわれみたまうなり。云々」

一語一語がそのまま切実な実感としてひびく。それは私の心の隅々まで知り尽くされた全理解者の声である。否、単なる外からの親切な言葉でなくて、私と一つ身にとけこんで、内から浮かんでくる声で、言い換えれば、私自身の言葉である。（中略）

よろこぶこころもなく、いそぎ浄土へまいりたきのなきものを、煩悩具足の身、煩悩興盛の故にと、かねてよくしろしめして、ことに憐んで下さる大慈悲者の胸に摂められて、もう私の死に様は如何ようでもあれ、すこしも心配のない、覚悟さえも無用の身とさせて下さるありがたさに、覚えず悲喜の涙が流れる。

（二一一～二一四頁）

そして、来るべき死を、清沢満之の「生のみがわれらにあらず。死もまたわれらなり」の言葉によって受けとめている。

そうしたある日、「死もまたわれなり」と思わずつぶやいたそのころは、生死は一枚の紙の表裏ともよく聞きもし、理としてはそうであるが、実際の私の生活感情では、表裏どころではなく、遠く切り離している。死ぬと何もかも崩れる、死んでたまるか、死と聞くのも御免だ、と無理に引き離して、遠くへ押しやっている。死日本の病院などで四とか九などの記号をのぞき、西洋では十三を忌むが、洋の東西古今を問わず、死がおそろしくて、遠く外に置かずにいられぬ人の心に変わりはない。

さて、仏の慈光に照護されながらも、矢張り死はいやであるが、しかし、人様が死ぬのではない。どんなに苦しかろうが、悲しかろうが、自分の死である。生が自分なら、死もまた自分であるとうなずかれる。そこで、今までは外において拒否し続けてきた死が私の内におさまった。否むしろ、生も死も、仏願海にとかされた。すると不思議にも、死の暗い影が、昼間の灯火のように淡く消えて、力を失った。死と生が対立している間は、死の影がつきまとうて離れなかったのが、生も死も我なりと生死一如にとろけると、その闇が破られるのである。それかと言って名残りが惜しいが思いがきれいになくなったのではない。それがそのままながら、死をうけいれられる。すると前にふさがった山が消えて、浄土の曙光が射しそめてきたのである。（二四頁）

死に直面し、満之のことばに導かれて死とは何かを考え始めた彼は、満之に学んで次のように述べている。

清沢満之先生（一八六三〜一九〇三）は、明治の仏教界に大きな燈火を掲げて下さった方でありますが、四十一歳で肺疾が悪化して亡くなられました。その前年に『絶対他力の大道』を発表され、「われらは生死を併有するものなり、われらは生死に左右せらるべきものにあらざるなり云々」と言っておられます。

この生死を併有す、ということは誰しもいやと言えぬことでありますけれども、私どもは身勝手なこころから、生は肯定しますが、死は否定して、いつまでも死なぬ積りですごしております。これにつきましても、最近フランスの女流作家でサルトルの内妻のボーボワールの『老い』という著書が日本でしきりに読まれておりますが、その序文に「アメリカやフランスでは、死ぬとか老いということは人生の恥部であって、口にしてはならぬことであり、これを言う人は不謹慎きわまると排撃される。しかし釈尊は、生・老・病・死を見て、これをわがこととして解脱の道を見出された。だから自分はあえてこれを書いた」と述べております。しかし、これはフランスやアメリカばかりではありません。私自身が死を拒否し、老いてその自覚がなく、七十五になった私が老人といわれるのがいやなのであります。アンドレー・ジイドも、自分の老いた姿が鏡にうつるとゾーッとすると言っております。しかしいくら嫌でも老死から遁れることはできません。

私が最初に死が問題になりましたのは、小学生の時でした。隣村の親戚の祭礼に招かれて私が留守の時、妹があやまって池に落ちて死にました。その知らせで急いで帰って、妹の死体に触った時、氷のように冷たいのに驚き、全身がゾーッとしました。これが私が死を知った初めでありました。

次に、中学の三年の春、兄が十九歳で死に、その秋に姉が二十八歳で二人の子供を残して亡くなりました。それからは、今度は自分も死ぬのだと思うようになり、当時、高校の入試の勉強をしておりましても、死を考えるとすべてが空しく思えるのです。誰れ彼れとなく、死んだらどうなるのか、とたずねましても、一人も答えてくれませんでした。

幸いに六高に入学できましたので、この時こそ自分で死を考えようと、冬の山に登り、飢えと寒さが迫ったら、贅沢な考えを捨てて本音を吐くだろうと、寒い冬休みの日に、一人で山に籠りました。ところが三日目に、空腹と寒さで風邪にかかり、高熱を出してスゴスゴと家に帰りました。やりましたことは子供だましのようなことでありましたが、そこでふと気付きましたことは、障子の向こうのことさえ見えない私が、どうして死後を知ることができようか、わからないのが本当だとうなづき、孔子も「生の従来するところを知らず、いずくんぞ死を知らんや」と言っておられる。本当にその通りだなと、一応わからぬということで決着がつきました。

ところが、私は理科の勉強をしておりましたので、いつの間にか、死後はわからぬという限界を超えて、死んだら蠟燭が消えたのと同様で、無くなってしまうのだろうという、いわゆる「無の見」に堕ちかかっていました。そうした時、父が亡くなりました。これは私にとって大きな悲しみでありました。そして、頭ではもう亡くなってしまったとよくわかっていましても、情意の上から、分らぬけれど何処かに居られるという思いがのこりました。その後、歳月が経ってから、父は私の心の奥に生きているということを知り、それは年々歳々あざやかになってきました。(中略)

次に、六十五歳になって、突然濃い血尿が出て、膀胱の腫瘍とのことで名市大病院に入りました。その時、自分の年齢といい、病名といい、また医学の限界ということも思いあわされて、自分の死の横顔が見えてきたのであります。

ツルゲネフの「老婆」という詩に、自分のうしろに足音がする。見れば老婆がしつこくついて来る。じっと止まると相手も止まる。急に道を曲がっても駄目、逃げられない！とふと前方を見ると黒いものがある。よく見ると自分の墓だ！しまった、死だ！という意味のものがありますが、私にもこのツルゲネフの墓場が現れてきたのです。

さて、そうなってみると、荒れ狂う海原の夜の闇の中で、櫓も櫂も失って、ひとりぼっちで波間にただよっていて、もし大浪が来ればひと呑みにされて、何一つ力になるものは無いという始末でした。はるか遠い浜辺では燈火をふりかざしながら、肉親をはじめ、友人縁者の人達がオーイ、オーイと呼びかけてくれています。それは有難いことでありますけれど、今の私を内から支えてくれるものではありません。

こういう、独生、独死、独去、独来の私に、ただ一つたのみ力になってくださったのが『歎異抄』第九章の後半、

「久遠劫より今まで流転せる苦悩の旧里はすてがたく、いまだ生れざる安養の浄土はこいしからず候ことまことによくよく煩悩の盛興に候にこそ。名残り惜しく思えども、娑婆の縁つきて、力なくして終るときに、彼の土へはまいるべきなり。いそぎまいりたきこころなきものを、ことに憐みたまうなり云々」でありました。いざ別れとなれば、こころは千々に乱れて、名残りはつきませぬが、こうした執着の強い私を、仏はかねてしろしめされて、とりわけ憐れんで下さるとの聖人の仰せが身にしみ、何一つよるべのない私の手をとって御一緒して下さるお方がましますことのたのもしさ、ありがたさから、しきりにお念仏が浮かび出ました。その中から思わず「死もまたわれなり」とつぶやきました。

省みますれば、死を拒否し続けておりますのも、死の暗黒が怖かった、一切のものが崩れることを見るにしのびなかったからでありますが、こうした私をとりわけ悲憐して、何処何処までもご一緒して、「今一人の私」となって下さる方があって、それを受けて超える身がひらけたのであります。

（七一～七九頁）

正しく、主体的立場から、死を超えている。

そして、この書に最後には同じく病床にあった夫人を横にして、いくたびも申された言葉として、『歎異抄』のあちこちから、ここだよ、ここだよ、これだけよと『歎異抄』が呼んで下さる。有難いね……南無阿弥陀仏　南無阿弥陀仏

（二四三頁）

ということばが紹介されている。死を超えた安らかな死だったのである。

事例4　木村無相さんの場合

木村無相著『歎異抄を生きて――求道六十年』（一九八五年・光雲社）による。

一九〇四（明治三十七）年、九州八代のトンネル工事の飯場で生まれ、中国東北区（当時の満州）、朝鮮半島の各地を転々とする。ピョンヤン（当時の平城）で高等小学校を卒業し、裁判所の給仕をしたりした後、一人で帰国。神戸の県立工業学校を卒業した後、四国の真言宗及び真宗の寺院で学ぶ。その後、高野山大学に学ぶ。やがて、高野山を降り、やはり、もとの真宗を学ぶ。二度三度と真言と浄土の間を迷い歩いているうちに、五十の坂を越し、最後に落ちついた処は、いずれの行も及びがたい人間ほど助けてやりたいという本願の教えでした。それゆえ、幸いなことに、東本願寺同朋会館の門衛所の仕事をしながら、『歎異抄』に救いの道を見出していく。晩年は、福井県武生市の養護老人ホーム和上苑に入苑して、念仏生活を送る。心臓病で再三、入院を繰り返し、一九八四（昭和五十九）年命終。

彼は生前に葬式をすましていた。そのことを次のように記す。

一昨年の七月二十九日、第二回目の退院をして、九月二十二日に、私の「生前葬式」をしてもらってから九月二十九日から、ずっと寝たきり和上苑の方で、起居させて下さって、この林病院に毎週通院させて下さっているのです。

（一一二頁）

また、老、病、の中で、死について次のように述べている。

昭和五十二年十月の大発作以来、
五十二年十月から九ヶ月
五十三年十二月から八ヶ月
五十六年五月から四ヶ月
入院して、今回、十月十六日から第四回目の入院ですが、よくまあ、たびたび命助けられて、生きさせていただいているものです。
しかし、なんべんも心臓病の〝呼吸困難〟のお蔭で、「死の顔」を見せていただけたので、今日一日、今ひととき生きていられることのありがたさ、「後生の一大事」ということを、よくよく思わせていただけるようになり、たびたびの「呼吸困難」は、まことにありがたいことでした。
「呼吸」が十分に出来ないと、苦しくて苦しくて、いやでも「死」を思わずにおれないので、それだけ「生」のありがたさが思われ、また、「今、死んでもよいが、人間に生れた生き甲斐があったか」と考えさせられることですが、
この頃やっと、生れてはじめて、
三悪道をはなれて人間に生れたること、大きなる喜びなり
という、源信和尚様の『横川法話』が、そのまま、ありがたくいただけ、七十七歳になってはじめて、「よくまあ人間に生れさせて下さったことよ」と、生れてはじめて、人間界に生れさせて下さった父母の御恩が思

えるようになって喜んでいます。

小さい時から父母を、「こんな世の中にたのみもしないのに生んでくれた」と怨みに思っていたことでしたが。

それは、七十七歳のこの頃になって、やっと、「南無阿弥陀仏」におあい出来た感がしたからであります。

この頃、やっと、「南無阿弥陀仏」におあい出来、人生に今日一日一日の「生」に、そして、やがては、「死」にゆく身に、「しあわせ」を感じさせていただけるようになったからです。

十年前に、『念仏詩抄』を出版してもらって、一部の人からは、念仏者のように思われている私が、十年後の七十七歳になってやっとこの頃、『念仏詩抄』に

しあわせ
しあわせ
ナムアミダブツ
あえししあわせ

といったことを書いているが、本当に、しみじみと、何がおこるかわからぬ人生ですが、何がおこるかわからんにしても、結局はその中に、「ナムアミダブツさま」が聞こえて下さって、「生きてることのシアワセ」「ナムアミダブツのオマモリの中で死なせてもらえるシアワセ」を思わせられるようになって、ひとり、しみじみと喜ばせていただいていることです。（一一三頁）

彼は、松原致遠、金子大栄などに出遇い、『歎異抄』の世界に入っていった。

それについて、

　おわりに――

歎異抄
歎異抄
ああ
歎異抄
歎異抄
歎異抄こそ　わたしの聖典――
ああ
歎異抄拝読六十一年
残りしものは　ただ念仏――
わが生き死にの道はただ
ただ念仏の　ひとすじの道――
ただ念仏は　わたしの白道――
ただ念仏は　わたしのイノチ
ああ

歎異抄こそ　イノチの聖典――
歎異抄こそ　わたしの聖典――
ナムアミダブツ　ナムアミダブツ
ナムアミダブツ　ナムアミダブツ

右のごとくで、私の求道、聞法のギリギリは〝歎異抄〟に聖人、おおせの〝ただ念仏〟〝念仏一つ〟〝ナムアミダブツ〟の他は、ありません。（一五一頁）

と、詠んでいる。

また、彼は生前に日付のみを空けた死亡通知を記し、次のことばを遺して、逝ったのである。

合掌　生前はナニカと大変お世話様になりました。
ご厚情あつくあつくお礼申上げます。
あなた様　どうかどうか今後とも一層お元気にお大切にお願い申上げます。

信もなし
ウタガイもなし
生も死も
ただナムアミダ
ナムアミダブツ　　合掌

死亡昭和五十九年一月六日　　木村無相　　（二四九頁）

事例5　平野恵子さんの場合

平野恵子著『子どもたちよ、ありがとう』（一九九〇年・法蔵館）による。

一九四八（昭和二三）年、岐阜県生まれ。真宗大谷派速入寺坊守。幼稚園教諭。家族は夫と二男一女の子供と義父母。

一九八七年、三十九歳の時、体の不調を訴え八八年、左腎臓摘出。翌年、腎癌の告知を受ける。その後さらに肺へ転移。一九八九年十二月十六日、四十一歳で命終。病床で子供たちに宛てた手記を記す。その一部を事例としてあげる。

お母さんの病気の正式な病名は、手術の時点ではわかっておりませんでした。そのことについて説明をいただいたのは、手術後、約半月たった二月十日の午後のことでした。郡上のおじいちゃん、おばあちゃん、高山のおばあちゃん、そしてお父さんとお母さんの前で、極めて明解に藤本先生より、腎がんであったこと、肝臓にも直径二センチ余りの腫瘍がみられること等が告げられました。

がん告知については、現在の医療現場では、一応タブーということになっているそうです。そんなことは知らないお母さんは、手術前に藤本先生に向って「私はまだ若いので色々な夢を持っているのですが、身体の状態によっては変更をしなくてはなりません。自分の身体のことは、自分自身が一番良く知っていたいので、どうぞどんなことでも、私に直接話していただきたいのです」とお願いしていました。藤本先生は、お困りになって、郡上のおじいちゃんに相談なさったそうです。その時、おじいちゃんが「娘は、とても敏感な心を持っています。たとえ本人に話さなくても、そのうちわかってしまうと思います。どうぞ、直接伝えてやって下さい」と答えて下さったそうです。誠実なお医者様の思いやりと、肉親の深い愛情によって、お母さんは、自分の病気を正確に知ることができたのです。周囲《まわり》の人々を何一つ疑うことのいらない、今のやすらかな生活を思う時、本当にありがたいことだったと、感謝するばかりです。

死に向かってゆくということは、随分大変なことだと、日々感ずるこの頃です。でも、死は必ずやってくるから安心です。死なないで永遠に苦しみ続けるということは、決してないのですから。

だからといって、素行君、素浄君、どうぞ誤解しないで下さい。お母さんは、死ぬために生きているのではありません。生きるために、より良く生きるために今を生きているのです。それは多分、死の直前までそうなのだと思います。何故なら、この身体が、精一杯頑張っていてくれるのがわかるからです。周囲《まわり》の人々のいたわりが、心に滲しみるからです。緑の木々や、太陽の暖かさが、あまりに優しいからです。お母さんを取り囲んでいて下さる世界が、いつも「生きよ！　生きよ！」と声高らかに、こんな病気のお母さんまでを励まし、支え続けていて下さるからです。(中略)

「由紀乃ちゃんは、重症心身障害児という身をもって、『お母さん、人は自分の力で生きているのではないのですよ。生かされ、支えられてこそ、生きてゆけるのですよ』と教えてくれたのです」

自分が世界の中心であり、自分の力で生きているとばかり思っていたお母さん。何もかも、思い通りにならないと気がすまなかったお母さんに、その心の愚かさ、醜《みにく》さ、怖ろしさを、ハッキリと教えてくれたのが貴方《あなた》達だったのです。その時、お母さんは、貴方達の母親として、まったくその資格のない自分に気付かされました。それは、同時に人間失格の自覚でもありました。

それからのお母さんは、輝く〝いのち〟を持った、貴方達の伸びようとする力を、できる限り邪魔しないように、壊《こわ》さないようにと思って生きてきました。「この子に、母親として、してあげられることは一体何だろう」と、いつも考えていました。だから、今もそれを思っています。「今のお母さんにできることは何だろう……」と。(中略)

あれから一年半になろうとしています。一日置きに病院へ通って、打ち続けた抗癌剤の効果もなく、肝臓の腫瘍は、肺へと転移して、病状はどんどん悪くなっております。咳と微熱が、お母さんの細い身体を苦しめ、血痰がひどくなるばかりです。でも、まだまだ、日常生活はできるから嬉しいです。
お母さんの願いは、とても素直に、自然のままに生きてゆくことです。小鳥のように、野の草花のように、小さな虫達のように、動ける間は、一生懸命動き続けて、動けなくなったら、素直に身を横たえたいのです。苦しくなったら、この身体が、目いっぱい苦しみ頑張ってくれることでしょう。(中略)
お母さんの病気が、やがて訪れるだろう死が、貴方達の心に与える悲しみ、苦しみの深さを思う時、申し訳なくて、つらくて、ただ涙があふれます。でも、事実は、どうしようもないのです。こんな病気のお母さんが、貴方達にしてあげられることは、それは、死の瞬間まで「お母さん」でいることです。元気でおれる間は、御飯を作り、洗濯をして、できるだけ普通の母親でいること、徐々に動けなくなったら、素直に、動けないからと頼むこと、そして、苦しい時は、ありのままに苦しむこと、それが、お母さんにできる精一杯のことなのです。そして、死は、多分それがお母さんから貴方達への最後の贈り物になるはずです。

人生には、無駄なことは、何一つありません。お母さんの病気も、死も、貴方達にとって、何一つ無駄なこと、損なこととはならないはずです。大きな悲しみ、苦しみの中には、必ず、それと同じくらいの、いや、それ以上に大きな喜びと幸福が、隠されているものなのです。素行ちゃん、素浄ちゃん、どうぞ、そのことを忘れないで下さい。たとえ、その時は、抱えきれない程の悲しみであっても、いつか、それが人生の喜びに変る時が、きっと訪れます。深い悲しみ、苦しみを通してのみ、見えてくる世界があることを忘れないで下さい。そして、悲しむ自分を、苦しむ自分を、そっくりそのまま支えていて下さる大地のあることに気付いて下さい。それが、お母さんの心からの願いなのですから。（中略）

貴方は覚えていないでしょうが、昔、お母さんが由紀乃ちゃんの身体のことで悩み、一緒に死のうと思ったとき、貴方が助けてくれたのです。「お母さん、由紀乃ちゃんは、顔も、手も足も、お腹も、全部きれいだね。由紀乃ちゃんは、お家のみんなの宝物だもんね」幼い貴方の、この一言が、お母さんの目を、心を覚ましてくれたのです。そして、それからはズーと、貴方のお陰で生きてこれたような気がしています。

お人形さんのように可愛らしい由紀乃ちゃんが、重度の心身障害児であることを告げられてから十五年、ずっしりと重い十五年間でした。眠れないままに、小さな身体を抱きしめて泣き明かした夜。お兄ちゃんと三人で、死ぬ機会をうかがい続けたつらい日々もありました。

「この子の人生は、一体何なのですか。人間としての喜びや悲しみを何一つ知ることもなく、ただ空しく過ぎてゆく人生など、生きる価値もないではありませんか」

大きな問い、無言の問い、由紀乃の問い……。（中略）

彼女ははじめ、多くの人がそうであるように、人間を、間に合う、間に合わないとか、役に立つ、役に立たないというものさしで計って、この子の人生は価値がないんじゃないかと思っていた。これが近代の合理主義の落とし穴である。人間は存在そのものに大きな意味があり、長男の言葉からそれを学んでいる。障害を持った者と共にいることは他の者にとってたいへん大きな意味がある。そこから人間の生きる意味や本当の価値が知らされてくる。だから存在そのものが周囲の人たちにとって大きな意味を持っている。そこに、私たちは気づいていくべきであるし、そこに立たないと差別が出てくる。


それに気付かされた日からお母さんは変わりました。自分自身の生き方に対して、深く問いを持つこともなく、物心ついた頃より確かに自分の手で選び取ってきた人生の責任を、一切他に転嫁して恨み、愚痴と怒りの思いばかりで空しく日々を過ごしてきたのが、実はお母さんの方だったと、思い知らされたからです。

気づいてみれば、由紀乃ちゃんの人生は、なんと満ち足りた安らぎに溢《あふ》れていることでしょう。食べることも、歩くことも、何一つ自分ではできない身体をそのままに、絶対他力の掌中に抱き込まれ、一点の疑いもなくまかせきっている姿は、美しくまぶしいばかりでした。抱き上げればニッコリ笑う貴方《あなた》は、自分をこのような身体に生み落とした母親に対する恨みも見せず、高熱と発作を繰り返す日々の中で、ただ一身に病気を背負い、今をけなげに生き続けているのでした。

由紀乃ちゃん、お母さんが貴方に対して残せるたった一つの言葉があるとすれば、それは「ありがとう」の一言でしかありません。何故《なぜ》なら、お母さんの四十年の人生が真に豊かで幸福な人生だったと言い切れるのは、まったく由紀乃ちゃんのお陰だったからです。生まれてから今日迄《まで》、貴方はいつも全身でお母さんに語り続けてくれました。生きることの喜びを、悲しみを、そして苦しみを、限りない愛を込めて教え続けてくれたのです。「そのままでいいのよ、お母さん。無理をしてはいけないの。ホラ、空も、山も、お日様も、みんながお母さんを励ましていてくれるでしょう。温かい大地が、お母さんを支えていてくれるでしょう」貴方の目は、いつでもそう言って笑うのでした。

由紀乃ちゃん、お母さんの病気は大変悪くなってきました。もう、貴方に会いに行くこともできそうにありません。自動車の小さな振動が、腫瘍で狭くなった肺を圧迫して呼吸を苦しめるようになってしまったからです。遠い他県の国立病院にたった一人で入院中の貴方のことを思う度、枕元で、微笑む貴方の写真が涙でかすんでしまいます。でも、心残りはありません。何故《なぜ》なら、今日迄貴方がお母さんの仏様であったように、明日からは、お母さんが貴方の仏様になるからです。

由紀乃ちゃん、お浄土で待っております。貴方が、その貴い人生を終えて重い宿業の身体を脱ぎ捨てる時、お母さんと貴方は、共に風となり野山を駆け巡ることができるでしょう。梢を揺らして小鳥達と共に歌をうたうこともできるでしょう。

お願いがあります。由紀乃ちゃん。お母さんが死を迎える時にも、貴方はいつものように優しく笑っていて下さい。そして「お母さん、よく頑張ったね」とほめてほしいのです。

由紀乃ちゃん、いつ迄も輝いていて下さい。（中略）

人は、その死と共に全ての苦しみ、悩み、悲しみ、怒り、恨みからさえも解放されるものです。だから、お母さんも人としてのしがらみから解き放たれ、おそらく貴方達に対する一切の愛情を無くすることでしょう。でも素行ちゃん、素浄ちゃん、誤解してはいけません。お母さんが貴方達のことを忘れてしまうということでは決してないのです。全ての煩悩の消え去った世界に残るのは唯一つ、大きな……「願い」なのです。〝無量寿〟＝〝いのち〟とは、すなわち限りない願いの世界なのです。そして、全ての生きものは、その深い〝いのちのねがい〟に支えられてのみ生きてゆけるのです。だからお母さんも、今迄以上に貴方達の近くに寄り添って居るといえるのです。悲しい時、辛《つら》い時、嬉しい時、いつでも耳を澄まして下さい。お母さんの声が聞こえるはずです。「生きて下さい、生きて下さい」というお母さんの願いの声が、励ましが、貴方達の心の底に届くはずです。

お母さんは、やがて貴方達の南無阿弥陀仏となります。由紀乃ちゃんが、生まれた時よりお母さんの仏様だったようにです。この十七年間、由紀乃ちゃんはいつも「お母さん頑張って」「お母さん生きてちょうだい」と励まし続けてくれました。そのお陰で、お母さんは貴《とうと》い〝いのちの願い〟に気付かされたのです。お母さんは死を通してのみ、貴方達の南無阿弥陀仏となることができるのですが、由紀乃ちゃんは既に、生まれた時より全ての人の南無阿弥陀仏様として輝く人生を送っているのです。何故か……愚かなお母さんにはわかりません。でも、一切のはからい（煩悩）を離れることにおいてのみ、いのちの故郷に帰ることができるのならば、由紀乃ちゃんは生まれた時からいのちの故郷に住むことができた仏さまだったのかもしれませんね。

素行ちゃん、素浄ちゃん、大きくなって下さい。強く、逞《たくま》しい男性《ひと》になって下さい。一切《いっさい》が、支えられてのみ存在することができたのだという、〝いのちの真実〟に目覚めて下さい。そして〝無量寿〟という言葉を、どうぞ忘れないで下さい。この言葉はお母さんにとっては、人生を自在に生きることのできるパスポートのようなものでした。貴方達もこれから先、数知れない言葉に出会うことでしょう。その中から、自分なりのパスポートを見付けて下さい。そしてそのためには、いつも心を、耳を澄まして下さい。そうすれば、人生の深みの中から、思わぬ言葉との出会いが、人との出会いが生まれることと思います。どうか、生涯を尽しても悔いのない素晴しい出会いを持って下さい。人はそのために〝無量寿〟の彼方より、人間として生まれさせていただいたのですから。（以下略）

事例6　M・Mさんの場合

M・Mさん。美容師。浜松市に暮らし、一九九二年七月、四十六歳で癌で命終。幼い時（七カ月）に母を亡くし、父、二歳年長の姉と暮らす。結婚後、家族は、夫と二人の娘。企業の医務室勤務の看護師である姉の家庭も近くにあり、互いに支えあってきた。偶然、姉が筆者の主宰する「死そして生を考える研究会」（ビハーラ研究会）を知り、同研究会と名古屋東別院青少年会館の運営をする「老いと病のための心の相談室」に相談。遠方ゆえ、手紙の往復による相談活動を行う。その折、生死を超えていった先人や真宗の本を紹介。その内容を姉が枕辺で患者である妹に話して、精神的サポートを行った。数カ月後、次のような手紙が届いていた。その手紙より。

刈田の株に新しい茎がのびて、時が常に移っていくさまをしみじみと感じさせてくれます。長い海外へのお出かけお帰りなさいませ。さぞお疲れのことと思います。先生の渡米間際まで大変ご心配とお手数おかけいたしまして申し訳ありませんでした。看病の甲斐なく妹は七月二十九日午前零時三十五分、お浄土に還っていきました。享年四十六歳、七月二十四日に誕生日を済ませたばかりの四十六歳でした。先生のお手紙に励まされて、できる限り私が話を聞き、そしてお話してやることに心がけました。しかし、急激な病状の悪化で伝えたいことの十分の一も話せないままで終わりました。ただ四月頃、定例研究会のお知らせと一緒に同封していただいた新刊書案内で知った先生の『悲しみからの仏教入門』を立ち所に求めてその一冊を妹の夫に渡しておきました。妹の夫もあの本をしっかり受けとめてくれて、妹に機会有るごとに少しずつ話をしてくれていました。（この妹さんが末期癌の方です。）ときどき「姉さんとパパは同じことを言うわ」と言っておりました。先生にお手紙を差し上げてから、六月二十九日医大を退院し、自宅療養に切り替えました。なるべく自然のままにさせてやりたいと思ったし、否、もう病院では打つ手がありませんと間接的に聞いておりましたので…。自宅では何とか自分のことはでき得る状態でしたが、七月初め、少しでもみんなと長く一緒に居たいとの願いで自分で民間薬を取り寄せ、服用しました。副作用で顕著な下痢が続き、動けなくなりました。七月十日過ぎより妹の夫が会社を休んで付きっきりとなり、姑と私が援助し、特に私は医師との連絡に飛び回りました。妹と私と二人だけになったとき、「姉さん、死ぬの恐い」と泣きました。私は「父さん母さんのいるお浄土へ還るんだから、阿弥陀様が守っていて下さるんだから大丈夫だよ。南無阿弥陀仏と称えていけば大丈夫だよ。父さん母さんが守ってくれるよ。姉さんもきっと行くから待っててね」と、ともに泣きながらしっかり話して聞かせました。とてもつらい時間でした。妹は「わかっているよ、わかっているよ姉さん、姉さんがきっと来ることもわかっているよ、でも私ができなかった子供達へのことを全部済ませてから来てね、待っているからね」と申しました。そして「南無阿弥陀仏だね、南無阿弥陀仏だね」と、何度も申しました。入れ代わり立ち代わり来る見舞いの方が「頑張れ、頑張れ、子供さんが小さいから」と言っている様子も切なく思い、何とかしたいと思っていたところ、妹の夫が「先生の『悲しみからの仏教入門』をたくさん買ってきてほしい、そして身近な人に読んでもらって、頑張れコールではない支えを妻にしてあげたい」と言ったときは妹の夫がわかってくれた、と心が震えました。直ちにたくさん求めて身内の方に配りました。

こういったケースに、われわれはおうおうにして「子供が小さいから頑張ってね、頑張ってね」こういうことを言う。しかし、それは御当人の患者にしてみれば、とっても辛い言葉である。

「私は頑張ってるわよ、あなたは健康だからいいわね、私はどうせ死にゆく身なんですよ」と言いたくなる。お見舞いに行って頑張れという人の言葉は健康を誇っているように、その患者の人にはとれる。だから、溝はますます深まっていく。

高熱と吐き気、全体の倦怠感と痛みで夜も寝られなくなったとき、本人はホスピス入院を希望しました。以前友人のお母さまがとても親切にされてよかったと聞いたからだと、友人には彼女は自分で電話し様子を聞きました。いろいろ聞いた上友人が「一体誰が入院するの」、「私よ」元気を装った声だったので友人も大変びっくりされました。直ちに手配をして七月二十一日火曜日〇〇病院のホスピスへ入院させました。入院してからの妹は、直ちに見えたキリスト教の牧師さんに「私は浄土真宗を信じています。南無阿弥陀仏を称えて父母の所へ帰ります」とはっきりキリスト教の話を断りました。主治医にも浄土真宗のお話、夫のこと、姉の私のことなど長々と話したと後になって聞きました。落ち着きを見せていたのは入院後二、三日間だけで、その後は肝性の意識混濁がときどき見られるようになり、はっきりしたりぼんやりしたりの繰り返しでした。入院後は子供達二人と妹の夫、義母、姑、義妹、私、その他の人達、毎日六、七名が泊込みで付き添いました。子供達にも食事の介助、冷却の手伝い、手足をさすったり着替えを手伝わせたり、最後には上の子、中学三年の娘にも便器の手伝いをさせました。母の最後をしっかりと受けとめてほしいと願いつつ……。

七月二十八日夜、余りみんな長くなり疲れるからと一旦全員家に帰し、妹の夫と私が付き添った夜、あの子のベッドを囲んで主治医と三人であの子の小さい頃の話をし、医師が診て、私達が見届ける中、あの子は静かに息を引き取りました。「母と二人分にしては短かったけれど、幸せだったからまあいいか」、私に宛てた手紙の中にそんな一言がありました。私どもはお念仏の存在に気付かしていただいて、まだいくらも経っておりません。その上どなたからも直接お話を伺ったこともなく、ただ法蔵館へ片っ端から書物を注文しての雑学の独学でした。それも病気の進行に振り回されながら、そんな姉が妹へ気遣いながらのちょっとの話の繰り返しでは妹が本当にわかったのかどうか不安です。南無阿弥陀仏を称えて阿弥陀様に守っていただいて父母のいるお浄土へ還る。それが全てでした。何も知らないので、ただただ深くそう思うだけでした。妹はあれから、死ぬのは恐いと一度も言いませんでした。

しかし、段々体がいうことをきかなくなり、「体のそこら中が大変で精一杯でいろいろ思う余裕がなくなるものだわ。よくしたものね」というような会話をしました。同封させていただきましたコピーは、妹の夫が妹に宛てた走り書きです。仏壇の中の『悲しみからの仏教入門』に挟んでありました。別のコピーは妹が二十六歳のとき、結婚していない頃、私どもは父を亡くしました。あの子がその死を捉えて無常を強く感じ、その思いをそのとき表したものです。何だか今日の日を予告しているようで涙がこぼれます。その他はあの子の拙い作品です。

若い頃から詩や短歌を作り、二人でけなし合ってきました。これも二人だけの世界でした。妹は鈴木章子さんや平野恵子さんのような教養もなく、真宗に対する心得も学びも全くありません。その上、周りの援助もない状況下でしたので、ただお念仏に気付かせていただいただけでした。しかし、それがあの子の大変大きな力になったのではないかと思っています。いずれも力を振り絞って命懸けで書いたと思われる私どもの宝物です。長々の手紙で申し訳ありません。今、私はあの子の死を通して出遇えた真宗の教えを、私がしっかり学び取っていく出発点にしなければならないと思っております。そして、それをあの子の夫や子供、私の子供にも伝えていかなければならないのだと感じます。あの子の死後、周りは私が再起不能の状態になるのではないかと心配していたようですが、この教えに出遇えたことが、実は私自身を守っていてくれたのだと気付き、そして、あの子の「また会おうね」の言葉を何の疑いもなく信じることのできる自分になっている驚きを感じています。これから、できる限り研究会に参加させていただきたいと思っています。研究会に出席させていただかなかったのに、研究会の、否、先生の存在が私ども姉妹にとってどれだけお力になっていただいたかと感謝の気持ちで一杯でございます。本当にありがとうございました。そして、今後ともよろしくお願いします。云々

彼女の夫が書いた文章

妻へ

事実を認め、あるがままなすがままに精一杯生きることが一番いい。深く悲しくとも苦しまないでいられる。苦しみは自分も家族も周りの人もみんなつらい思いになる。一日一日を精一杯頑張って生きることの大切さ、家族もみんな一日でも多く生きてもらいたいといつでも思っているし、願っている。この本を会社で何回も何回も読んだ。お前がこの家のこと、子供のことを思って悲しむ思いが文中に出てくる彼女とオーバーラップしてしまい、涙が何回読んでもこぼれてしまう。読んで聞かせてあげたいと思うが、お前の前ではとても読めそうもないので自分でしっかり読んでほしい。一日一日を空しく過ごしたくない。残された人生を、今できることを一所懸命頑張って、今を生きていこう。

彼女が病床で綴った短歌より

この人を　遺して逝けぬと　自惚れて　堅固な夫の　寝息聴く夜

限り有る　日々かもしれぬ　蟬時雨　聴きつつ子らの　肌着干す我

「自然法爾」

平凡な　暮らしの日々の　ありがたさ　ドラマチックな　ラストはいらぬ

「亡母」

顔知らぬ　母思う子の　切なさは　歳数えても　赤子のままに

事例7　高橋啓子さんの母の場合

高橋啓子さんの母。名古屋市に住み、一九八八年に六十八歳で癌で命終。若いときから真宗を学んでいた。「死そして生を考える研究会」における啓子さんの発表より。

私は、母にガンを伝えようか伝えまいか、非常に迷いました。私がと言いますより家族が。もうベッドで身動きできない状態――まだ何かできる状態なら、私は迷わず告知をしたいと思います。そしてやり残したことがないようにしてもらいたいから……。でも、もうベッドに横になったまま、身動きできない状態になって、「ガンだよ」と言って、母が生きる力をなくすのが怖かったのです。でも「ガンだよ」と言って、かえって自分の死を覚悟して、ベッドの中でもできることがいっぱいあります。死を覚悟して、受容して、そして安らかにこの世を卒業していってほしいという、その二つの狭間で非常に苦しみました。

でも、母は自ら自分の死を感じ、そして自ら自分の死を受けとめました。ある日、母は私にこの病気のことを言いました。

「もっと生きたかった。こんな身体になっても、もっと生きたかった。生きていて、みんなのために何かしたかった。でも、もうだめだね」

と、ハラハラと涙を流しました。そして私は母に
「お母さんの子供に生まれて、ほんとうによかった。おかあさん、ありがとうね」

と言いました。お母さんも
「あなたがいてくれてよかった」

と、私の手をさすって、そしてお互いに感謝しあい、それから私は母に言いました。

「お母さん、もうなんにも心配しなくていいよ。私は一生懸命やっていくから、お父さんのことも弟のことも、なんにも心配しなくていいよ、お母さん」

と。そうしたら母は安心したようでした。母の心に残っていること、これとこれはこうして欲しいということを言い残して、お互いが感謝し、そしてそこでほんとうの別れといいますか、それから母は、二度と「生きたい」ということは、一言も言いませんでした。ただひたすらひたすら、自分の病を引き受けておりました。

　ここだけは、母の自慢をしたいのです。シロップを飲んだ後、表面的にはボケたみたいですけれど、内面は決してボケていないと思いました。しっかりしていると思いました。こんなことがあったのです。――痛み止めがずっと効いていますから、ボーッとした状態でベッドに座って「私が悪かった」と泣きました。ハラハラと涙を流すのです。その時に私は、母は自分の人生を見つめ内観しているんだと思いました。自分の人生を反省して、そして自ら死に向かって死を受け入れているんだな、そして自分の間違っているところを振り返って

いるんだな、ということがわかりました。

もう一つ自慢できることがあります。まず、その三ヵ月の間、グチを一言も言いませんでした。どんな手術を受ける時も、どんな時もグチを言いません。全部素直に受け入れて、グチを言わなかったこと。それから「ありがとう、ありがとう」と、どなたに対しても、何事に対しても手を合わせて感謝をしていました。夜・昼・真夜中も……二十四時間、いつも感謝し続けて「ありがとう」と。亡くなる前日の、痛み止めがきいている意識のもうろうとしている状態の中で、そんな時でも、看護婦さんが血圧を測りにきてくださいますと「ありがとう」。私に気がつくと、

「いてくれた？　ありがとう」

母は、手を合わせるしぐさをして感謝をし続けておりました。


母の死も、またほんとうに突然に思いがけなく早くやってきました。それは素晴らしくて美しい死でした。そこの婦長さんも
「こんなに美しい死は初めてです」

と、父に言ってくださいました。安らかに微笑んで、ほんとうに、何かの本の題にありましたけれども、来た時よりも美しく、母は安らかにこの世を卒業していきました。

では、なぜ母が安らかな死を迎えたかといいますと、やはりそこには釈尊の教え、仏教との出会いがあったからです。それがなかったら、母はあんな安らかな死は迎えられなかったと思います。きっと、

「どうして私ばかり。なんで？　なんで？」

と、そういう疑問ばかり投げかけて、嘆き悲しみながら、この世を卒業していったのではないかと思います。

母も、最初から釈尊の教えを学び、信じ、実践して生きていたわけではありません。ずっと宗教に対して、間違った考え方で生きてきた時があります。宗教とは、信ずるということは、祈って自分の欲望を満たしてもらうことだと思って生きていました。ですから、どちらかというと、おうかがい人生的なところがありました。何か苦しいことがあると、「あそこが当たる」という所に行って聞いてきて、「何代前の××が祟っているからこうだ」といってその供養をするとか、塩をまきなさいとか、そういうおうかがい人生——右に行くか左に行くか、自分で思案しかねると、

「どちらにしましょうか?」

とたずね。だれかに、

「左」

と言われると

「ああ、そうですか」

と、自分の人生を生きていない時もありました。でも、母を弁護して言いますと、そうすることが幸せに通じるのだ。それが幸せなことだ、みんなのためになるのだと信じていたから、そうしたのだと思います。ですから、大きな間違いをしていました。祈ることで、こうしてください、ああしてくださいと、自分の欲求、都合を満たしてもらうことが、信仰だというふうに思っていました。そして、そういう御利益をもらえるのがいいのだ、というふうに思っていたところがあります。

私自身も、そういう考え方でずうっといました。祈っても祈っても幸せになれない。祈っても祈っても——

ある時期まではほんとうに解決していくみたいですけれども、ある時期にきますと、こうしてほしいとか、ああしてほしいという祈りだけは、人間は幸せにはなれません。

そんな時に、もっと仏教の勉強をしたら？　とアドバイスをしてくださる方がありました。最初は、「仏教を勉強するの？」という感じでした。仏教というのは、死んだ人を弔《とむら》う、そういうものだというふうにしか考えていませんでした。お経というものは死者を弔うものだ、というふうにしか受けとめていませんから、仏教を勉強するということに対して、最初は疑問でした。私にとっては大恩人になりますけれども、仏教の勉強をしはじめて、初めてそこに人としての生き方が説いてあるんだ、生きている人はこういう心でありなさい、こういうふうにしなさいというものが説いてあるんだということを知りました。そこから、仏教、釈尊の教えというものを学び、そして母もそれを学び、それを真に実践していったから、あれだけ安らかな最期を迎えられたのだと思います。

ほんとうに、私自身にとりましても、釈尊の教えに出会っていなかったら、母とも美しく別れられなかったと思います。やはりその中で、釈尊の教えを学ぶことによって、親の愛の尊さとか深さを学ぶこともできましたし、また一つひとつ、ものの見方、考え方というものが変わってきて、苦しみは祈って避けるものではなくて、それを自分なりに引き受けて、そこから人間の学びがあるのだ――という考え方になれたのも、幸せなことだと思います。

やはり一番幸せだったことは、いろいろな方々に出会えて、いろいろなアドバイスをしていただいたことです。そのお陰で今の私があるということです。

釈尊の教えに出会うまでの私は、不平不満の非常に多い人間でした。いつも誰かに幸せにしてもらえるものだと思っていました。子どもの頃は親から、結婚をしてからは夫から、幸せだと思うことよりも、不足の所をさがしては、自分を不幸だと思っている人間でした。ですから、満たされて幸せだと感じることが少ない私でした。自分の満たされない部分を祈ることによって、何とか満たされようと祈ったり、病気とかいろんな苦しみを祈ることによって、救ってもらおうとしていました。

また、自分というものを少しも見つめることをしないで、いつも自分は正しいのだ、私の廻りの人が悪いのだ、あの人が変わればいいのだという考えでいました。ほんとうに、自分以外の人にばかり求めている、自己中心的な私でした。

そんな私ですから、次から次へと、いろんな苦しみが押し寄せて来ました。祈りかたが足らないからこんなに不幸なんだと思い、また必死になって手を合わせる私でしたが、祈っても何も解決はしませんでした。

そんな時、私の心の奥深くで、自分が変わればいいのだという思いが、湧き上がって来るのを感じました。自分が変わればいいのだ、でもどうしたら自分が変わることができるのかわかりません。変えようと努力しても、表面的なもので、なかなか自分を変えることはできません。そんな時に釈尊の教えに出会ったのです。

そして、まず自分自身の今までの生き方、物の見方、考え方を第三者の目で観つめてみることから始まりました。また、一つ一つの教えを学ぶことによって、苦しみの多くは、自分が足る心を忘れた時に生まれてくるのだということを実感し、まず今ある我が身の幸せに気づくことから始まりました。自分の廻りには、幸せを感じられる多くのことがあるのに、それらには当たり前の思いで感謝することを忘れている私であったのだと気づかされました。

今まで、自分が不幸だと思っていた一つ一つのことが、喜びに変わって行きました。自分の心で幸せにも思えるし不幸にも思える、ほんとうに心をみつめることで、こんなにも感じ方が違うのかとつくづく思い知らされました。また、どんな悲しみも苦しみも、逃げたり、嘆いたりしないで、引き受けて生きて行くことにより、人間としての学びがあり、乗り越えた時に喜びがあるのだと思えるようになりました。
仏教を学び、自分をみつめることによって、少しずつですが、物の見方、考え方が以前の私とは変わってきているなと思っています。ほんとうに幸せなことです。

このほか、浄土教（親鸞）の立場で、死を受容し、それを超えていった事例は、枚挙にいとまがない。鈴木大拙の紹介でよく知られるところの妙好人、浅原才市の詩文の中などにも、死を超えた立場が示されている。

才市は臨終すんで、葬式すんで
南無阿弥陀仏と此世には居る
才市は阿弥陀なり
阿弥陀は才市なり
楠　恭編『妙好人才市の歌』（一九七七年・法藏館）（二二七頁）

このように、真宗の立場とは、正しく、生きている時に、死を超えていく立場である。それは、生死の価値観を転換していくことである。その意味で言うならば、信心を獲ること自体がデス・エデュケーションであり、その事例は、真宗の信心にめざめた人すべてであると言える。そして、それらは決して、特別な人たちではない。普通の家庭生活者である。

生死を超えていったこれらの事例は、われわれに対して、何よりも、強烈な説得力と、強い響きをもって、そのことの確かさを証明してくれる。

その一々は、釈尊や親鸞の内実であり、それらの救済された事実の再現にほかならない。

高齢者、癌を認知した者、あるいは、「あすありともわからない」われわれ一人一人の死を超える道が、すでに仏教に示されていることは、紛れもない事実である。

資料

臨終行儀（伝源信）
横川法語
臨終行儀（伝法然）
法然聖人臨終行儀（『西方指南抄』所収）
教行信証（抄）
浄土文類聚鈔（抄）
愚禿鈔（抄）
和讃（抄）
尊号真像銘文（抄）
一念多念文意（抄）
唯信鈔文意（抄）
末燈鈔（抄）
歎異抄（抄）
御文（抄）
絶対他力の大道（『精神界』所収）
生活問題（『精神界』所収）

凡例

一、親鸞以前の生死観を知る意味で、当時一般に流布していた『臨終行儀』（伝源信）、『横川法語』、『臨終行儀』（伝法然）及び、親鸞編の『西方指南抄』所収の「法然聖人臨終行儀」を収載した。

二、次いで、親鸞、及び、それに学んだ蓮如、清沢満之の生死観を最もよく表わしている要文を抄録した。

尚、本論中に、できるだけ脈絡がわかるようにとの配慮で、長文で引用したので、ここでは、それらを割愛し、その他の代表的なものを収載した。

三、源信関係は、『恵心僧都全集』、法然関係は、『昭和新修法然上人全集』、親鸞関係は、『定本親鸞聖人全集』、蓮如関係は、『真宗聖教全書』、清沢満之関係は、『清沢満之全集』にそれぞれよった。

四、読者の便を考え、かたかなのものはひらがなに改め、親鸞関係の漢文のものには読み下し文を添えた。

臨終行儀

慧心御作

それ世あるに、たれか死することをまぬかれん。ひとへに目の前のことをのみいとなみ、なかく身の終をかへりみす、しかも最期の妄念は輪廻の縁をいてさるなり。これ人ことにをこしやすし。臨終往生のしるへなり。専ら善知識の勧にしたかふへし。故に一人の僧をかたらひて。最後のことをちきるへし。人の命はさためなし。誰か出息入息をまたん。つゝかなきときなをたのみかたし。況や病をうけてのちをや。故にふしたらん其日より。たちさらすともにこしらへつとむへし。まつ家の中のことをこしらふるに悪縁は退けよ。次に往生の心をすゝめて念仏をとなへしむへし。初め家の内のことをこらふるに五ケ条あり。

一　祇園精舎無常院にして病をうけて、其日よりひころのすみかをあらためて、別所をしつらひをくへし。人の心は物に随てうつりやすし。所もし常の所ならは心も亦常の心なるへし。すみかをひころにかへて、心をうつしあらたむへし。目にたち心にととまりむらんものをは、ゆめ〳〵病者のあたりにはをくへからす。物にふれて、つたなき心、死するまてもあるなり。其所には金色の阿弥陀の像に向て、仏を東に向て、光の手に五色のはたをかくへし。病者をして其はたをとらへしめて、北枕に西向にふして仏の来迎したまふ思なるへし。常より香をたき、花をちらして病のゆかをかさるへし。若ゆかのほとりにけからはしきものあらはときをすこさす。あらんに随てはらひのくへし。

二　物の肉を食し酒をのみ、からひるをくひする人を、高き賤をきらはす。したしきをあらはす。ちかつくへからす。其くさくけからはしき便に。悪鬼みたれいりて正念を失ひ必す三悪道に堕と釈せり。故に五辛肉食等かたく制禁すへきものなり。

三　夢にもさめても善悪ともに目にみえんことあらは、善知識にかたるへし。病者もし思ひほれてかたらすは、心得て何ことかみえつると、常に問へし。若悪ことをかたらは心をいたしてもろともに念仏して、罪を懺悔すへし。若し悪きことをかたらはいよ〳〵心をはますへし。貴とからんことをいはゝしるしをき、後の人是をみて発心すへきゆへなり。善悪ともに善知識ならん人には、かたるへきもの也。

四　まつりはらひをし、みこかんなきをよひ、すへてみたりにたすからんことを思ふへからす。限りありて死なん命をは、よろつのことに自在をえたる仏たにも、なを命をのへたまはす。いかに況や悪業煩悩の形をえたるものは、我身をたにも心にまかせすして、限りありて死なんとせん人の命をたすくへきや。若いのりによりていくへき命ならは、誰の人か一人として死するものゝあらんや。もし又非期の命にてものゝ力によりてたすかるへくは、仏の力に過たることやあるへき。故に灌身呪経にいはく。仏に供し法に供し僧を供養する者は、三十六部の神王、万徳恒沙の鬼神を眷属として此人を守る。しかれは鬼神のたゝりをなさん病りとも、仏に帰して念仏せんにいかなる鬼神かたたりをなさんや。念仏の力は能無始の罪障を滅す。極楽に往生するほとの大事をたにとけさせたまふ。此世に於てたゝりをなさん鬼神のさまたけを除て、いくはくならぬ命をのふるほとの力ましまささらんや。善導和尚の観念法門に無量寿経をひらきていはく。阿弥陀無量無数の身を儲け観音勢至二十五菩薩と共に、念仏の行者を囲繞して、悪魔の難をはらひたまふといへり。然は命終の時に極楽往生するのみにあらす。悪魔を退て病をいやすにも念仏に過たることはなきなり。故に鬼神をまつらん者を以て弥陀に供養したてまつるへきなり。

五　病者のあたりに人をあつめてをくへからす。其故は一人は心をすまして念仏をはけめとも、傍らにはひたひを合て物語をはしむれは、音々思々になりて、或は立居立入に物のさはかしきこと限りなし。故に志を三業に等くせよといゝて、善知識はさためて五人にはすぐへからす。三人は善き仏なり。一人は枕に居て念仏をすすめ、一人はかた〳〵に居て其心に随へし。一人ははし近に居て雑事をいひつくへし。此外に人更になにの用あらんや。ゆめ〳〵余事を耳のほとりにきかすへからす。悪縁門の内にいれへからさるなり。

次に往生を勧に五あり。

一　汝ちつら〳〵をもへは、三界は幻の如し。一つとして楽むへからす。なにゝふけるへきことありて生死をいとはさる。むかしいとはさるゆへに、いまた此界を離れす。かたく信すへし。信せすは生来も又悲しむへし。しかるに極楽は諸の苦あることなし。唯諸の楽しみをうけて、めつらしき蓮の上に生て、なつかしき菩薩のなかにましはり。仏の説法をきゝ迷をたひ証をひらく。誰か心あらん人ねかはさらんや。むかしねかはさるゆへに未ㇾ証。若はけますは当来も亦なにをまたんや。たま〳〵うけかたき人身をうけて、さいはひに又あいかたき仏教にあへり。此度往生せすは、三途八難のうちに堕て、煩悩のなはをきりかたし。況や往生することあらんや。故によくよくはけますへきは最後の知識、期する処は命終の念仏なり。今すてに病のゆかにふせり。是を最期とおもふへし。さいはいに知識にあへり。なんそ念仏をまふさざらんや。故に目をとち掌を合せ仏の相好をおもふへし。余の色をみることなかれ。法音にあらすよりは、余の音をきくことなかれ。心は常に聖衆来迎のよそをいをおもひ、口にはつねに弥陀の本願の名号をとなふへし。その本願は説我得仏十方衆生至心信楽欲生我国乃至十念若不生者不取正覚といへり。つら〳〵来迎引接の化色ををもへは、念仏行者のいのりなり。故に九品往生あやまたす。来迎引接したまへと、ひとすちに心をしつめて、弥陀の名をとなふへし。

二 阿弥陀如来は無量無辺のそこはくの光を放て十方世界の念仏の衆生を摂取して捨たまはす。故に摂取の光はさために唯今我頭へを照したまはんとおもふて、弥陀の名号をとなふへし。

三 如来はたゝ光を以て照したまふのみにあらす。往生せしめたまふのみにあらす。観音勢至無量の聖衆と共に来て。蓮台をかたむけ。唯今我を引接したまはんと思て、心をしつかにして念仏をまふすへし。法性の山を動し、生死の海に入たまへり。煩悩の眼をさへて、みたてまつらすといへとも、本願あやまりなし。さためて此所に来臨したまふらんと心をしつめて口に弥陀の名号をとなふへし。

四 病者気色やうやくよはくみえん時は、言はおほくせすして、要を取て勧むへし。阿弥陀観音勢至無量の聖衆と共に来て蓮台をかたむけて、唯今我をむかへたまふと思て、弥陀の名号をとなふへし。

五 正く終らんとみえん時にはいふへし。汝ちしるやいなや。唯今は是最後の心なり。臨終の一念は百年の功に勝たり。若此刹那を過なは生所さたまるへし。一心に念仏して、決定して西方極楽世界の微妙の浄土、八功徳池のなか、七宝蓮華のうへに往生すへし。如来の本願は一毫もあやまたす。願くは仏我を引接したまへと思て、心をとゝめて南無阿弥陀仏とまふすへし。

此十ケ条あら〳〵如レ是。たゝ詮する処、善悪の二にをきて病者の心に違ふましきことをいふとも、一往は随ひもよほして心をとりおふせて。後に念ころにいふへし。悪きことなれはとてきをりに制し。無口にいゝ耻しむへからす。善ことなれはとてきおりもしらす。心つきなけに勧むれは、是返縁をなすことはあれとも、善き心をおこすことなし。もし攀縁をこることあれは、必す正念を失なり。正念うせぬれは更に念仏をまふさす。往生いかゝとけんや。往生をとけすんは生死にかへるへし。返縁ををこさしめて生死にかへらしめん。知識往生をねかふ人の為には、なにの悪きことかあらん。故に知識をは善きに随ひちきるへし。臨終の正念はおほろけの縁にあらす。知識の用意此のことにあるへし。念仏の音たかゝらす。病者の耳にきこえんほと、はからひてまふすへきなり。はやからすをそからす。病者のひかん息に念仏を申へし。もし終の息に全く出は、四重五逆等の罪をほろほし、必す極楽世界に往生するなり。

横川法語（念仏法語）

まづ三悪道を離れて人間に生るゝこと、大なるよろこびなり。身は賤しくとも畜生に劣らんや、家は貧しくとも餓鬼に勝るべし、心に思ふことかならずとも地獄の苦に比ぶべからず。世の住み憂きは厭ふたよりなり。このゆゑに人間に生れたることを喜ぶべし。信心あさけれども本願ふかきゆえに、たのめば必ず往生す。念仏ものうけれども称ふれば定めて来迎にあづかる。功徳莫大なる故に、本願に遇ふことを喜ぶべし。また云く、妄念はもとより凡夫の地体なり、妄念のほかに別に心は無きなり。「臨終の時までは一向妄念の凡夫にてあるべきぞ」と心得て念仏すれば、来迎にあづかりて蓮台に乗ずる時こそ、妄念をひるがへして覚の心とはなれ。妄念のうちより申し出したる念仏は、濁にしまぬ蓮のごとくにて、決定往生疑あるべからず。

臨終行儀（法然）

仏子年来之間、止二此界希望一唯修二西方業一。所レ憑者弥陀本願、所レ待者聖衆来迎。今既臥二病床一、可レ恐可レ悦。須二閉レ目合掌一心誓期一。自レ非二仏相好一勿レ見二余色一。自レ非二念仏音一勿レ聞二余声一。自レ非二浄土教一勿レ説二余言一。自レ非二仏本願一勿レ思二余事一。如レ是乃至命終之後、坐二宝蓮台上一。従二弥陀仏後一在二菩薩衆中一。過二十万億国土一之間、亦復如是。勿レ縁二余境界一。唯至二極楽世界七宝池中一。始応下挙レ目合レ掌見二弥陀尊容一、聞二甚深法音一、聞二諸仏功徳香一、嘗二法喜禅悦味一、頂二礼海会聖衆一、悟中入普賢行願上。今有二六事一、応二当一心聴一心念一。毎二一々念一莫レ生二疑心一。一先応レ厭二離此界一。今此娑婆世界、是悪業所感衆苦本源也。生老病死輪転無レ際、三界獄縛無二一可一レ楽。若於二此時一不レ厭二離之一、当於二何生一離二輪廻一耶。然阿弥陀仏有二不思議威力一。若一心称名、念々中滅二八十億劫生死重罪一。是故今当下一心念二彼仏一離中此苦界上、応レ作二是念一。願阿弥陀仏、決定抜二済我一。

南無阿弥陀仏

大衆同心厭三界　三途永絶願無名

三界火宅難居止　乗仏願力往西方

二応レ欣二求浄土一。西方極楽是大乗善限界、無苦無悩処。一託二蓮胎一永離二生死一。眼瞻二弥陀聖容一、耳聞二深妙導教一。一切快楽無レ不二具足一。若人信二弥陀誓願一、称二彼仏名号一。上尽二一形一下至二一声一、決定往二生彼安楽国一。仏子宿因多幸、深憑二本願一、永渡二生死愛河一速至二安養彼岸一。今正是時也。願仏今日決定引二摂我一往二生極楽一。

南無阿弥陀仏

五濁修行多退転　不如念仏往西方

到彼自然成正覚　還来苦海作津梁

三応レ思二惟本願一。彼仏願云。設我得レ仏、十方衆生、至心信楽欲レ生二我国一。乃至十念、若不レ生者不レ取二正覚一。善導述云。若我成仏、十方衆生、称二我名号一、下至二十声一、若不レ生者不レ取二正覚一。彼仏今現在レ世成仏、当レ知本誓重願不レ虚、衆生称念必得二往生一。当レ知五劫思惟只在二十念本願一。仏子是罪悪生死凡夫、曠劫已来常没常流転、無レ有二出離縁一。然決定深信無レ疑無レ慮。乗二彼仏願力一定得二往生一。今既臨二命終時一、本願引摂在レ今。不レ可レ疑。故重廃二真実信心一可二廻向発願一。

南無阿弥陀仏

弘誓多門四十八　偏標念仏最為親

人能念仏々還念　専心想仏々知人

四応レ念二摂取光明一、観無量寿経云、無量寿仏有二八万四千相一、一々相各有二八万四千随形好一、一々好復有二八万四千光明一。一々光明遍照二十方世界一、念仏衆生摂取不捨。同経疏問云、備修二衆行一但能廻向皆得二往生一何以仏光普照唯摂二念仏者一有二何意一也。答曰。自余衆行雖レ名二是善一、若比二念仏一者全非二比挍一也。是故諸経中、処々広讃二念仏功能一。如二無量寿経四十八願中一。一日七日専二念弥陀名号一得レ生。又十方恒沙諸仏証誠不レ虚也。又此中定散文中、唯標下専二念名号一得上レ生、此例非レ一。又観念法門曰、又如二前身相等光一、一々遍照二十方世界一。但有下専二念阿弥陀仏一衆生上。彼仏心光常照二是人一、摂護不レ捨。惣不レ論レ照二摂余雑業行者一爰仏子専念二弥陀名号一、専修二念仏一行一。摂取光明久照二我身一、不捨誓約豈非二此時一哉。惑障相隔雖レ不レ能レ見、願力不レ可レ疑。決定来照二我身一。故閉レ眼念二慈光一開レ口唱二名号一。

南無阿弥陀仏

弥陀身色如金山　相好光明照十方
唯有念仏蒙光接　当知本願最為強

五応レ念二来迎儀一。彼仏願云、設我得仏、十方衆生、発二菩提心一修二諸功徳一。至心発願欲レ生二我国一、臨二寿終時一、仮令不下与二大衆一囲繞現中其人前上者不レ取二正覚一。仏子久願二極楽一、是則発二菩提心一也。又修二念仏行一、豈非二多善根一哉。今臨二寿終時一、定与二大衆一共来動二法性山一入二生死海一。当レ知是時也。応レ作二是念一。弥陀如来与二観音勢至恒沙聖衆無数化仏菩薩一倶、只今出二極楽東門一入二此室一。故歓喜合掌一心応二念仏一。

南無阿弥陀仏

行者見已心歓喜　終時従仏坐金蓮

一念乗花到仏会　即証不退入三賢

六応㆑念㆓後生得益㆒。行者生㆓彼国㆒已、蓮花初開後、所㆑見悉是浄妙色。所㆑聞無㆑不㆓解説㆒、声香味触境亦復如是。時観音勢至来至㆓行者前㆒、出㆓大悲音㆒種々慰喩。汝知不。名㆓此処極楽世界㆒。此界主号㆓弥陀仏㆒。汝念㆑仏、々又念㆑汝。乗㆓本願㆒故今此来生。即従㆓菩薩㆒漸至㆓仏前㆒。挙㆑目合㆑掌瞻㆓仰尊顔㆒。鳥瑟高顕晴天翠濃、白毫右旋秋月光満、青蓮之眼、丹菓之脣、迦陵頻之声、師子相之胸、仙鹿王之膊、千輻輪之趺、如㆑是八万四千相好纒㆓絡紫金身㆒。無量塵数光明如㆑集㆓億千日月㆒、梵音深妙悦㆓可衆心㆒。又普賢文殊弥勒地蔵寺大菩薩、徳行不可思議倶会㆓一処㆒、互交㆓言語㆒問訊恭敬。或経㆓行宝樹下㆒、自然微風吹㆓七宝樹㆒、無量妙花随㆑風四散。其響微妙出㆓念仏音㆒、聞已即悟㆓無生法忍㆒。或遊㆓戯宝池辺㆒八功徳水充㆓満其中㆒。微瀾廻流転相灌注、其声微妙無㆑不㆓仏法㆒。梟鳫鴛鴦孔雀鸚鵡迦陵頻迦等、昼夜六時出㆓和雅音㆒。凡水鳥樹林皆讃㆓嘆仏法僧宝㆒、演㆓暢根力覚道㆒。宝池中有㆓宝花㆒。各坐㆓蓮台㆒互説㆓宿命事㆒。我本在㆓其国㆒発心、我本修㆓其行㆒往生。具陳㆓来生之本末㆒、兼憶㆓往昔之同行㆒。或端坐念㆓弥陀㆒、自行自然増進。或遊戯導㆓有縁㆒、利他速疾円満。如㆑此行願相並、功徳具足不㆑歴㆓塵劫㆒早唱㆓正覚㆒。此等快楽又在㆓何処㆒。故倍発㆓欣楽之心㆒可㆑称㆓念仏号㆒。

南無阿弥陀仏

直入弥陀大会中　見仏荘厳無数億
六通三明皆具足　憶我閻浮同行人
西方進道勝娑婆　縁無五欲及邪魔

成仏不労諸善業　花台端坐念弥陀
一々池中華尽満　華々惣是往生人
各留半坐乗花台　待我閻浮同行人

教化文

仏子知不、只今即是最後心也、臨終一念勝百年業、過此刹那生処可定。今正是其時、将一心念仏往生彼西方極楽微妙浄土、八功徳池中宝蓮台上、可為此念、如来本誓一毫無謬、願仏引摂。

南無阿弥陀仏

建久元年十月日　法然御筆　阿闍梨成吽（花押）

法然聖人臨終行儀

建暦元年十一月十七日、藤中納言光親卿の奉にて、院宣によりて、十一月廿日戌の時に、聖人宮へかへり入たまひて、東山大谷といふところにすみ侍、同二年正月二日より、老病の上に、ひごろの不食、おほかたこの二三年のほどおいぼれて、よろづものわすれなどせられけるほどに、ことしよりは耳もきゝ、こゝろもあきらかにして、としごろならひおきたまひけるところの法文を、時時おもひいだして、弟子どもにむ□ひて談義したまひけり。またこの十余年は、耳おぼろにして、さゝやき事おばきゝたまはず侍けるも、ことしよりは昔のやうにきゝたまひて、例の人のごとし。世間の事はわすれたまひけれども、つねは往生の事をかたりて、念仏をしたまふ。またあるいは高声にとなふること一時、あるいはまた夜のほど、おのづからねぶりたまひけるにも、舌・口はうごきて、仏の御名をとなえたまふこと、小声聞侍けり。ある時は舌・口ばかりうごきて、その声はきこえぬ事も、つねに侍けり。されば□ばかりうごきたまひけることおば、よの人みなしりて、念仏を耳にきゝける人、ことく〵くきど□のおもひをなし侍けり。

また同正月三日戌□時ばかりに、聖人看病の弟子どもにつげてのたまはく。われはもと天竺にありて、声聞僧にまじわりて頭陀行《づだをぎやう》ぜしみの、この日本にきたりて、天台宗に入て、またこの念仏の法門にあえりとのたまひけり。その時看病の人の中に、ひとりの僧ありて、とひたてまつりて申すやう、極楽へは往生したまふべしやと申ければ、答のたまはく、われはもと極楽にありしみなれば、さこそはあらむずらめとのたまひけり。

又同正月十一日辰時ばかりに、聖人おきゐて合掌して、高声念仏したまひけるを、聞人みななみだをながして、これは臨終の時かとあやしみけるに、聖人看病人つげてのたまはく、高声念仏すべしと侍ければ、人く〵同音高声念仏しけるに、そのあひだ聖人ひとり唱てのたまはく、阿弥陀仏を恭敬供養したてまつり、名号をとなえむもの、ひとりもむなしき事なしとのたまひて、さまぐ〵に阿弥陀仏の功徳をほめたてまつりたまひけるを、人く〵高声をとゞめてきゝ侍けるに、なほその中に一人たかくとなへければ、聖人いましめてのたまふやう、しばらく高声をとゞむべし、かやうのことは、時おりにしたが□べきなりとのたまひて、うるわしくゐて合掌して阿弥陀仏のおはしますぞ、この仏を供養したてまつれ、たゞいまはおぼえず、供養文やある、えさせよと、たびぐ〵のたまひけり。

またある時、弟子どもにかたりてのたまはく、観音・勢至菩薩聖衆まへに現じたまふおばなむだちおがみたてまつるやとのたまふに、弟子等えみたてまつらずと申けり。またそのゝち臨終のれうにて、三尺の弥陀の像をするゐたてまつりて、弟子等申やう、この御仏をおがみまいらせたまふべしと申侍ければ、聖人のたまはく、この仏のほかにまた仏おはしますかとて、ゆびをもてむなしきところをさしたまひけり。桉内《あんない》をしらぬ人は、この事□こゝろえず侍、しかるあひだいさゝか由緒《ゆしょ》を□るし侍なり。

凡この十余年より、念仏の功つもりて、極楽のありさまをみたてまつり、仏・菩薩の御すがたをつねにみまいらせたまひけり。しかりといゐども、御意ばかりにしりて、人にかたりたまはず侍あひだ、いきたまへるほどは、よの人ゆめ〳〵しり侍ず。おほかた真身の仏をみたてまつりたまひけること、つねにぞ侍ける。また御弟子ども臨終のれうの仏の御手に、五色のいとをかけて、このよしを申侍ければ、聖人これはおほやうのことのいはれぞ、かならずしもさるべからずとぞのたまひける。

又同廿日巳時に、大谷房の上にあたりて、あやしき雲、西東へなおく《(マヽ)》たなびきて侍中に、ながさ五六丈ばかりして、その中にまろかなるかたちありけり。そのいろ五色にして、まことにいろあざやかにして、光ありけり。たとへば、絵像の仏の円光のごとくに侍けり。みちをすぎゆく人〳〵、あまたところにて、みあやしみておがみ侍けり。又、同日午時ばかりに、ある御弟子申ていふやう、この上紫雲たなびけり、聖人□往生の時、ちかづかせたまひて侍かと申ければ、聖人のたまはく、あはれなる事かなとたび〳〵のたまひて、これは一切衆生のためになどしめして、すなわち誦してのたまはく、「光明遍照、十方世界、念仏衆生、摂取不捨」と、三返となへたまひけり。またそのひつじの時ばかりに、聖人ことに眼ひらきて、しばらくそらをみあげて、すこしもめをまじろかず、西方へみおくりたまふこと五六度したまひけり。ものをみおくるにぞにたりける。人みなあやしみて、たゞ事にはあらず、これ証相の現じて、聖衆のきたりたまふかとあやしみけれども、よの人はなにともこゝろえず侍けり。おほよそ、聖人は老病日かさなりて、ものをくはずしてひさしうなりたまひけるあひだ、いろかたちおとろえて、よはくなりたまふがゆへに、めをほそめてひろくみたまはぬに、たゞいまやゝひさしくあおぎて、あながちにひらきみたまふことこそあやしきことなりといひてのち、ほどなくかほのいろもにわかに変じて、死相たちまちに現じたまふ時、御弟子どもこれは臨終かとうたがひて、おどろきさわぐほどに、れいのごとくなりたまひぬ。あやしくもけふ紫雲の瑞相あ□つる上にかたがたかやうの事どもあるよと、御弟□たち申侍けり。

又、同廿三日も、紫雲たなびきて侍よし、ほのかにきこえけるに、同廿五日むまの時に、また紫雲おほきにたなびきて、西の山の水の尾のみねに、みえわたりけるを、樵夫《せうふ》ども十余人ばかりみたりけるが、その中に一人まいりて、このよしくわしく申ければ、かのまさしき臨終の午の時にぞあたりける。またうづまさにまいりて、下向しけるあまも、この紫雲おばおがみて、いそぎまいりてつげ申侍ける。すべて聖人、念仏のつとめおこたらずおはしける上に、正月廿三日より廿五日にいたるまで、三箇日のあ□だ、ことにつねよりも、つよく高声の念仏を申たまひける事、或は一時、或は半時ばかりなどしたまひけるあひだ、人みなおどろきさわぎ侍。かやうにて二三度になりけり。

また、おなじき廿四日の酉の時より、廿五日の巳時まで、聖人、高声の念仏をひまなく申たまひければ、弟子ども、番番にかわりて、一時に五六人ばかりこゑをたすけ申けり。すでに午時にいたりて、念仏したまひけるころ、すこしひきくなりにけり。さりながら、時時、また高声の念仏まじわりてきこえ侍けり。これをきゝて、房のにわのまへに、あつまりきたりける結縁のともがらかずをしらず。聖人、ひごろつたへもちたまひたりける慈覚大師の九条の御袈裟をかけて、まくらをきたにし、おもてを西して、ふしながら仏号をとなへて、ねふるがごとくして、正月廿五日午時のなからばかりに往生したまひけり。そのゝちよろづの人〳〵きおいあつまりて、おがみ申ことかぎりなし。

教行信証

行巻

正定之因《インハ》 唯信心《ナリ》 惑染凡夫《ノ》信心発《スレハ》 証二知《セシム》 生死即涅槃《ナリト》一

正定の因はただ信心なり。惑染の凡夫、信心発すれば、生死即涅槃なりと証知せしむ。

還《カヘル》二来《コトハ》 生死輪転家《ノニ》一 決《スルニ》 以《テ》二疑情《ヲ》一為《ス》二所止《ト》一

生死輪転の家に還来《かえ》ることは、決するに疑情をもって所止と為す。

信巻

大信心者《ハ》則《チ》是《レ》長生《セイフ》不死《シ》之神方《シンホウ》、欣浄厭穢之妙術

大信心はすなわちこれ、長生不死の神方、欣浄厭穢の妙術

言レ断者《ト》発二起《スルカ》　往相《ノ》一心《ヲ》一故《ニ》、無二生《シ》而《トシテ》　当《ニ》《ベキ》レ受《ク》生一。無二趣《シ》　而《トシテ》　更《マタ》応《ヘキ》レ到《ル》趣一。已《ニ》六趣・四生因亡《シ》果滅《ス》。故即《ニチ》頓《ニ》断二絶《ス》三有《ノ》生死《ヲ》一。故《ニ》曰《フ》レ断也。四流者則《ハチ》四暴流《ナリ》、又生・老・病・死也。

「断」と言うは、往相の一心を発起するがゆえに、生として当に受くべき生なし。趣としてまた到るべき趣なし。すでに六趣・四生、因亡じ果滅す。かるがゆえに、すなわち頓に三有の生死を断絶す。かるがゆえに「断」と曰うなり。「四流」は、すなわち四暴流なり。また生・老・病・死なり。

真知《ニリヌ》、弥勒大士窮《キワムルカ》二　等覚金剛心《ヲ》一故《ニ》、龍華三会之暁、当《ニ》《シ》三極《ム》二無上覚位《ヲ》一。念仏衆生窮《ハルカ》二横超《ノ》金剛心《ヲ》一故《ニ》、臨終一念之夕、超二証《ス》大般涅槃《ヲ》一

真に知りぬ。弥勒大士、等覚金剛心を窮むるがゆえに、龍華三会の暁、当に無上覚位を極むべし。念仏衆生は、横超の金剛心を窮むるがゆえに、臨終一念の夕、大般涅槃を超証す。

証巻

然《ニ》煩悩成就《ノ》凡夫生死罪濁《ノ》群萌獲《ウレハ》二　往相回向《ノ》心行《ヲ》一即《ノ》時《ニ》入《ルナリ》二　大乗正定聚《トモカラ》　之数《カスニ》一住《スルカ》二　正定聚《ニ》一故《ニ》必至《ル》二滅度《ニ》一必至《ルハ》二滅度一即是常楽《ナリ》　常楽《ハ》即是畢竟寂滅《ナリ》　寂滅《ハ》即是无上涅槃《ナリ》　无上涅槃《ハ》即是无為法身《ナリ》　无為法身《ハ》即是実相《ナリ》　実相《ハ》即是法性《ナリ》　法性《ハ》即是真如《ナリ》　真如《ハ》即是一如《ナリ》　然者《ハ》弥陀如来《ハ》従二如一来生《シテシメシ》　示二現《シタマフ》　報応化種種《ノ》身《ヲ》一也、

しかるに煩悩成就の凡夫、生死罪濁の群萌、往相回向の心行を獲れば、即の時に大乗正定聚の数に入るなり。正定聚に住するがゆえに、必ず滅度に至る。必ず滅度に至るは、すなわちこれ常楽なり。常楽はすなわちこれ

畢竟寂滅なり。寂滅はすなわちこれ無上涅槃なり。無上涅槃はすなわちこれ無為法身なり。無為法身はすなわちこれ実相なり。実相はすなわちこれ法性なり。法性はすなわちこれ真如なり。真如はすなわちこれ一如なり。しかれば弥陀如来は如より来生して、報・応・化種種の身を示し現わしたまふなり。

浄土文類聚鈔

誠《ニ》是《レ》、除疑獲徳之神方、極速円融之真詮、長生不死之妙術、威徳広大之浄信也。

誠にこれ、除疑獲徳の神方、極速円融の真詮、長生不死の妙術、威徳広大の浄信なり。

又言《ク》「必得《スエテ》二超絶去《サルコトヲ》一往二生《セヨ》安養国《ニ》一。横《ニ》截《リ》二五悪趣一悪趣自然閉《ニトヅ》。昇《ノボルニ》二道《ニ》一无《ナシ》二窮極《グウゴク》一。易《ヤスクユキ》二往一而无《シテナシ》二人《ヒト》一。其《ノ》国《ニ》不《ズ》二逆違《ギヤクヰセ》一自然《ジネンノ》之所《トコロナリ》レ牽《ヒク》二」已上。

聖言明《カニ》知《シリヌ》。煩悩成就《ノ》凡夫生死罪濁群萠《ノグンマウ》、獲《ウレバ》二往相《ノ》心行《ヲ》一即《チ》往《セシム》二大乗正定之聚《ノニ》一。住《スレバ》二正定聚《ニ》一必至《ズル》二滅度《ドニ》一。必至《ズイタレバ》二滅度《ドニ》一即《チ》是《レ》常楽《ナリ》。常楽即《ハチ》是《レ》大涅槃《ナリ》。則《チ》是《レリ》利《タ》他教化《ケウクエ》地《ヂノ》果《ナリ》。是《ノ》身即《チ》是《レ》无為《ヰ》法身《ナリ》。无為法身即《スナワチ》是《レ》畢竟《ヒチキヤウ》平等身《ノナリ》。畢竟平等身《ノ》即《チ》是《コレ》寂《ジヤク》滅《チナリ》。寂滅即《チ》是《レ》実相《ナリ》。実相即《チ》是《レ》法性《ナリ》。法性即《チ》是《レ》真如《ナリ》。真如即是一如也。

また言わく、「必ず超絶して去ることを得て、安養国に往生せよ。横に五悪趣を截り、悪趣自然に閉ず、道に昇るに窮極なし、往き易くして人なし、その国に逆違せず、自然の牽くところなり。」已上

聖言、明らかに知りぬ。煩悩成就の凡夫、生死罪濁の群萠、往相の心行を獲れば、すなわち大乗正定の聚に住

せしむ。正定聚に住すれば、必ず滅度に至る。必ず滅度に至れば、すなわちこれ常楽なり、常楽はすなわちこれ大涅槃なり、すなわちこれ利他教化地の果なり。この身すなわちこれ無為法身なり、無為法身すなわちこれ畢竟平等の身なり、畢竟平等の身すなわちこれ寂滅なり、寂滅すなわちこれ実相なり、実相すなわちこれ法性なり、法性すなわちこれ真如なり、真如すなわちこれ一如なり。

必至《スレハ》二無上浄信《ノ》暁《ニ》一、三有生死之雲晴《ル》、清浄無碍光耀朗《ラカニシテ》、一如法界《ノ》真身顕《ハル》。

必ず無上浄信の暁に至れば、三有生死の雲晴る。清浄無碍の光耀朗らかにして、一如法界の真身顕る。

煩悩成就《ノ》凡夫人、信心開発《スレハ》即《チ》獲レ忍《ヲ》、証二知《スル》生死即《チ》涅槃《ナリト》一。必至《ステ》二無量光明土《ニ》一、諸有《ノ》衆生皆普《ク》化《スト》。

煩悩成就の凡夫人、信心開発すればすなわち忍を獲、生死すなわち涅槃なりと証知する。必ず無量光明土に至って、諸有の衆生みな普く化す、と。

還二来《スルコト》生死流転《ノ》家《ニ》一、決《スルニ》以《テ》二疑情《ヲ》一為《ス》二所止《ト》一、速《ヤカニ》入《レルコトハ》二寂静無為楽《ノミヤコニ》一、必以《ステ》二信心《ヲ》一為《ストイヘリ》二能入《ト》一。

生死流転の家に還来すること、決するに疑情をもって所止とす、速やかに寂静無為の楽に入ることは、必ず信心をもって能入とす、といへり。

愚禿鈔

信二受《スルハ》本願《ヲ》一前念命終《ナリ》「即《チ》入《ル》二正定聚之数《ニ》一」文

「即ノ時入ル二必定ニ一」文
「又名ル二必定ノ菩薩ト一也」文
即得往生ハ　後念即生ナリ
他力金剛心也、応シレ知ル
本願を信受するは、前念命終なり。「すなはち正定聚の数に入る」文
「即の時必定に入る」文
「また必定の菩薩と名づくるなり」文
即得往生は、後念即生なり。
他力金剛心なり、知るべし。

三帖和讃

浄土和讃

一 阿弥陀如来来化《きたりてあはれみたまふ》して
息災延命《しちなんをとゝめいのちをのへたまふなり》のためにとて
金光明の寿量品《このしゆりやうほむはみたのときたまへるなり》
ときおきたまへるみのりなり

二 山家の伝教大師は
国土人民をあはれみて

七難消滅の誦文には
南无阿弥陀仏をとなふべし
三一切の功徳にすぐれたる
南无阿弥陀仏をとなふれば
三世の重鄣《おもきつみなり》みなながら
かならず転じて軽微《かろくなしすくなくなすうすくなす》なり
四南无阿弥陀仏をとなふれば
この世の利益きはもなし
流転輪廻のつみきへて
定業中夭のぞこりぬ　（「現世利益和讃」）

浄土高僧和讃

三本願力にあひぬれば
むなしくすぐるひとぞなき
功徳の宝海みち〱て
煩悩の濁水へだてなし　（「天親讃」）
一五往相の廻向ととくことは
弥陀の方便ときいたり
悲願の信行えしむれば
生死すなはち涅槃なり
二六如来清浄本願の
无生の生なりければ
本則三三の品《もとはこゝのしなのしゆしやうのほうとにむまれぬれはひとりもかはることなしとなり》なれど
一二もかはることぞなき　（「曇鸞讃」）
二五弘誓のちからをかふらずば
いづれのときにか娑婆をいでん
仏恩ふかくおもひつゝ
つねに弥陀を念ずべし
二六娑婆永劫の苦をすてゝ
浄土无為を期すること
本師釈迦のちからなり
長時に慈恩を報ずべし　（「善導讃」）

一源信和尚ののたまはく
われこそ故仏《もとのほとけとまふす》とあらはれて
化縁《ことなり》すでにつきぬれば
本土にかへるとしめしけり　（「源信讃」）

一四命終その期ちかづきて
本師源空のたまはく
往生みたびになりぬるに
このたびことにとげやすし

一七阿弥陀如来化してこそ
本師源空としめしけれ
化縁すでにつきぬれば
浄土にかへりたまひにき

一八本師源空のおはりには
光明紫雲《むらさきのくものことし》のごとくなり
音楽哀《あはれみ》　婉《すめる》　雅亮《こゝろなり》にて
異香みぎりに暎芳《かゝやきかうはし》す

一九道俗男女預《かねて》　参《あつまる》し
卿上雲客群集す
頭北《かうへをきたにし》　面西《おもてをにしにす》右脇にて
如来涅槃の儀をまもる

二〇本師源空命終時
建暦第二壬申歳
初春下旬第五日
浄土に還帰せしめけり　（「源空讃」）

正像末和讃

九命濁《ひとのいのちみしかくもろしとなり》中天刹那にて
依正二報滅亡し
背正帰邪《たゝしきことをそむきひかことをこのむなり》まさるゆへ
横《よこさま》にあだをぞおこしける

帖外和讃

超世の悲願をきゝしより
われらは生死の凡夫かは

有漏の穢身はかはらねど　　　　　　こゝろは浄土にあそぶなり

尊号真像銘文（広本）

又言。

其仏本願力、聞名欲往生、皆悉到彼国、自致不退転と。

「其仏本願力」といふは、弥陀の本願力とまふす也。「聞名欲往生」といふは、聞といふは如来のちかひの御なを信ずとまふす也。欲往生といふは安楽浄刹にむまれむとおもへとなり。「皆悉到彼国」といふは、御ちかひのみなを信じてむまれむとおもふ人は、みなもれずかの浄土にいたるとまふす御こと也。「自致不退転」といふは、自はおのづからといふ、おのづからといふは衆生のはからいにあらず、しからしめて不退のくらゐにいたらしむとなり、自然といふことば也。致といふは、いたるといふ、むねとすといふ、如来の本願のみなを信ずる人は、自然に不退のくらゐにいたらしむるをむねとすべしとおもへと也。不退といふは、仏にかならずなるべきみとさだまるくらゐ也。これすなわち、正定聚のくらゐにいたるをむねとすべしと、ときたまへる御のりなり。

又言。

必得超絶去往生安養国、横截五悪趣悪趣自然閉、昇道无窮極、易往而无人、其国不逆違自然之所牽抄出

「必得超絶去往生安養国」といふは、必はかならずといふ、かならずといふはさだまりぬといふこゝろ也、また

自然といふこゝろ也。得はえたりといふ、超はこえてといふ、絶はたちすてはなるといふ、去はすつといふ、ゆくといふ、さるといふ也。娑婆世界をたちすてゝ流転生死をこえはなれてゆきさるといふ也。安養浄土に往生をうべしと也。安養といふは弥陀をほめたてまつるみこととみえたり、すなわち安楽浄土也。「横截五悪趣悪趣自然閉」といふは、横はよこさまといふ、よこさまといふは如来の願力を信ずるゆへに行者のはからいにあらず、五悪趣を自然にたちすて四生をはなるゝを横といふ、他力とまふす也、これを横超といふ也。横は竪に対することば也、超は迂に対することば也、竪はたゝさま迂はめぐるとなり、竪と迂とは自力聖道のこゝろ也、横超はすなわち他力真宗の本意也。截といふはきるといふ、五悪趣のきづなをよこさまにきる也。悪趣自然閉といふは、願力に帰命すれば五道生死をとづるゆへに自然閉といふ、閉はとづといふ也。本願の業因にひかれて自然にむまるゝ也。「昇道无窮極」といふは、昇はのぼるといふ、のぼるといふは无上涅槃にいたる、これを昇といふ也。道は大涅槃道也、无窮極といふはきわまりなしと也。「易往而无人」といふは、易往はゆきやすしと也、本願力に乗ずれば本願の実報土にむまるゝことうたがひなければ、ゆきやすき也。無人といふはひとなしといふ、人なしといふは真実信心の人はありがたきゆへに実報土にむまるゝ人まれなりとなり。しかれば源信和尚は、報土にむまるゝ人はおほからず、化土にむまるゝ人はすくなからずとのたまへり。「其国不逆違自然之所牽」といふは、其国はそのくにといふ、すなわち安養浄刹なり、不逆違はさかさまならずといふ、たがはずといふ也、逆はさかさまといふ、違はたがふといふ也。真実信をえたる人は大願業力のゆへに、自然に浄土の業因たがはずして、かの業力にひかるるゆへにゆきやすく、无上大涅槃にのぼるにきわまりなしとのたまへる也。しかれば自然之所牽とまふすなり。他力の至心信楽の業因の自然にひくなり、これを牽といふ也。自然といふは行者のはからいにあらずとなり。又曰。言摂生増上縁者、如『无量寿経』四十八願中説仏言、若我成仏、十方衆生、願生我国、称我名字下至十声、乗我願力、若不生者不取正覚。此即是願往生行人命欲終時、願力摂得往生、故名摂生増上縁。文「言摂生増上縁者」といふは、摂生は十方衆生を誓願におさめとらせたまふとまふすこゝろ也。「如无量寿経四十八願中説」といふは、如来の本願をときたまへる釈迦の御のりなりとしるべしとなり。「十方衆生」といふは、十方のよろづの衆生也、すなわちわれらなり。「願生我国」といふは、安楽浄刹にむまれむとねがへと也。「称我名字」といふは、われ仏をえむにわがなをとなえられむと也。「下至十声」といふは、名字をとなえられむことしもとこゐせむものと也、下至といふは十声にあまれるものも、聞名のものおも往生にもらさずきらはぬことをあらはししめすと也。「乗我願力」といふは、乗はのるべしといふ、また智也、智といふは願力にのせたまふとしるべしと也、願力に乗じて安楽浄刹にむまれむとしる也。「若不生者不取正覚」といふは、ちかひを信じたる人、もし本願の実報土にむまれずば仏にならじとちかひたまへるみのり也。「此即是願往生行人」といふは、これすなわち往生をねがふ人といふ。「命欲終時」といふは、いのちおはらむとせむときといふ。「願力摂得往生」といふは、大願業力摂取して往生をえしむといへるこゝろ也。すでに尋常のとき信楽をえたる人といふ也、臨終のときはじめて信楽決定して摂取にあづかるものにはあらず。ひごろかの心光に摂護せられまいらせたるゆへに、金剛心をえたる人は正定聚に住するゆへに臨終のときにあらず、かねて尋常のときよりつねに摂護してすてたまはざれば摂得往生とまふす也、このゆへに摂生増上縁となづくる也。またまことに尋常のときより信なからむ人は、ひごろの称念の功によりて、最後臨終のときはじめて善知識のすゝめにあふて信心をえむとき願力摂して往生をうるものもあるべしと也。臨終の来迎をまつものは、いまだ信心をえぬものなれば、臨終をこゝろにかけてなげくなり。

一念多念文意

『无量寿経』の中に、あるいは「諸有衆生、聞其名号、信心歓喜、乃至一念、至心廻向、願生彼国、即得往生、住不退転」とときたまへり。「諸有衆生」といふは、十方のよろづの衆生とまふすこゝろなり。「聞其名号」といふは、本願の名号をきくとのたまへるなり。きくといふは、本願をきゝてうたがふこゝろなきを、聞といふなり。またきくといふは、信心をあらわす御のりなり。「信心歓喜乃至一念」といふは、信心は、如来の御ちかひをきゝてうたがふこゝろのなきなり。歓喜といふは、歓はみをよろこばしむるなり、喜はこゝろによろこばしむるなり、うべきことをえてむずと、かねてさきよりよろこぶこゝろなり。乃至は、おほきおも、すくなきおも、ひさしきおも、ちかきおも、さきおも、のちおも、みなかねおさむることばなり。一念といふは、信心をうるときのきわまりをあらわすことばなり。「至心廻向」といふ、至心は、真実といふことばなり、真実は阿弥陀如来の御こゝろなり。廻向は、本願の名号をもて十方の衆生にあたへたまふ御のりなり。「願生彼国」といふは、願生は、よろづの衆生、本願の報土へむまれむとねがへとなり。彼国は、かのくにといふ、安楽国をおしへたまへるなり。「即得往生」といふは、即は、すなわちといふ、ときをへず日おもへだてぬなり。また即はつくといふ、そのくらゐにさだまりつくといふことばなり。得は、うべきことをえたりといふ、真実信心をうれば、すなわち无㝵光仏の御こゝろのうちに摂取して、すてたまはざるなり。摂はおさめたまふ、取はむかへとるとまふすなり。おさめとりたまふとき、すなわち、とき日おもへだてず、正定聚《わうじやうすべきみとさだまるなり》のくらゐにつきさだまるを、往生をうとはのたまへるなり。

しかれば、必至滅度の誓願を、『大経』にときたまはく、「設我得仏、国中人天、不住定聚、必至滅度者、不取正覚」と願じたまへり。また『経』にのたまはく、「若我成仏、国中有情、若不決定、成等正覚、証大涅槃者、不取菩提」とちかひたまへり。この願成就を、釈迦如来ときたまはく、「其有衆生、生彼国者、皆悉住於、正定之聚、所以者何、彼仏国中、无諸邪衆、及不定聚」とのたまへり。これらの文のこゝろは、たとひわれ仏をえたらむに、くにのうちの人天、定聚も住して、かならず滅度にいたらずば、仏にならじとちかひたまへるこゝろなり。またのたまはく、もしわれ仏にならむに、くにのうちの有情、もし決定して等正《まことのほとけになるべきみとなれるなり》覚をなりて大涅槃《まことのほとけなり》を証《さとるなり》せずば、仏にならじとちかひたまへるなり。かくのごとく、法蔵菩薩ちかひたまへるを、釈迦如来五濁のわれらがためにときたまへる文のこゝろは、それ衆生あて、かのくににむまれむとするものは、みなこと〴〵く正定の聚《かならずほとけになるべきみとなれるとなり》に住す。ゆへはいかんとなれば、かの仏国のうちには、もろ〳〵の邪聚《じりきざふぎやうざふしゆのひとなり》および不定聚《じりきのねむぶちしやなり》はなければなりとのたまへり。この二尊の御のりをみたてまつるに、すなわち往生すとのたまへるは、正定聚のくらゐにさだまるを不退転《ほとけになるまでといふ》に住すとはのたまへるなり。このくらゐにさだまりぬれば、かならず无上大涅槃《まことのほとけなり》にいたるべき身となるがゆへに、等正《ほとけになるべきみとさだまれるをいふなり》覚をなるともとき、阿毘抜致《ほとけになるべきみとなるとなり》にいたるとも、阿惟越致にいたるともときたまふ。即時入必定ともまふすなり。この真実信楽は、他力横超の金剛心なり。しかれば、念仏のひとおば『大経』には、「次如弥勒」《ねむぶちのひとはみろくのごとくほとけになるべしとなり》とときたまへり。弥勒は竪の金剛心の菩薩なり、竪とまふすはたゝさまとまふすことばなり。これは聖道自力の難行道の人なり。横はよこさまにといふなり。超はこえてといふなり。これは仏の大願業力のふねに乗じぬれば。生死の大海《ろくだうにまどふをだいかいとたとふる　だいかいはうみなり》をよこさまにこえて、真実報土のきしにつくなり。「次如弥勒」とまふすは「次」はちかしといふ、つぎにといふ。ちかしといふは、「弥勒」は大涅槃にいたりたまふべきひとなり。このゆへに弥勒のごとしとのたまへり。念仏信心の人も、大涅槃にちかづくとなり。つぎにといふは、釈迦仏のつぎに、五十六億七千万歳をへて、妙覚のくらゐにいたりたまふべしとなり。「如」はごとしといふ。ごとしといふは、他力信楽のひとは、このよのうちにて不退のくらゐにのぼりて、かならず大般涅槃のさとりをひらかむこと、弥勒のごとしとなり。

唯信鈔文意

「観音勢至自来迎」といふは、南无阿弥陀仏は智慧の名号なれば、この不可思議光仏の御なを信受して憶念すれば、観音・勢至はかならずかげのかたちにそえるがごとくなり。この无导光仏は観音とあらわれ勢至としめす。ある『経』には、観音を宝応声菩薩となづけて日天子としめす、これは无明の黒闇をはらわしむ、勢至を宝吉祥菩薩となづけて月天子とあらわる、生死の長夜をてらして智慧をひらかしめむとなり。自来迎といふは、自はみづからといふなり、弥陀无数の化仏・无数の化観音・化大勢至等の无量无数の聖衆、みづからつねにときをきらはず、ところをへだてず、真実信心をえたるひとにそひたまひて、まもりたまふゆへに、みづからとまふすなり。また自はおのづからといふ、おのづからといふは自然といふ、自然といふはしからしむといふ、しからしむといふは行者のはじめてともかくもはからはざるに、過去・今生・未来の一切のつみを転ず、転ずといふは善とかへなすをいふなり。もとめざるに一切の功徳善根を仏のちかひを信ずる人にえしむるがゆへにしからしむといふ、はじめてはからはざれば自然といふなり。誓願真実の信心をえたるひとは、摂取不捨の御ちかひにおさめとりてまもらせたまふによりて行人のはからひにあらず、金剛の信心をうるゆへに憶念自然なるなり、この信心おこることも釈迦の慈父・弥陀の悲母の方便によりておこるなり、これ自然の利益なりとしるべしとなり。来迎といふは、来は浄土へきたらしむといふ、これすなわち若不生者のちかひをあらはす御のりなり。穢土をすてゝ真実報土にきたらしむとなり、すなわち他力をあらはす御ことなり。また、来はかへるといふ、かへるといふは願海にいりぬるによりて、かならず大涅槃にいたるを法性のみやこへかへるとまふすなり、法性のみやことといふは法身とまふす如来のさとりを自然にひらくときを、みやこへかへるといふなり。これを真如実相を証すともまふす、无為法身ともいふ、滅度にいたるともいふ、法性の常楽を証すともまふすなり、このさとりをうれば、すなわち大慈大悲きわまりて生死海にかへりいりて普賢の徳に帰せしむとまふす。この利益におもむくを来といふ、これを法性のみやこへかへるとまふすなり。迎といふは、むかへたまふといふ、まつといふこゝろなり、選択不思議の本願・无上智慧の尊号をきゝて、一念もうたがふこゝろなきを真実信心といふなり、金剛心ともなづく。この信楽をうるときかならず摂取してすてたまはざれば、すなわち正定聚のくらゐにさだまるなり。このゆへに信心やぶれず、かたぶかず、みだれぬこと、金剛のごとくなるがゆへに、金剛の信心とはまふすなり、これを迎といふなり。『大経』には、「願生彼国、即得往生、住不退転」とのたまへり。願生彼国は、かのくににむまれむとねがへとなり。即得往生は、信心をうればすなわち往生すといふ、すなわち往生すといふは不退転に住するをいふ、不退転に住すといふはすなわち正定聚のくらゐにさだまるとのたまふ御のりなり。これを即得往生とはまふすなり。即はすなわちといふ、すなわちといふはときをへず日をへだてぬをいふなり。

末燈鈔

一

来迎は諸行往生にあり、自力の行者なるがゆへに、臨終といふことは諸行往生のひとにいふべし、いまだ真実の信心をゑざるがゆへなり。また十悪・五逆の罪人のはじめて善知識にあふて、すゝめらるゝときにいふことばなり。真実信心の行人は、摂取不捨のゆへに正定聚のくらゐに住す。このゆへに臨終まつことなし、来迎たのむことなし。信心のさだまるとき往生またさだまるなり。来迎の儀式をまたず。正念といふは本弘誓願の信楽さだまるをいふなり。この信心うるゆへにかならず无上涅槃にいたるなり。この信心を一心といふ、この一心を金剛心といふ、この金剛心を大菩提心といふなり。これすなはち他力のなかの他力なり。また正念といふにつきてふたつあり。ひとつには定心の行人の正念、ふたつには散心の行人の正念あるべし。このふたつの正念は他力のなかの自力の正念なり。定散の善は諸行往生のことばにおさまるなり。この善は他力のなかの自力の善なり。この自力の行人は、来迎またずしては、辺地・胎生・懈慢界までもむまるべからず。このゆへに第十九の誓願に諸善をして浄土に廻向して往生せんとねがふひとの臨終には、われ現じてむかへんとちかひたまへり。臨終まつことゝ来迎往生といふことは、この定心・散心の行者のいふことなり。選択本願は有念にあらず、无念にあらず。有念はすなはちいろかたちをおもふについていふことなり。无念といふは形をこゝろにかけず、いろをこゝろにおもはずして念もなきをいふなり。これみな聖道のをしへなり。聖道といふはすでに仏になりたまへるひとの、われらがこゝろをすゝめんがために、仏心宗・真言宗・法華宗・華厳宗・三論宗等の大乗至極の教なり。仏心宗といふは、この世にひろまる禅宗これなり。また法相宗・成実宗・倶舎宗等の権教、小乗等の教なり。これみな聖道門なり。権教といふは、すなはちすでに仏になりたまへる仏・菩薩の、かりにさまぐ〵のかたちをあらはしてすゝめたまふがゆへに権といふなり。浄土宗にまた有念あり、无念あり。有念は散善義、无念は定善義なり。浄土の无念は聖道の无念にはにず。またこの聖道の无念のなかにまた有念あり、よく〳〵とふべし。浄土宗のなかに真あり、仮あり。真といふは選択本願なり、仮といふは定散二善なり。選択本願は浄土真宗なり、定散二善は方便仮門なり。浄土真宗は大乗のなかの至極なり。方便仮門のなかにまた大小・権実の教あり。釈迦如来の御善知識者一百一十人なり、『華厳経』にみえたり。

南无阿弥陀仏

建長三歳辛亥閏九月廿日

愚禿親鸞七十九歳

三

信心をえたるひとは、かならず正定聚のくらゐに住するがゆへに等正覚のくらゐとまふすなり。『大无量寿経』には、摂取不捨の利益にさだまるものを正定聚となづけ、『無量寿如来会』には等正覚とときたまへり。その名こそかはりたれども、正定聚・等正覚はひとつこゝろひとつくらゐなり。等正覚とまふすくらゐは補処の弥勒とおなじくらゐなり。弥勒とおなじく、このたび无上覚にいたるべきゆへに、弥勒におなじとときたまへり。さて『大経』には「次如弥勒」とはまふすなり。弥勒はすでに仏にちかくましませば、弥勒仏と諸宗のならひはまふすなり、しかれば弥勒におなじくらゐなれば、正定聚のひとは如来とひとしともまふすなり。浄土の真実信心のひとは、この身こそあさましき不浄造悪の身なれども、こゝろはすでに如来とひとしければ、如来とひとしとまふすこともあるべしとしらせたまへ。弥勒すでに无上覚にその心さだまりてあるべきにならせたまふによりて、三会のあかつきとまふすなり。浄土真実のひとも、このこゝろをこゝろうべきなり。光明寺の和尚の『般舟讃』には信心のひとは、この心すでにつねに浄土に居すと釈したまへり。居すといふは、浄土に信心のひとのこゝろつねにゐたりといふこゝろなり。これは弥勒とおなじといふことをまふすなり。これは等正覚を弥勒とおなじとまふすによりて、信心のひとは如来とひとしとまふすこゝろなり。

正嘉元年丁巳十月十日

親鸞

性信御房

五

自然といふは、自はをのづからといふ、行者のはからひにあらず、然といふはしからしむといふことばなり。しからしむといふは行者のはからひにあらず、如来のちかひにてあるがゆへに法爾といふ。法爾といふは、この如来の御ちかひなるがゆへにしからしむるを法爾といふなり。法爾はこの御ちかひなりけるゆへに、おほよす行者のはからひのなきをもて、この法の徳のゆへにしからしむといふなり。すべてひとのはじめてはからはざるなり。このゆへに義なきを義とすとしるべしとなり。自然といふは、もとよりしからしむるといふことばなり。弥陀仏の御ちかひの、もとより行者のはからひにあらずして、南无阿弥陀仏とたのませたまひてむかへんと、はからはせたまひたるによりて、行者のよからんとも、あしからんともおもはぬを、自然とはまふすぞ、とききてさふらふ。ちかひのやうは、无上仏にならしめんとちかひたまへるなり。无上仏とまふすは、かたちもなくまします。かたちのましまさぬゆへに自然とはまふすなり。かたちましますとしめすときには、无上涅槃とはまふさず。かたちもましまさぬやうをしらせんとて、はじめて弥陀仏とまふす、とぞききならひてさふらふ。弥陀仏は自然のやうをしらせんれうなり。この道理をこゝろえつるのちには、この自然のことはつねにさたすべきにあらざるなり。つねに自然をさたせば、義なきを義とすといふことは、なを義のあるになるべし。これは仏智の不思議にてあるなり。

正嘉弐年十二月十四日　愚禿親鸞八十六歳

六

なによりも、こぞ・ことし、老少男女おほくのひと〴〵のしにあひて候らんことこそ、あはれにさふらへ。たゞし生死无常のことはり、くはしく如来のときをかせおはしましてさふらふうへは、おどろきおぼしめすべからずさふらふ。まづ善信が身には、臨終の善悪をばまふさず、信心決定のひとは、うたがひなければ正定聚に住することにて候なり。さればこそ愚癡无智のひとも、おはりもめでたく候へ。如来の御はからひにて往生するよし、ひとびとにまふされ候ける、すこしもたがはず候なり。としごろ、をの〳〵にまふし候しこと、たがはずこそ候へ。かまへて学生沙汰せさせたまひ候はで、往生をとげさせたまひ候べし。故法然聖人は「浄土宗のひとは愚者になりて往生す」と候しことを、たしかにうけたまはり候しうへに、ものもおぼえぬあさましき人々のまいりたるを御覧じては、往生必定すべしとて、えませたまひしをみまいらせ候き。ふみさたして、さか〳〵しきひとのまいりたるをば、往生はいかゞあらんずらんと、たしかにうけたまはりき。いまにいたるまで、おもひあはせられ候なり。ひと〴〵にすかされさせたまはで、御信心たぢろかせたまはずして、をの〳〵御往生候べきなり。たゞし、ひとにすかされたまひ候はずとも、信心のさだまらぬひとは正定聚に住したまはずして、うかれたまひたるひとなり。乗信房にかやうにまふしさふらふやうを、ひと〴〵にもまふされ候べし。あなかしこ〳〵。

文応元年十一月十三日　　　善　信八十八歳

乗信御房

七

往生はなにごとも〳〵凡夫のはからひならず、如来の御ちかひにまかせまいらせたればこそ、他力にては候へ。やう〳〵にはからひあふて候らん、おかしく候。如来の誓願を信ずる心のさだまるとまふすは、摂取不捨の利益にあづかるゆへに、不退のくらゐにさだまると御こゝろえさふらふべし。真実信心のさだまるとまふすも、金剛の信心のさだまるとまふすも、摂取不捨のゆへにまふすなり。さればこそ无上覚にいたるべき心のおこるとまふすなり。これを不退のくらゐともまふし正定聚のくらゐにいるともまふし、等正覚にいたるともまふすなり。このこゝろのさだまるを、十方諸仏のよろこびて、諸仏の御こゝろにひとしとほめたまふなり。このゆへに、まことの信心のひとをば諸仏とひとしとまふすなり。また補処の弥勒とおなじともまふすなり。この世にて真実信心のひとをまもらせたまへばこそ、『阿弥陀経』には十方恒沙の諸仏護念すとはまふすことにて候へ。安楽浄土へ往生してのちにまもりたまふとまふすことにてはさふらはず。娑婆世界にゐたるほど護念すとまふすことなり。信心まことなるひとのこゝろを十方恒沙の如来のほめたまへば、仏とひとしとはまふすことなり。また他力とまふすことは、義なきを義とす、とまふすなり。義とまふすことは、行者のをの〳〵のはからふことを義とはまふすなり。如来の誓願は不可思議にましますゆへに、仏と仏との御はからひなり。凡夫のはからひにあらず。補処の弥勒菩薩をはじめとして、仏智の不思議をはからふべきひとは候はず。しかれば、如来の誓願には義なきを義とすとは、大師聖人のおほせに候き。このこゝろのほかに往生にいるべきこと候はずとこゝろえて、まかりすぎ候へば、ひとのおほせごとにはいらぬものにて候なり。

二月廿五日　　　　　　　　　　　　　　　　　親鸞

浄信御房　御返事

一三

たづねおほせられてさふらふ摂取不捨のことは、『般舟三昧行道往生讃』とまふすにおほせられて候を、みまいらせ候へは、釈迦如来・弥陀如来、われらが慈悲の父母にて、さま〴〵の方便にて、われらが无上の信心をばひらきおこさせたまふと候へば、まことの信心のさだまることは、釈迦・弥陀の御はからひとみえて候。往生の心うたがひなくなりさふらふは、摂取せられまいらせたるゆへとみえてさふらふ。摂取のうへには、ともかくも行者のはからひあるべからずさふらふ。浄土へ往生するまでは不退のくらゐにておはしましさふらへば、正定聚のくらゐとなづけておはしますことにて候なり。まことの信心をば、釈迦如来・弥陀如来二尊の御はからひにて発起せしめたまひ候とみえて候へば、信心のさだまるとまふすは摂取にあづかるときにて候なり。そののちは正定聚のくらゐにて、まことに浄土へむまるゝまでは候べしとみえ候なり。ともかくも行者のはからひをちりばかりもあるべからず候へばこそ、他力とまふすことにてさふらへ。あなかしこ〳〵。

十月六日　　　　　　　　　　　　　　　　　親鸞

真仏御房　御返事

一八

御たづねさふらふことは、弥陀他力の廻向の誓願にあひたてまつりて、真実の信心をたまはりてよろこぶこゝろのさだまるとき、摂取してすてられまいらせざるゆへに、金剛心になるときを正定聚のくらゐに住すともまふす、弥勒菩薩とおなじくらゐになるとも、とかれて候めり。弥勒とひとつくらゐになるゆへに、信心まことなるひとをば仏とひとしともまふす。また諸仏の真実信心をえてよろこぶをば、まことによろこびて、われとひとしきものなりと、とかせたまひてさふらふなり。『大経』には、釈尊のみことばに「見敬得大慶則我善親友」とよろこばせたまひさふらへば、信心をえたるひとは諸仏とひとしととかれてさふらふめり。また弥勒をば、すでに仏にならせたまはんことあるべきにならせたまひてさふらへばとて、弥勒仏とまふすなり。しかればすでに他力の信をえたるひとをも、仏とひとしとまふすべしとみえたり。御うたがひあるべからずさふらふ。御同行の、臨終を期してとおほせられさふらふらんは、ちからをよばぬことなり。信心まことにならせたまひてさふらふひとは、誓願の利益にてさふらふうへに、摂取してすてずとさふらへば、来迎・臨終を期せさせたまふべからずとこそおぼえさふらへ。いまだ信心さだまらざらんひとは、臨終をも期し来迎をもまたせたまふべし。この御ふみぬしの御名は随信房とおほせられさふらはゞめでたふさふらふべし。この御ふみのかきやうめでたくさふらふ。御同行のおほせられやうは、こゝろえずさふらふ。それをばちからをよばずさふらふ。あなかしこ〳〵。

十一月廿六日　　　　　　　　　　　　　親鸞

随信御房

一九

御ふみたび〳〵まいらせさふらひき、御覧ぜずやさふらひけん。なにごとよりも明法御房の往生の本意とげておはしましさふらふこそ、常陸国うちの、これにこゝろざしおはしますひと〴〵の御ために、めでたきことにてさふらへ。往生はともかくも凡夫のはからひにてすべきことにてもさふらはず、めでたき智者もはからふべきことにもさふらはず、大小の聖人だにも、ともかくもはからはで、たゞ願力にまかせてこそおはしますことにてさふらへ。ましてをの〳〵のやうにおはしますひと〴〵は、たゞこのちかひありときゝ、南无阿弥陀仏にあひまいらせたまふこそ、ありがたくめでたくさふらふ御果報にてはさふらふなれ。とかくはからはせたまふこと、ゆめ〳〵さふらふべからず。さきにくだしまいらせさふらひし『唯信鈔』・『自力他力』などのふみにて御覧さふらふべし。それこそ、この世にとりてはよきひと〴〵にておはします、すでに往生をもしておはしますひと〴〵にてさふらへば、そのふみどもにかゝれてさふらふには、なにごとも〴〵すぐべくもさふらはず。法然聖人の御をしへを、よく〳〵御こゝろえたるひと〴〵にておはしますにさふらひき。さればこそ往生もめでたくしておはしましさふらへ。おほかたは、としごろ念仏まふしあひたまふひと〴〵のなかにも、ひとへにわがおもふさまなることをのみまふしあはれて候ひと〴〵もさふらひき。いまも、さぞさふらふらんと、おぼえさふらふ。明法房などの往生しておはしますも、もとは不可思議のひがごとをおもひなんどしたるこゝろをもひるがへしなどしてこそさふらふしか。われ往生すべければとて、すまじきことをもし、おもふまじきことをもおもひ、いふまじきことをもいひなどすることはあるべくもさふらはず。貪慾・煩悩にくるはされて欲もおこり、瞋恚の煩悩にくるはされてねたむべくもなき因果をやぶるこゝろもおこり、愚癡の煩悩にまどはされておもふまじきことなどもおこるにてこそさふらへ。めでたき仏の御ちかひのあればとて、わざとすまじきことどもをもし、おもふまじきことどもをもおもひなどせんは、よく〳〵この世のいとはしからず、身のわろきことをおもひしらぬにてさふらへば、念仏にこゝろざしもなく、仏の御ちかひにもこゝろざしのおはしまさぬにてさふらへば、念仏せさせたまふとも、その御こゝろざしにては順次の往生もかたくやさふらふべからん。よく〳〵このよしをひと〴〵にきかせまいらせさせたまふべくさふらふ。かやうにもまふすべくもさふらはねども、なにとなくこの辺のことを御こゝろにかけあはせたまふひと〴〵にておはしましあひてさふらへば、かくもまふしさふらふなり。この余の念仏の義はやう〳〵にかはりあふてさふらふめれば、とかくまふすにをよばずさふらへども、故聖人の御をしへをよく〳〵うけたまはりておはしますひと〴〵は、いまももとのやうにかはらせたまふことさふらはず、世かくれなきことなればきかせたまひあふてさふらふらん。浄土宗の義みなかはりておはしましあふてさふらふひと〴〵も、聖人の御弟子にてさふらへども、やう〳〵に義をもいひかへなどして、身もまどひ、ひとをもまどはかしあふてさふらふめり。あさましきことにてさふらふなり。京にもおほくまどひあふてさふらふめり。ゐなかはさこそ候らめと、こゝろにくゝもさふらはず。なにごともまふしつくしがたくさふらふ、また〳〵まふしさふらふべし。この明教房ののぼられてさふらふこと、まことにありがたきことゝおぼえさふらふ。明法御房の御往生のことをまのあたりききさふらふも、うれしくさふらふ。ひと〴〵の御こゝろざしも、ありがたくおぼえさふらふ。かた〴〵このひと〴〵ののぼり、不思議のことにさふらふ。このふみをたれ〴〵にもおなじこゝろによみきかせたまふべくさふらふ。このふみは奥郡におはします同朋の御なかに、みなおなじく御覧さふらふべし。あなかしこ〳〵。

第九条

よくよく案じみれば、天におどり地におどるほどによろこぶべきことを、よろこばぬにて、いよ〳〵往生は一定おもひたまふなり。よろこぶべきこゝろをおさへて、よろこばざるは煩悩の所為なり。しかるに、仏かねてしろしめして、煩悩具足の凡夫とおほせられたることなれば、他力の悲願は、かくのごとし。われらがためなりけりとしられて、いよ〳〵たのもしくおぼゆるなり。また浄土へいそぎまひりたきこゝろのなくて、いさゝか所労のこともあれば、死なんずるやらんとこゝろぼそくおぼゆることも、煩悩の所為なり。久遠劫よりいまゝで流転せる苦悩の旧里はすてがたく、いまだむまれざる安養浄土はこひしからずさふらふこと、まことによく〳〵煩悩の興盛にさふらうにこそ。なごりおしくおもへども、娑婆の縁つきて、ちからなくしておはるときに、かの土へはまひるべきなり。いそぎまひりたきこゝろなきものを、ことにあはれみたまふなり。これにつけてこそ、いよ〳〵大悲大願はたのもしく、往生は決定と存じさふらへ。踊躍歓喜のこゝろもあり、いそぎ浄土へもまひりたくさふらはんには、煩悩のなきやらんとあしくさふらひなましと云々。

御　文

外―二七

それ人間の体をつく〴〵案ずるに、老少不定のさかひなり。若いまの時にをひて、後生をかなしみ極楽をねがはずばいたづらごとなり。それについて衣食支身命とて、くうことゝきることゝの二つかけぬれば、身命やすからずしてかなしきことかぎりなし。まづきることよりもくうこと一日片時もかけぬれば、はやすでに命つきなんずるやうにおもへり。これは人間にをひての一大事なり、よく〳〵はかりおもふべきことなり。さりながら今生は御主をひとりたのみまいらすれば、さむくもひだるくもなし。それも御主にこそよるべけれ。ことにいまの世にはくうこともきることもなき御主はいくらもこれおゝし。されどもよき御主にとりあひまひらする、その御恩あさからぬことなれば、いかにもよくみやづかいにこゝろをいれずんば、その冥加あるべからず。さて一期のあひだに、御主の御恩にて今日までそのわづらひなし。またこれよりのちのことも、不思議の縁によりて、この山ちうにこの二三年のほどありしによりて、仏法信心の次第きくに耳もつれなからで、まことにうたがひもなく極楽に往生すべし。これすなはち今生・後生ともにもてこの山にありてたすかりなんずること、まめやかに二世の恩あさからずおもふべきものなり。ことに女人の身はおとこに罪はまさりて、五障・三従とてふかき身なれば、後正にはむなしく无間地獄におちん身なれども、かたじけなくも阿弥陀如来ひとり、十方三世の諸仏の悲願にもれたるわれら女人をたすけたまふ御うれしさありがたさよとふかくおもひとりて阿弥陀如来をたのみたてまつるべきなり。それ信心をとるといふは、なにのわづらひもなく弥陀如来を一心一向にふたごゝろなく、後生たすけたまへとおもひつめて、そのほかのことをばなにもうちすつべし。さて雑行といふはなにごとぞなれば、弥陀よりほかの仏も、またその余の功徳善根をも、また一切の諸神なんどに今生にをひて用にもたゝぬせゝりごとをいのる体なる事を、みな〳〵雑行ときらふなり。かやうに世間せばく阿弥陀一仏をばかりたのみて、一切の功徳善根、一切の神仏をもならべて、ちからをあはせてたのみたらんは、なを鬼にかなさいばうにて、いよ〳〵よかるべきかとおもへば、これがかへりてわろきことなり。されば外典のことばに曰く、「忠臣は二君につかへざれ、貞女は二夫にまみへず」といへり。仏法にあらざる世間よりも、一心一向にたのまではかなふべからずときこへたり。また一切の月のかげはもとひとつ月のかげなり、一つ月のかげが一切のところにはかげをうつすなり。このこゝろをもてこゝろうべし。されば阿弥陀一仏をたのめば、一切のもろ〳〵の仏、一切のもろ〳〵のかみを一度にたのむにあたるなり。これによりて阿弥陀一仏をたのめば、一切のかみも仏もよろこびまもりたまへり。かるがゆへに阿弥陀如来ばかりをたのみて、信心決定してかならず西方極楽世界の阿弥陀の浄土へ往生すべきものなり。このゆへにかゝる不思議の願力によりて往生すべきことのありがたさたふとさの弥陀の御恩を報ぜんために、行住座臥に称名念仏をばまふすなりとこゝろうべきものなり。あなかしこ〳〵。

文明五年十二月十三日書之

此の内人ことなり。

外―四二

夫しづかに人間の无常有為之天変を案ずるに、をくれさきだつならひ眼前にさえぎれり。ひとりとしても、たれかこの生をのがるべき。かゝる不定のさかひと覚悟しながら、いまにおどろく気色はなし。まことにあさましといふもなをおろかなり。これによりて、いそぎてもたのむべきは弥陀如来、ねがふべきは安養世界にすぎたることあるべからず。しかるに予が年齢をかんがへみるに、まづ釈迦大師の出世は人寿百歳より八十入滅をかぞふれば、ひとの定命はいまは五十六にきはまれり。われすでに当年は六十一歳なり。しかれば六年までとしをのぶることをえたり。あわれなるかな、わが生所はいづくぞ。京都東山粟田口青蓮院みなみのほとりはわが古郷ぞかし。なにとなくこの五ケ年の間まで北国にをひてとしをふること、まことにもて存のほかの次第也。すでにわがとしはつもりて六十一になりぬれば、めぐる月日をかぞふるにも、当年の臨終極楽往生はまことに一定なりとおぼゆるなり。それ人間は老少不定のさかひなれば、さらにもてたのみすくなし。さりながらいつまでと有為の娑婆にあらんよりは、はやく无為の浄土にいたらんことこそ、まことによろこびのなかのよろこびこれにすぐべからずとおぼゆるなり。これによりて今日このごろにをひて頓死ことのほかにしげきあひだ、なにとなく、ひと病気するにつけても、さだめてその人数一分にはよももるべからずとおもふによりて、よるはよもすがらひるはひめむすに、ときをまち日をくるばかりなり。このゆへに善導和尚の『日没の偈』（礼讃）に云、「人間忩々営衆務、不覚年命日夜去、如灯風中滅難期、忙々六道无定趣」と釈したまふも、いまにおもひあはせられたり。しかれば朝夕はいたづらにあかしくらして、かつて仏法にはこゝろをもかけざること、あさましといふもをろかなり。依之安心未決定ならん人は、すみやかに信心獲得して今度の真実報土の往生をとげしめんとおもふべきものなり。あなかしこ〳〵。

文明七年五月廿日

外―四四

文明八歳丙申林鐘上旬二日にも成ぬれば、今年もはやほどなく半年をうちすごしぬ。就其、いとゞ人間は老少かぎりなきならひながら、昨日もすぎ今日もすぎて、いつをいつとて何の所作もなくして日月をおくりしむなしさをおもふばかりなり。然に短慮不覚の身としてつく〴〵古へ今を案ずるに、我身既に今年はよはひつもりて六十二歳になりぬれば、先師法印にも同年なり。誠に親の年まで同くいけるは、ありがたき事なり。このゆへに、当年正月一日の早天につら〳〵おもふ様は、去年北国より風度上洛して、思外に当国に居住せしめ、すでに越年せし事と、又親と同年にあひあたり、此方にありておくりむかへし初春のめづらしさのあまり、かた〴〵につけてもかやうにこそおもひつゞけゝり

たらちをと同年までいける身も、あけぬる春もはじめなりけり。

とおもひつらねけるも、誠にことはりにあらずや。然れば六月十八日は正忌なれば、それについて予が心におもふ様は、十八日まで存命あらんこそ、まことに同年の同じ月日まで命のながらへたるしるしとも思ふべきものなり。乍去、人間不定とはいひながら、今身にとりつめての病なければ、十八日の明日にもやあひなんと思も、まことに猶々もて同じまよふの心なりと我身をいませめて、またかようにおもひつゞけゝり。

おやのとしとおなじきいきばなにかせん、月日をねがふ身ぞおろかなる。

と加様になにともなき事を筆にかせてまかきつけおはりぬ。

于時文明八年六月二日筆にひまありし時書之畢。　六十二歳（花押）

誠これ三仏乗縁転法輪因ともなり侍らん者歟。

外—四七

夫曠劫多生をふるともむまれがたきは人界の生、无量億劫をへくるともあひがたき仏教にあへり。釈尊の在世にむまれあはざることはかなしみなりといへども、いま教法流布の世にむまれあひぬることは、これよろこびのなかのよろこびともいひつべし。たとへば目しゐたるかめの浮木のあなにあへるがごとし。しかるにわが朝に仏法流布せしことは、欽明天皇の御宇よりはじめて仏法わたれり。それよりさきには如来の教法も流布せざりしかば、菩提の覚道をもきかざりき。こゝにわれらいかなる善因によりてか仏法流布の世に生まれて、生死解脱のみちをきくことをえたりまことにもてあひがたくしてあふことをえたり。いたづらにあかしくらしてやみなんことこそかなしけれ。これによりてしづかに人間の風体をみおよぶに、あるひは山谷の花をもてあそんで遅々たる春の日をむなしくくらし、あるひは南楼の月をあざけりて漫々たる秋の夜をいたづらにあかし、あるひは厳冬にこほりをしのぎて世路をわたり、あるひは炎天にあせをのごひて利養をもとめ、あるひは妻子眷属にまつはれて恩愛のきづなきりがたく、あるひは讎敵怨類にあひて瞋恚のほむらやむことなし。惣じてかくのごとくして昼夜朝暮・行住座臥、ときとしてやむことなし。たゞほしゐまゝにあくまで三途八難をかさね、昨日もいたづらにくれぬ、今日もまたむなしくすぎぬ。さらにもてたれのひとものちの世を大事とおもひ、仏法をねがふことまれなりとす。かなしむべし〳〵。

しかるに諸宗の教門各々にわかれて、宗々にをいて大小権実を論じ、あるひは甚深至極の義を談ず。いづれもみなこれ経論の実論にして、そも〳〵また如来の金言なり。されば、あるひは機をとゝのへてこれをとき、あるひは時をかゞみてこれをおしへたり。いづれかあさくいづれかふかき、ともに是非をわきまへがたし。かれも教これも教、たがひに偏執をいだくことなかれ。説のごとく修行せばみなこと〴〵く生死を過度すべし、法のごとく修せばともに菩提を証得すべし。修行せず行ぜずしていたづらに是非を論ぜば、たとへば目しゐたるひとのいろの浅深を論じ、耳しゐたるひとのこゑの好悪をたゞさんがことし。たゞすべからく修行すべきものなり。いづれも生死解脱のみちなり、しかるにいまの世は末法濁乱のときなれば、諸教の得道はめでたくいみじけれども、人情劣機にして観念観法をこらし行をなさんこともかなひがたき時分なり。これによりて末代の凡夫は弥陀大悲の本願たのまずんば、いづれの行を修してか生死を出離すべき。このゆへに一向に不思議の願力に乗じて、一心に阿弥陀仏を帰命すべきものなり。あなかしこ〳〵。

文明九丁酉十月　日

外—六八

夫人間はゆめまぼろしのあひだのすみかなれば、この世界にてはいかなるすまゐをし、いかなるすがたなりとも、後生をこゝろにかけて極楽に往生すべき身となりなば、これまことに大果報の人なり。それについては、この在所に番衆にさだまること、あながちに世間世上の奉公なんどのやうにおもひては、あさましきことなり。そのゆへは、すでに番衆にくわゝるによりて、仏法の次第を聴聞するはありがたき宿縁なり、又弥陀如来の御方便かとおもはゞまことに今世・後世の勝徳なるべし。ことに人間は老少不定のさかゐなれば、ひさしくたもつべきいのちにもあらず。またさかんなるものもかならずおとろうるならひなれば、たゞいそぎ後生のための信心をこして、阿弥陀仏を一心にたのみたてまつらんにすぎたることはあるべからず。されば弥陀の本願に帰するにつきて、さらにそのわづらはしきことなし。あるひはまた貧窮なる人をもえらばず、富貴なるをもえらばず、つみのふかき人をもきらはざる本願なればなり。これによりて法照禅師の釈にも「不簡貧窮将富貴」ともいひ、また「不簡破戒罪根深」とも釈せり。この釈文のこゝろは、人の貧窮と富貴とをもえらばず、破戒とつみのふかきをもえらばぬ弥陀の本願なれば、わが身にとりてなにのわづらひ一つもなし。たゞ一心にもろ〳〵の雑行のこゝろをなげすてゝ、一向に弥陀如来を信じまひらするこゝろの一念をこるところにて、わが往生極楽は一定なり。このこゝろをもて当宗には一念発起住正定聚ともいひ、また平生業成ともたつるなり。これすはなち他力行者の信心のさだまる人なり。この信心決定ののちの念仏をば仏恩報謝の称名とならふところなり。あなかしこ〳〵。

延徳二年九月廿五日

絶対他力の大道

一

自己とは他なし、絶対無限の妙用に乗託して任運に法爾に、此の現前の境遇に落在せるもの、即ち是なり。

只だ夫れ絶対無限に乗託す。故に死生の事、亦た憂ふるに足らず。死生尚ほ且つ憂ふるに足らず、如何に況んや之より而下なる事項に於いてをや。追放可なり。獄牢甘んずべし。誹謗擯斥許多の凌辱豈に意に介すべきものあらんや。我等は寧ろ、只管絶対無限の我等に賦与せるものを楽しまんかな。

二

宇宙万有の千変万化は、皆な是れ一大不可思議の妙用に属す。而して我等は之を当然通常の現象として、毫も之を尊崇敬拝するの念を生ずることなし。我等にして智なく感なくば、則ち止む。苟も智と感とを具備して、此の如きは、蓋し迷倒ならずとするを得むや。

一色の映ずるも、一香の薫ずるも、決して色香其の者の原起力に因るに非ず。皆な彼の一大不可思議力の発動に基くものならずばあらず。色香のみならず、我等自己其の者は如何。其の従来するや、其の趣向するや、一も我等の自ら意欲して左右し得る所のものにあらず。ただ生前死後の意の如くならざるのみならず、現前一念における心の起滅亦た自在なるものにあらず。我等は絶対的に他力の掌中に在るものなり。

三

我等は死せざる可からず。我等は死するも尚ほ我等は滅せず。

生のみが我等にあらず。死も亦た我等なり。我等は生死を並有するものなり。我等は生死に左右せらるべきものにあらざるなり。我等は生死以外に霊存するものなり。

然れども生死は我等の自由に指定し得るものにあらざるなり。生死は全く不可思議なる他力の妙用によるものなり。然れば我等は生死に対して悲喜すべからず。生死尚ほ然り、況んや其の他の転変に於いてをや。我等は寧ろ宇宙萬化の内に於いて彼の無限他力の妙用を嘆賞せんのみ。

四

請ふ勿れ、求むる勿れ、爾、何の不足かある。若し不足ありと思はゞ、是れ爾の不信にあらずや。如来は爾がために必要なるものを、爾に賦与したるにあらずや。若し其の賦与において不充分なるも、爾は決して此れ以外に満足を得ること能はざるにあらずや。蓋し爾自ら不足ありと思ひて苦悩せば、爾は愈々修養を進めて、如来の大命に安んずべきことを学ばざるべからず。之を人に請ひ、之を他に求むるが如きは、卑なり、陋なり。如来の大命を侮辱するものなり。如来は侮辱を受くることなきも、爾の苦悩を奈何せん。

五

無限他力、何れの処にかある。自分の禀受において之を見る。自分の禀受は無限他力の表顕なり。之を尊び之を重んじ、以て如来の大恩を感謝せよ。
然るに自分の内に足るを求めずして、外物を追ひ、他人に従ひ、以て己を充たさんとす、顚倒にあらずや。
外物を追ふは貪慾の源なり。他人に従ふは瞋恚の源なり。

六

何をか修養の方法となす。曰く、須らく自己を省察すべし、大道知見すべし。大道を知見せば、自己にあるものに不足を感ずることなかるべし。自己に在るものに不足を感ぜざれば、他にあるものを求めざるべし。他にあるものを求めざれば、他と争ふことなかるべし。自己に充足して、求めず、争はず、天下、何れの処にか之より強勝なるものあらんや、何れの処にか之より広大なるものあらんや。かくして始めて人界にありて、独立自由の大義を発揚し得べきなり。

此の如き自己は、外物他人のために傷害せらるゝものに非ざるなり。傷害せらるべしと憂慮するは、妄念妄想なり。妄念妄想は之を除却せざるべからず。

七

独立者は常に生死巌頭に立在すべきなり。殺戮餓死固より覚悟の事たるべし。

既に殺戮餓死を覚悟す。若し衣食あらば之を受用すべし。尽くれば従容死に就くべきなり。

而して若し妻子眷属あるものは、先づ彼等の衣食を先とすべし。即ち我が有る所のものは我を措いて先づ彼等に給与せよ。其の残る所を以て我を被養すべきなり。たゞ我れ死せば彼等如何して被養を得んと苦慮すること勿れ。此には絶対他力の大道を確信せば足れり。斯く大道は決して彼等を捨てざるべし。彼等は如何にかして被養の道を得るに到るべし。若し彼等到底之を得ざらんか、是れ大道彼等に死を命ずるなり。彼等之を甘受すべきなり。ソクラテス氏曰く、我セサリーに行きて不在なりしとき、天、人の慈愛を用ゐて彼等を被養しき。今我れ若し遠き邦に逝かんに、天、豈に亦た彼等を被養せざらんやと。

生活問題

国家問題と云ひ、社会問題と云ふ、其の要義は何れにありやと問はゞ、蓋し生活問題と云ふの外なきが如し。生活問題は、果して此の如く重大の問題なりや。而して、精神主義は、此の問題に対して、如何の態度に出でんとするか。

生活問題は吾人の死活問題なり。或は之を称して生死問題と云ふ。生死問題は、宗教の第一疑問とする所なり。宗教の実験を以て、根本要義とする所の精神主義、豈に生死問題に対して、一定の解決なからんや。而も、精神主義は国家を忘れ、社会を忘れたるが如き観あるは如何。

抑々今の所謂国家問題、社会問題なるものは、生活問題の真意義に於いて誤る所なきか。生あれば滅あり、活あれば死なきを得ず。生と滅と、死と活とは、是れ両々相具して相離れざるものなり。若し其の生のみを欲して、其の滅を嫌ひ、其の活のみを求めて、其の死を嫌ふが如きは、是れ先づ生活死滅の実相に対して誤るものたるなり。今の所謂国家問題、社会問題なるもの、果して常に生の滅と相具し、死の活と相離れざることを忘れざるか。

果して生の滅と相具し、活の死と相離れざることを常念せんか、吾人は快く生きつゝあるのとき、快く滅するの事を忘るべからず。快く活きつゝあるのとき、快く死するの事を忘るべからざるなり。此の心に住して、而して人世に処す、吾人は国家問題、社会問題の深く難解なるを感ぜざるなり。

生、何所よりか来り、死、何れの所にか去る。生ずべきの因縁ありて生じ、死すべきの因縁ありて死す。而して、吾人は其の生の因縁に達したるか、其の死の因縁に明らかなるか。死の問題を提起すれば、即ち曰く、未だ生を知らず、焉ぞ死を知らんと。生の問題を提起すれば、則ち曰く、未だ死を知らず、焉ぞ生を知らんと。生死問題は、生と死を別離して解決し得らるゝものにあらざるなり。而して、大聖尚ほ生を知らずと云ふ、吾人豈に容易に生死の因縁を尽すを得んや。

生死の因縁は、吾人の容易に得て尽す所にあらず。乃ち如何なるものが生ずべきか、如何なるものが死すべきか。生じて而して国家社会に利なるべきか、死して而して国家社会に益なるべきか。吾人の生死に関する利害得失、決して吾人の智慮の及ぶ所にあらざるにあらずや。況んや生死問題の根本実相をや。是れ吾人が生死問題の難解を称する所以なり。而して、彼の国家問題、社会問題を以て難解とするは、此の生死問題を混乱するが為にあらずや。即ち生くべきものと、死すべきものとの分界を弁知せずして、強いて死すべきものをも活かさんとするの困難が、正に是れ国家問題、社会問題の難点たるにあらずや。是れ生と死とを峻別して、死を排して、生を貪らんとするの迷謬に基因するものなり。

生死の因縁を尽す能はず、而して死を排して生を求む。乃ち衛生を論じ、摂生を議し、衣服飲食、以て、死すべきものを活かし得べしとなす。而も、死者の大半は、皆な能く衛生を思ひ、摂生に従ひ、衣服飲食、余ありて去りたるものたるなり。固より衛生や、摂生や、衣服や、飲食や以て、多少の生命を助長せずと云ふにあらず。而して此の助長せられたる生命の間に於いて、人世の大利を興したることなしと云ふにあらず。然れども、如何に生命を助長し得るとするも、生死問題の根本的解決に対しては、豪も効力なきものたるなり。而して、生死問題の根本的解決なき以上は、所謂国家問題、社会問題に対して、決して効力ある能はざるべきなり。故に知るべし、衛生論や、摂生論や、衣服論や、飲食論やは、決して国家問題、社会問題を解決する所以にあらざることを。

飲食余あるも、死なき能はざるなり。衣服余あるも、死なき能はざるなり。衛生の法如何に発達するも、死なき能はざるなり。医薬の道如何に進歩するも、死なき能はざるなり。業風一たび到り、因縁茲に熟するの時に当りては、百千の医薬衛生、その術を施すに所なく、山海の飲食衣服、其の養を致すに法なきなり。死の来るや、天然なり、必然なり、自然なり。吾人の如何ともする能はざる所なり、国家社会の如何ともする能はざる所なり、吾人は快く此の自然に従ふべきなり。国家社会も亦た快く此の自然に服すべきにあらずや。是れ生活問題の解決に要する所の第一義なり。

死の来るは天然なり、必然なり、自然なり。吾人も国家社会も快く之に服従すべきなり。然るに、之に反して、死を厭ひて之を排し、以て生活の問題を完全ならしめんとす。迷倒にあらずや則ち知る、国家問題、社会問題の解決せられざるは、此の迷倒あるによることを。果して然らば、吾人が生活問題に懸念し、国家問題、社会問題を解決せんとする以上は、吾人は先づ最初に、此の根本的迷倒に対して、覚悟する所なかるべからざるなり。是れ生活問題の解決は、精神主義によらざるべからざる所以なり。

抑々問題の解決なる者、之を求むるに二法あるのみ。一は則ち心外の客観界に其の材料を得んとするもの、略して客観的解決法と云ふべく、二は則ち心内の主観界に其の基礎を得んとするもの、略して主観的解決法と云ふべし。

即ち吾人の心裡に、生を欣び死を厭ふの情あり。此の心情を正当なるものとせば、吾人は之を左右することを思はず、只管此の心情に随順して、心外の事物組織によりて、以て此の心情を満足せしめんとす。是れ客観法によりて、生活問題の解決を得んとするものなり。而して、生活問題の真解決は、此の如くして得らるゝ能はざること前に陳ぶるが如し。然るに、主観的解決法は、彼の心情の現前するに当りて、先づ反観内省、以て其の成立の正否を考察し、一旦、其の成立の不正なるを知るや、則ち其の心機を展開して、以て問題解決の基礎を樹立せんとす。彼の生活問題に属する根本的迷倒に対して、覚悟せんとするもの、既に客観的解決法による能はざる以上は、必ず此の主観的解決法によらざるべからざるなり。

吾人が精神主義を唱導して、人生の解決を主観的の基礎に成立せんと云ふは、蓋し這般の消息を告白するに過ぎず。国家問題、社会問題の真解決は、心機の展開を要とする精神主義によらざるべからざるなり。而して、精神主義により、生活問題に対する心機を展開すと云ふは、生と死との共に自然必然なる事を思うて、之を偏執せず、其の何れの現じ来るも、吾人の思議し能はざる所なるを知り、生に安んじ、死に安んじ、生死に対して煩悶悩乱することなきに至るを云ふなり。乃ち生活問題は解決せられて、真個の国家問題、社会問題は、唯だ此の解決を布演するにありとするに至らん。

あとがき

研究の場に身をおいて久しくなった。恩師や今の職場の先輩教授のご指導を得て今日の私がある。お育てくださったみなさんに心から感謝したい。

ところで、私は、大学に勤めて、しばらくしたころ、自分のやっていることに、深い疑問をもったことがある。そのころの私は、研究の場に身をおき、必死に論文のみを書こうとしていた。なぜなら、それが研究者として生きようとする自分の務めと考えていたからである。しかし、ふと自分がしていることに嫌気がさした。気がついたら、私は毎日毎日、論文のネタ探しに必死になっていたのである。そして、「知」の世界にとじこもっていたのである。「真宗を学ぶこととはいったいどういうことか」、「仏教を学ぶこととはいったいどういうことか」このことを考え始めたら、筆が持てなくなった。そして、研究室の中、お寺の中、教団の中にどじこもっていた仏教に大きな疑問をもった。

そこで、もう一度、「仏陀や親鸞聖人は何ゆえ仏道を求めたのか」を考えた。それは、ほかならぬ生老病死の苦を超えることであり、いのちを問うことであった。そして、現代社会の課題も正しくそのことであった。前にも述べたが、高齢化社会の老の問題、不治の病の多くなる中での病の問題、死の問題、生命倫理の問われる「いのち」の問題……。仏教の二千数百年の歴史は正に、この課題を問うてきた歴史であり、その間の先達はまさしく、その確かさを証明している。このことに気づいた私は、現代の「いのち」を仏教に問うことが、まさしく、仏教の学びそのものであると思い、そして、それこそが、時機相応の仏教であり、仏教復権の道であると確信した。

仏教は、僧侶や学者、あるいは教団のためだけにあるのではない。悩める人のためにあるのである。現代人の最大の苦悩は「いのち」の問題である。科学の最先端でもやはり、「いのち」が課題になるのである。

このような考えのもとに一九八八年に「死そして生を考える研究会」を立ち上げ、ビハーラ運動、いのちの教育を実践してきた。そして、それに全国の方が共鳴してくださった。そして、何よりも私の運動と研究を支えてくださったのは、名古屋大学医学部の先生たちであった。特に、前医学部長の勝又義直先生の存在は大きかった。また、私に国際的視野をつけてくださったカリフォルニア州立大学教授の目幸黙僊先生、それに、私のわがまま三昧を大きな心でお育てくださった本学の池田勇諦元学長には心から感謝したい。

「いのち」を課題に、真宗学と医療や福祉とをつなぐことができたことに、私は大きな喜びを感じている。そして、それを「独創的研究」として認め、学位を授与してくださった大谷大学に敬意を表したい。

二〇〇四年五月

田代俊孝

田代俊孝（たしろ　しゅんこう）

1952年滋賀県に生まれる。80年大谷大学大学院博士後期課程満期退学。同朋大学助教授、カリフォルニア州立大学客員研究員を経て、現在、同朋大学大学院教授、同文学研究科長、名古屋大学医学部倫理審査委員・同非常勤講師。博士（文学）。ビハーラ医療団代表。
主な著書、『広い世界を求めて』（毎日新聞社）、『悲しみからの仏教入門』正・続（法藏館）、『御文に学ぶ—真宗入門—』（同）、『市民のためのビハーラ』シリーズ全五巻（同朋舎）、『講座いのちの教育』全三巻（法藏館）、『仏教とビハーラ運動—死生学入門—』（同）『ビハーラ往生のすすめ』（同）、『唯信鈔文意講義』（同）など多数。

増補新版 親鸞の生と死
——デス・エデュケーションの立場から——

二〇〇四年六月二八日　初版第一刷発行
二〇一六年一月一五日　初版第三刷発行

著　者　田代俊孝
発行者　西村明高
発行所　株式会社 法藏館
六〇〇-八一五三
京都市下京区正面通烏丸東入
電話　〇七五-三四三-〇〇三〇（編集）
〇七五-三四三-五六五六（営業）

印刷・製本　亜細亜印刷株式会社

ISBN978-4-8318-8000-0 C1015